当爱已成网事

刘丹 ❤ 著

移动陌生人
社交时代的亲密关系

中国广播影视出版社

图书在版编目（CIP）数据

当爱已成网事：移动陌生人社交时代的亲密关系 / 刘丹著. -- 北京：中国广播影视出版社，2024.9.
ISBN 978-7-5043-9278-7

Ⅰ．C912.11

中国国家版本馆 CIP 数据核字第 2024ZW3523 号

当爱已成网事：移动陌生人社交时代的亲密关系
刘 丹 著

责任编辑	王 波
责任校对	张 哲
装帧设计	中北传媒

出版发行	中国广播影视出版社
电 话	010-86093580　010-86093583
社 址	北京市西城区真武庙二条 9 号
邮政编码	100045
网 址	www.crtp.com.cn
电子邮箱	crtp8@sina.com

| 经 销 | 全国各地新华书店 |
| 印 刷 | 三河市龙大印装有限公司 |

开 本	710 毫米 × 1000 毫米　1/16
字 数	238（千）字
印 张	17.75
版 次	2025 年 1 月第 1 版　2025 年 1 月第 1 次印刷

| 书 号 | ISBN 978-7-5043-9278-7 |
| 定 价 | 99.00 元 |

（版权所有　翻印必究·印装有误　负责调换）

他 序

走进那片云，看见波动的心

刘丹博士是我在台湾世新大学指导的学生，她的博士求学生涯除了用心钻研理论研究，最令人印象深刻的是她对所选研究主题的热情和敏锐观察。她的风格不太是传统的"大胆假设、小心求证"，更多是"大胆提问、全心求解"。

通过这样的研究态度，她不仅圆满完成了博士论文，而且现在更是在此基础上进一步深耕细作，孕育出了这本《当爱已成网事——移动陌生人社交时代的亲密关系》，探讨网络上的恋爱现象。很多人早已侧身观察或亲身参与了网恋趋势，但远观者总感觉难以一窥其堂奥，当局者总感觉不易明白其究理。刘丹博士帮大家做了提问，而她也尝试替大家解惑。

爱情中涉及的沟通问题一直是令人感兴趣的题目。在世新大学，我的教学科研重心是"口语传播"，这是一门探讨"沟通"的学问。这个学科关注的是人类的各种沟通行为，其中一对一关系中发生的"人际沟通"，一直是"口语传播"的核心课程。在美国，这门课还成了很多高校全校或跨学院的一门必修课。

"人际沟通"之所以受到重视，是因为学习这门课，对于学生维护好与人生中"重要他人"的关系非常重要，是人生幸福成功的关键。这些"重要他人"包括家人、朋友和恋人。尤其对大学生而言，恋人之间的沟通往往是他们最为关切且渴望寻求解答的领域。这让"情爱沟通"（romantic/relational communication）在人际沟通课里占据了最大篇幅，学者也积累了大量研究。

有一段不算短的时间，我在世新大学开了一门全校共选的"情爱沟通"，那是一堂很受学生欢迎的课。虽然后来我的学术重心转向其他领域，但并未改变对"情爱沟通"的关注。当年我随着课程在台湾出版了一本小书，开篇便引用徐志摩的一首诗，《恋爱到底是什么一回事》。

> 恋爱他到底是什么一回事？
> 他来的时候我还不曾出世；
> 太阳为我照上了二十几个年头，
> 我只是个孩子，认不识半点愁；
> 忽然有一天——我又爱又恨那一天——
> 我心坎里痒齐齐的有些不连牵，
> 那是我这辈子第一次的上当，
> 有人说是受伤——你摸摸我的胸膛——
> 他来的时候我还不曾出世，
> 恋爱他到底是什么一回事？

想知道"恋爱到底是什么一回事"的何止刚被恋爱敲上心门的人呢？这是那些曾经恋爱、正在恋爱、期待恋爱、正准备下次恋爱，或是在考虑是否放弃恋爱的人，都想知道答案的问题。

但现在的恋爱，早已不是徐志摩那个情书传情的时代。现在距离徐志摩写《偶然》——"我是天空里的一片云，偶尔投影在你的波心"已过了整整一个世纪。百年岁月里，"传播科技"快速发展，"传播生态"已截然不同，这也改变了恋爱沟通的面貌。现在是一个"计算机中介"的恋爱时代，恋爱中人早有了"网恋"这个选项，那片云成了服务器的那个"云"，"波心"经常是网上的电波显影，牵动了同在"云"上、分处两端的两颗心。陌生人交友 App，这几个词语被组合成描述最新恋爱服务的词汇，这是一个世纪前的恋爱达人，难以想象的恋爱景观。

刘丹的这本《当爱已成网事——移动陌生人社交时代的亲密关系》，就是她带着"大胆提问、全心求解"的精神，引领我们走进那难以触及的厚厚"云"层，细品了其间的滔滔"波"浪。人们为何选择网恋？为何选择使用陌生人交友 App？如此发展出的是什么样的爱情？其萌芽、成长乃至炽热的过程又是如何展开的？更为关键的是，参与这样的恋爱要具备哪些核心素养？学习何种技能？避免哪些危险？这些问题，可是在过去几十年的那些传统恋爱指南中，没有告诉我们的事情。"网恋他到底是什么一回事"，刘丹用她的观察给出了丰富精彩的答案。

游梓翔

台湾世新大学传播博士学程专任教授、资深媒体人

2024 年 10 月

自 序

在这个快节奏的时代，人们既渴望亲密，又无暇亲密。手机交友软件以其独有的灵活性，为人们提供了一个探索情感边界的舞台。然而，遗憾的是，这里的情感关系如同快餐，来去匆匆，使亲密关系的建立与维持变成了一件奢侈品。对于那些尚未触及亲密关系的人来说，他们或许正苦恼于如何在网络上塑造吸引人的形象，如何开启一段流畅的对话，以此告别孤独。而对于那些曾短暂拥有却又失去亲密关系的人来说，无论是心灵的创伤，还是无人理解的孤独，都让他们疲惫不堪。这些如浮云般聚散无常的亲密关系背后，映射出的是怎样复杂而微妙的心境？是对真爱的执着追求，还是对孤独的深深恐惧？是对短暂欢愉的盲目追逐，还是对长久陪伴的深切向往？

作为一名在赛博空间遨游十余载的资深网友，这本书早已在我心中酝酿多年。它不仅是我青春的深刻印记，更是对多年来在网络上结识的无数朋友的深情回馈。因此，如何写好这本书，既不辜负大家的期待，也不辜负自己内心的热情，成为我无数个不眠之夜反复思考的问题。

我与这一课题的缘分始于2018年。当时，我在台湾世新大学攻读博士学位，社心系的张思嘉教授正开展"穿越荧幕爱上你"的研究，并招募研究助理。学界对于手机移动端交友软件亲密关系的研究尚属前沿，我深感这一课题的社会意义深远。出于对课题的浓厚兴趣，我毫不犹豫地加入了她的团队，成为她的得力助手。在那段日子里，每天我都与手机保持着高频的"约会"，忙于与指尖上陌生人的云端交往。从筛选聊天对象、线上聊天，到线下访谈、整理逐字稿，无数个通宵达旦的夜晚，只有鸟鸣和键盘声与我相伴。这些琐碎而艰辛的工作，构成了我博士生涯中最难忘、最充实的时光。虽然过程充满挑战，我却乐在其中。这本书的诞生，正是脱胎于我的博士研究。如今，经过我的精心雕琢与完善，它终于得以脱胎换骨呈现在您的面前。

在此，我要特别感谢张思嘉教授给予我做研究助理的宝贵机会，冥冥之中为我的课题提供了完美契机。同时，也要感谢我的导师游梓翔教授的悉心指导，他总是鼓励我从兴趣出发，拓展研究的可能性，这才有了这本书的初步构想。此外，我还要感谢所有接受访谈的网友们，他们的真实故事和情感分享，为我的研究提供了宝贵的素材和灵感。

最为意外的收获是，在进行这项课题的过程中，我通过交友 App 邂逅了我的爱人。我们一南一北，一理一文，爱好迥异，却在这个虚拟的世界里找到了彼此。每当我翻阅我们初识时的聊天记录，都仿佛重温了一场甜蜜的线上恋爱。那些你来我往的对话，每每读来都让我感到满心欢喜。然而，我也不得不坦言，经由网络建立的亲密关系，相识容易相爱难，心动容易心定难。回顾我们的恋爱历程，纵然有过网络聊天的心动和初见时的火光时刻，但真正让我们深入彼此灵魂的相爱，却是在现实生活中不断磨合、理解、包容与珍惜。曾经，我也幻想通过算法匹配找到完美伴侣，但现实告诉我，"天生一对"并不存在。理想的亲密关系是双方共同努力的结果，需要互相深刻的自我袒露、真诚相待、耐心经营，甚至经历疼痛，才能彼此拥抱得更紧。我很幸运，在移动陌生人交友 App 的世界里，我们最终找到了彼此，也找到了共同成长和追求幸福的力量。

  在重新整理这本书的过程中，我们迎来了爱情的结晶——一个即将出生的小宝宝。这个小家伙每天陪伴着我在电脑前敲打键盘，陪我度过无数个不眠之夜。随着这本书的完结，也象征着我们爱情新篇章的开启。我想以此书作为赠予宝宝的珍贵礼物，同时，也想把我的经验心得分享给那些正在使用或即将使用交友 App 的朋友们。请相信，无论未来的传播形态如何变迁，只要心中始终坚守着一份真诚的信念和对爱情的初心，您终将找到属于自己的亲密关系。

刘　丹
2024 年 5 月 4 日于厦门

前　言

　　社交方式的演变，作为时代变迁的生动体现，历经了从古代烽火传信、飞鸽传书到现代互联网蓬勃发展的过程。科技的飞速进步推动了社交模式的转型，从最初的面对面交流，到PC端网络社交的兴起，再到如今移动端社交的广泛普及，每一次的革新均极大地拓宽了人们的社交疆域和方式。移动互联网时代的到来，无疑为人类社交历史开启了新的篇章。

　　随着互联网技术的不断迭代与演进，社交产品呈现出日益多样化的态势，不断丰富人们的社交体验。社交领域的裂变尤为显著，从传统的熟人社交逐步拓展至更多元的模式。其中，熟人匿名社交的兴起，不仅保护了用户的身份隐私，还为人们提供了一个与熟人进行深度交流的平台。而近年来，陌生人匿名社交的异军突起，更是彻底打破了传统社交的壁垒，使人们能够跨越地域、文化的界限，与全球各地的人进行无障碍的交流，为社交领域注入了新的活力。

　　目前，移动陌生人社交正迅速崛起，市场规模持续扩大，产品多样性和创新性也在不断提高。5G、AI等前沿技术的快速发展为陌生人社交产品带来了更广阔的应用前景。5G技术能够显著提升视频通话的质量和流畅度，为用户提供更加优质的交流体验；而AI技术则可用于构建用户画像、推荐合适的社交对象等，进一步提高社交的效率和精准度。展望未来，随着技术的进一步成熟和用户需求的不断变化，陌生人社交市场将呈现出更加繁荣的发展态势。

而本书基于移动陌生人交友App这一特定媒体环境，研究在线亲密关系建立的过程，主要内容如下：绪论主要介绍代际传播媒介的流变与亲密关系的构建，阐述本书的研究背景与研究意义；第一章是移动陌生人交友App的本体研究，主要以移动陌生人交友App为切入点，探讨移动陌生人社交的概念界定与发展历史；第二章是理论探讨与文献综述，以媒介技术发展为研究主线，梳理传统面对面社交（FTF）、计算机中介化社交（CMC）与移动陌生人社交（MMC）三个阶段亲密关系的研究成果，探讨了传统人际传播理论在移动陌生人社交时代的适用性；第三章详细介绍了本书采用的方法，通过对在网络建立亲密关系的特定人群的跟踪观察、截图文本和聊天对话的分析，有针对性地选取了十五位交友App在线情感经历各异的代表性用户进行深度访谈；第四章是用户心理特征分析，解读人们为何使用移动陌生人交友App；第五章是在网络民族志和深度访谈的基础上，运用传播学理论对上述现象的解读与对话，论述移动交友软件亲密关系的影响因素的改变，过往理论的适用性及延展性，并勾勒出移动陌生人社交时代的亲密关系发展图景；第六章主要分析在线亲密关系建立的过程；第七章是陌生人社交使用指南，针对用户的在线交友痛点问题提出实用性建议，以帮助用户更好地使用陌生人交友软件；第八章是本书的结论部分，总结了研究成果，指出了研究限制，并对未来研究提出了展望，从国家治理和引导青年婚恋的角度出发，对移动陌生人交友软件提出了干预和引导的建议，以期充分发挥其在促进恋爱关系建立方面的积极作用。

本书从传播媒介化视角，对移动陌生人社交时代的亲密关系进行审视与解读。面对传播科技的时代变迁，人际传播学者面临着全新的挑战与机遇。在网络中介化传播语境下，我们需要重新审视并解读人类传播交往现象，探寻其背后的深层逻辑和影响因素。作为新时代的传播研究学者，理应在数字时代的脉络下探寻媒介社会学的现实逻辑，在数字时代的汪洋大海中捕捉社会和媒介的交光互影。

目 录

绪 论 ★ 001

  第一节 研究背景 ★ 002

  第二节 研究意义 ★ 007

第一章 当爱已成网事：

移动陌生人社交正在崛起 ★ 013

  第一节 移动陌生人社交正在崛起 ★ 014

  第二节 移动陌生人社交的定义与特点 ★ 015

  第三节 全球陌生人社交发展史 ★ 019

第二章 理论探讨与文献回顾：

亲密关系建立的历史发展嬗变 ★ 023

  第一节 传统面对面社交时代亲密关系的理论与研究 ★ 024

  第二节 计算机中介化社交时代亲密关系的理论与研究 ★ 047

  第三节 移动陌生人社交时代亲密关系的理论与研究 ★ 067

第三章　研究方法与程序　　★ 083

　　第一节　研究方法　　★ 084
　　第二节　研究样本　　★ 088
　　第三节　研究程序　　★ 101

第四章　用户心理探究：

人们为何使用移动陌生人交友 App？　　★ 107

　　第一节　实用性诉求：便捷沟通　　★ 108
　　第二节　情感性诉求：满足缺失　　★ 110
　　第三节　功利性诉求：扩展社交　　★ 114

第五章　颠覆与重塑：

移动陌生人交友 App 亲密关系变迁　　★ 121

　　第一节　传统面对面社交时代的亲密关系景观　　★ 122
　　第二节　计算机中介化社交时代的亲密关系景观　　★ 125
　　第三节　移动陌生人社交时代的亲密关系景观　　★ 131

第六章　移动陌生人交友 App 亲密关系建立：
一场从陌生到亲密的奇妙旅程　★ 151

第一节　缘分初现：自我呈现决定线上关系的启动　★ 152

第二节　破冰之旅：自我袒露开启亲密关系的话题　★ 157

第三节　情感升温：多模态社交方式持续互动交流　★ 165

第七章　移动陌生人交友 App 中的亲密关系实践　★ 177

第一节　交友软件中信息真伪的识别方法　★ 178

第二节　交友软件中图像吸引力的影响机制　★ 184

第三节　交友软件中聊天话题的开启技巧　★ 198

第八章　结　论　★ 207

第一节　研究总结　★ 208

第二节　研究限制　★ 211

第三节　未来展望　★ 213

参考文献　★ 217

附录 1　研究参与者知情同意书　★ 259

附录 2　深度访谈大纲　★ 263

绪 论

第一节　研究背景

亲密关系（close relationships）在人类的生活经验中占据十分重要的地位（Miller, Perlman, and Brehm, 2007），亲密关系的建立能满足人类最重要的爱与归属感的需求（Perlman, 2007）。亲密关系通常分为广义和狭义两种。广义的亲密关系注重关系双方的依赖程度，而不受限于对方的具体身份，主要表现为伴侣关系、朋友关系、亲子关系。狭义的亲密关系一般指的是伴侣关系。本书所指的亲密关系为异性恋伴侣之间的浪漫关系。沟通是建立亲密关系的开始，而媒介是沟通的桥梁。在传播科技的历史进程中，亲密关系沟通的媒介经历了从手写书信、有线电话、互联网到移动手机的时代流变。陌生人亲密关系发生场景的进化史，其实也是一部传播科技发展的变迁史。

古时候，人们善用书信的方式传递爱情。在中国唐代，就流传着许多关于以红叶为媒、以赋诗传情的浪漫巧合。最早记录"红叶题诗"的故事见于孟启的《本事诗》。相传唐代诗人顾况在诗友家上阳宫苑林内游玩，无意间看到宫廷内随着流水漂来的一片梧叶，上面居然还密密麻麻地写着一首小诗：

一入深宫里，年年不见春。聊题一片叶，寄与有情人。

顾况看后，一位幽居深宫的寂寞宫女的形象跃然纸上，忍不住为之动容，感觉这是冥冥之中上天安排的一段情缘，于是他把红叶带回了家。如此美丽动人的时节，却让娇艳如花的女子如此惆怅，她到底要将思念赋予谁呢？思量斟酌一夜之后，顾况在叶上回诗一首：

花落深宫莺亦悲，上阳宫女断肠时。帝城不禁东流水，叶上题诗欲寄谁。

次日，他再度入宫，让叶子顺水流入宫墙内，期待能够等到女子的回信。可遗憾的是，过了十多天，对方仍杳无音信。就在他焦急等待之时，朋友把捡到的红叶回诗带给了他，上面回道：

一叶题诗出禁城，谁人酬和独含情。自嗟不及波中叶，荡漾乘春取次行。

故事其实到这里就结束了，原书并没有记载两人最终的结局。不过，后来坊间出现了很多版本的结局，其中广为流传的一版是：后来安史之乱，顾况趁乱跑到宫中寻到宫女，两人喜结连理，最终白头偕老。

试想，在那个沟通极为不便的年代，若诗人凭借一枚红叶就能够在偌大的深宫中找到这位宫女，两人认出彼此，最后终成眷属，恐怕是极难的。后人之所以给这个故事续上圆满的结局，大概是为了告慰内心的缺憾，表达对浪漫爱情的美好憧憬。

在古希腊，也有一个关于"漂流瓶"的古老传说。相传，古希腊的人们把心愿写在纸上，装进瓶子里，让瓶子顺着大海漂走，如果寄出的瓶子能够被人捡到，那么心愿就会成真。想一想，当瓶中信被投进深邃的大海，随着海浪的风起云涌，不知道瓶子会飘向何方，心事又会被何人捡到，这种幻想本身就是一种神秘的浪漫。

无论是中国古代的红叶题诗，还是古希腊的心愿漂流瓶，这种以红叶和漂流瓶作为爱情媒介的渠道其实具有极强的不确定性。在过去的传统年代，陌生男女只能依靠这种朴素的媒介在有限的空间内来制造爱情相遇的机会，那么，随着传播科技的发展，陌生人亲密关系的发生场景逐渐突破了时空的限制而创造出了无限的可能性。

20 世纪 80 年代末至 90 年代初，以计算机为媒介的计算机中介化社交（computer-mediated communication，CMC）为人类提供了一种全新的亲密关系相遇方式，用于人们建立情感连接，探寻"千里情缘一线牵"的更多可能。电子邮件、BBS、网络聊天室、约会网站等新型虚拟社交形态取代了传统的书信和电话沟通。互联网的虚拟空间为亲密关系的启动提供了新的场景，越来越多的浪漫关系通过在线场景得以启动。不同于古代红叶传情和漂流瓶会因为时间错位而造成漫长的等待，网络科技突破了时空阻隔，可以做到信息即时送达。它打破了传统的单向传播方式，变成了互动式谈恋爱。

同一时期涌现出很多通过网络发展的爱情故事，感动了无数观众和读者。例如 1998 年，美国导演诺拉·艾芙隆（Nora Ephron）执导的电影《电子情书》，讲述了两位主人公通过电子邮件往来交流并最终相爱的故事。故事中的"电子情书"，其实就是传统手写书信的延伸，其中包含了技术对人际关系的思考，引发了人们对网络亲密关系的深入探讨。这部电影对现代科技时代下思考人类的社交方式、网络数字沟通和面对面交流之间的关系提供了重要现实意义。这些现实意义也鼓励人们思考现代生活中的人际关系和情感连接。

同年，台湾作家蔡智恒发表了第一部网络言情小说《第一次的亲密接触》，故事讲的是博士生痞子蔡在网上邂逅网名为"轻舞飞扬"的女孩，两个人通过在线聊天渐生情愫，眼看一段美好的恋爱即将展开之时，却突然传来女孩患上绝症的消息。小说一经发布就被转发到国内外多个华文论坛，销量超过百万，其后还被大陆改编成话剧、电影、电视剧、电子游戏。《第一次的亲密接触》预示着网络亲密关系在中国社会的出现。一时间，网上文字聊天和线下网友见面，变得非常流行。

19 世纪中期，马克思提出了"用时间消灭空间"的传播设想，在他看来，人类社会存在的基本形式是时间和空间。在时间与空间移动与变化的过程中，即构成传播。正如马歇尔·麦克卢汉（Marshall Mcluhan）所言："地球正在重新部落化，地球变成'地球村'。"梅罗维茨（Meyrowitz）在《消失的地域：电子媒介对社会行为的影响》一书中谈到，电视社会意义的重点就是"共享场地"。笔者认为，如若将这个观点放置于这个波澜壮阔的数字化网络世界，同样是适用的。在梅罗维茨看来，地域会消失的重要原因恰恰在于：由于互联网媒介的普遍使用，信息传播打破了时间与空间的限制，人类可以找到"缺席的在场"，进而实现"海内存知己，天涯若比邻"的美好社交愿景。

但是，在万物移动互联的今天，媒介作为中介的锚定能力极大地增强了，在基于大数据和算法匹配建构的网络世界，没有无法联系到的人，只有不想联系的人。在科技赋能传播的21世纪，新一轮科学技术革命所带来的生产力的飞速发展，使人类的社交方式和生活形态发生了巨大的转变。在最近的十年中，网络形态急剧变革，手机移动社交、在线实时通信等社交手段层出不穷。手机媒介作为一种流动的媒介，其方便携带的功能可以使人们随时随地嫁接起一个混合了远处与近在、嵌合虚拟与物质的空间（黄厚铭、曹家荣，2015），进而实现更紧密联结人际关系的目的（胡春阳、姚玉河，2012）。

如果说，过去的CMC把人的社交方式局限在了椅子上，那么手机独特的移动性则可以让人们随时随地社交，这种传播特性衍生了"在场"与"缺场"的分化融合，以及碎片化时空构建的人际传播和社交情境，从而使沟通变得无处不在（陈永国 等，2001）。移动手机的方便可携带功能和GPS全球定位技术创造了全新的人类社交模式。它的出现对人际传播、社会关系与社会结构的变迁均具有重要意义，不仅带动了人际互动形式的新变革（胡春阳、姚玉河，2012），同时也开启了一种亲密关系交往的新类型（董晨宇、唐悦哲，2020）。

近年来，移动交友App逐渐成为现代人们发展亲密关系的新场域。

人们往往生活忙碌，工作之余无暇社交，在这种情况下，在线移动陌生人交友软件为交友和恋爱提供更多可能的契机。越来越多的用户开始使用交友 App 寻找真爱，在线交友逐渐演变为一种全球化现象。据艾媒咨询数据显示，2020 年中国移动社交用户规模突破 9 亿人，5G + AI 技术发展出的社交产品场景更加丰富和新颖，有望重塑用户的社交行为链条。图片社交、声音社交、视频社交等产品形态的革新，使人们交流的方式已从单纯的文字聊天，逐渐演变为图片分享，再到语音沟通，进而到视频社交的转变。相较于以文字为特征的 CMC，以"照片、虚拟化身和视频"为特征的手机移动交友 App 提供了更强的在场感（胡春阳，2017）。交友 App 的媒介可供性为用户提供了更多自由选择的机会，人们可以根据自己的意愿选择适合自己的交友方式，图片社交、声音社交、视频社交等移动社交产品纷纷涌入市场。与过去相比，人类的社交方式呈现出空前多样性，从人际传播的时代与技术语境来看，社会变迁和新型传播技术使人际传播的模式、网络规则与伦理发生了巨大的改变（胡春阳，2012）。基于此，在传播媒介的影响下，手机移动端发展的陌生人亲密关系模式也呈现出与以往交际不同的特质。

随着传播技术的迅猛发展，如今，人们只需点击手机屏幕，便能轻松地与全球各地的人建立联系。网络交友不仅为我们开辟了前所未有的社交方式，还为我们提供了寻找志同道合的朋友和潜在伴侣的广阔平台。这种便捷的沟通方式无疑加强了人与人之间的交流与理解，促进了社会的多元化和全球化进程。然而，在享受网络交友带来便利的同时，我们也不应忽视其中潜藏的风险。网络的匿名性和距离感往往让人放松警惕，容易为不法分子实施欺诈、骚扰等不良行为创造条件。因此，我们必须学会保护个人隐私，谨慎验证对方身份，对待感情投入保持理性，并时刻保持高度的网络安全意识。同时，了解并识别诸如钓鱼邮件、恶意软件等常见的网络欺诈手段，也是保护自身安全的必要措施。

尽管网络交友存在这些挑战，但无数成功案例证明，真诚的沟通和深入的交流仍然能够跨越虚拟世界的界限,成就现实生活中的美好感情。许多人通过网络交友实现了自己的目标,建立了稳定而幸福的关系。这些经历告诉我们,只要保持警惕、真诚待人,网络交友同样能够为我们带来幸福与满足。

因此,我们应该以客观、理性的态度审视网络交友。在保持对潜在风险和陷阱的警惕之余,也应保持开放的态度,相信其中所蕴含的无限机遇和可能性。身处网络化生存的时代,想要了解人类的未来,我们必须深入理解人与科技之间交织的复杂关系,尤其是当科技介入人类生活后,将会给人类的情感关系带来怎样的转变(周逵、刘菁荆,2014)。笔者旨在深入剖析移动数字时代下的亲密关系构建,帮助人们全面而客观地认识技术所带来的社会化影响。通过基于个人在网络社交中的实际观察与体验,笔者试图从人际传播学的理论框架出发,层层剖析,帮助大家正确运用科技建立一段有意义的在线亲密关系。

第二节 研究意义

在移动数字时代,亲密关系的形式和构建方式都发生了深刻的变化。如前所述,作为后现代社会中的电子生活舞台,互联网仿佛是当今社会景象和社会传播状态的一个巨大而强烈的隐喻:互联网世界的人类传播交往活动,给了人们一把解读当今社会和人性本真的新钥匙(郑智斌,2004)。而手机作为"新新媒介",其强大的跨时空沟通功能使媒介真正意义上成为人的延伸,正在重构人类社会亲密关系互动交往的形态,由此也带来诸多社会新现象。技术作为一把"双刃剑",既提供了前所未有的社交便利,也带来了诸多挑战和困惑。因此,深入探索移动数字时代的亲密关系,对帮助我们理性客观地认识技术带来的社会化影响具有重要意义。

从深远的现实意义来看，当代青年的婚恋问题直接关系到社会的民生福祉，是社会稳定和谐的重要因素之一。近年来，晚婚晚育甚至不婚的观念在年轻人中越发普遍，这已成为一种不容忽视的社会趋势。为应对这一问题，国家出台了一系列婚育支持政策，旨在营造一个良好的就业与婚育环境，使青年人能够安心工作、如期结婚、愿意生育，从而促进社会的和谐稳定发展。在当今时代，移动陌生人交友 App 已成为青年寻求亲密关系的重要渠道。2021 年有数据显示，高达 62.4% 的单身青年主要依赖线上交友，其中，交友 App 占据了线上社交用户渠道的 62.3%（张楠楠，2024）。这一数据凸显了基于移动陌生人社交的匹配型交友 App 的兴起，为年轻人提供了前所未有的新型交往模式。

交友 App 既成为当代青年表达诉求、婚恋交友的重要平台，又拓宽了人们交往的渠道，提高了结识的概率，满足了年轻人对陌生人社交的现实需要。因此，移动陌生人交友软件成为年轻人建立亲密关系的重要窗口。亲密关系不仅是年轻人价值取向的反映，也是观察社会现状的窗口。通过探讨世代爱情观的变迁，我们能够清晰地透视出时代发展的脉络。本书立足于此视角，旨在深入剖析当代青年在婚育道路上所面临的多重问题和挑战。笔者特别关注交友 App 中青年的网络人际互动现象，力求理解和把握青年群体在婚恋交友过程中的真实心态。通过对青年婚恋观的深入探究和有针对性的引导，有助于汇聚社会各界的力量，激发更多单身青年建立交友意愿，切实回应社会对青年婚育问题的关切和期待。本书旨在为国家在制定和调整与青年婚育相关的政策时提供实证依据。同时，通过研究青年婚育问题，可以更加精准地了解青年群体的需求和诉求，为加强青年教育和引导提供参考，制定更加符合青年实际的教育政策和引导措施，帮助青年树立正确的婚恋观和价值观，从而促进社会和谐稳定。

从学术层面来看，本书为人际传播领域的理论探索注入了新的活力。

自20世纪60年代起,人际传播学在美国传播学领域崭露头角,并逐渐发展为一门独立的学科。然而,在传播学的广阔领域中,人际传播的研究一直相对薄弱,相较于大众传播学的研究规模与数量,人际传播相关的学术研究相去甚远(胡春阳、黄红宇,2015)。值得欣慰的是,随着互联网技术的蓬勃发展,网络人际传播研究逐渐崭露头角,成为学界关注的焦点。在这一背景下,美国人际传播学的先驱和领军人物马克·耐普(Mark L. Knapp)和约翰·戴利(John A. Daly)呼吁学者们在社交网络环境中重新审视人际互动的重要性与解释性价值。特别是移动交友App作为现代社会人际交往的新兴现象,不仅展现了巨大的发展潜力,更承载着重要的时代价值。尽管利用交友App发展爱情的社会实践已变得普遍,但学界关于网络亲密关系建立的理论研究仍然较为稀缺。因此,本书对深化人际传播理论、丰富移动交友App亲密关系的研究,具有重要的学术意义。

探讨数字时代人际关系的学术著作中,有两部作品尤为引人注目,分别是雪莉·特克尔(Sherry Turkle)的《群体性孤独》和南希·K.拜厄姆(Nancy K. Baym)的《交往在云端》。这两本著作分别代表了对技术的不同看法。

面对科技发展的日新月异,一些人担心网络中介化人际交往会威胁传统人际关系的神圣性,被誉为"技术界弗洛伊德"的麻省理工大学教授雪莉·特克尔在《群体性孤独》一书中深入剖析了技术与人类情感世界的复杂关系。她把互联网中介传播比作新瓶装旧酒,在她看来,互联网中介传播就是21世纪的电子笔友。不过,遗憾的是,互联网发展出的电子笔友关系却变了质,科技改变了传统对爱的定义。特克尔教授认为,互联网中介传播虽然为人们提供了新的交流方式,但也带来了人际关系的"单薄化",导致人们在网络连接中感到孤独。《群体性孤独》这本书的核心观点是技术的矛盾和情感的两难,人类创造的新技术让人类以新的方式脆弱:人们以网络连接而共在,对传播科技的要求越来越高,却对人的情感期待越来越少，这让人感到彻底的孤独（周逵、刘菁荆，2014）。特克尔教授确实道出了当前网络交友存在的现实难题，但通过网络建立亲密关系并且成功结合在一起的案例也不在少数。如若全然以批判性的视角对网络交友冷眼旁观或者消极看待，势必要被新时代传播科技的快速发展所淘汰。

相比之下，拜厄姆教授持有更为乐观的态度。在《交往在云端》一书中，她认为每次新科技诞生之时，人们总是惯有地对新兴技术怀着恐惧心态，但是从长远来看，在人类生生不息的历史车轮不断前进的过程中，唯有保持乐观且敞开怀抱才是数字化生存时代的正确打开方式，人类应该有足够的勇气去建立和培养一段有意义的在线关系。移动数字时代的中介化传播已经开启了一种新型的人际交往模式，这种基于移动通信设备的在线关系不再局限于单一的文字沟通，而是发展成为集文字、图像、语音、视频于一体的多模态交际。拜厄姆教授强调，移动手机中介化传播并非传统面对面社交的缩减版，而是一种更为新颖和兼容的混合交往方式。然而，尽管《交往在云端》对互联网中介化交往进行了宏观探讨，但关于移动交友 App 在线亲密关系建立的深入分析却着墨不多。

在移动数字时代，亲密关系呈现出许多新的特点。在线沟通成为建立关系的重要渠道，但同时也带来了信息传递失真和误解的风险。因此，识别网络交友中的信息真伪成为一项重要任务。此外，虚拟空间的匿名性和距离感也可能影响人们对亲密关系的认知和建立。培养信任、建立真正有意义的长久的亲密关系需要我们不断探索和努力。基于过往网络中介化交往的观察和体验，我们可以总结一些有效的策略，为在线亲密关系的建立提供参考和借鉴。

人类的未来将与科技紧密联系，人工智能技术也已经逐渐进入人类生活。随着 5G+AI 技术的持续发展，未来大数据和信息将实现迅速流通，以更智能化、更精准化的资源为用户提供配对服务。这些变革将促进在线社交和线下社交的双向融合和社会化协同，也将更加深刻地影响人类的情感生活。因此，在网络中介化传播语境下对人类传播交往现象进行重新诠释与解读，是新时代人际传播学者必须进行探讨与解答的理论与实践共在的崭新课题。

在科技高速发展的数字化时代，万物皆在变，传播媒介在变，人与媒介、人与人、人与社会的关系也在变。在本书后续内容中，笔者试图进行以下方面的探讨：随着陌生男女浪漫关系发生的场域从现实实体世界到网络虚拟世界的迁移，人类的爱情观与人际互动方式的转变；移动交友 App 在亲密关系建立的过程中究竟扮演何种角色；移动陌生人交友 App 亲密关系建立的影响因素；移动交友 App 发展的亲密关系，与过去传统面对面社交，以及计算机中介化社交的不同之处；过往的人际传播理论与现如今的移动陌生人社交现象之间的关系。本书立足于移动陌生人交友 App 这一特定媒体环境，研究在线亲密关系建立的过程，以期进一步丰富和发展人际传播学科，推动数字化传播时代人际传播学科的理论研究。

第一章

当爱已成网事：
移动陌生人社交正在崛起

第一节　移动陌生人社交正在崛起

随着时代的发展，社交媒介不断地革新，人们的社交方式也发生了巨大的改变。从以前的面对面沟通，到现在的计算机端、手机端的应用发展与普及，每一次科技革命都推动着社交方式的演变。据中国互联网络信息中心（CNNIC）发布的第53次《中国互联网络发展状况统计报告》显示，截至2023年12月，我国手机网民规模已高达10.92亿人，较上一年度增长了2480万人，我国网民使用手机上网的比例达99.9%。这一数据不仅见证了移动互联网技术的迅猛进步，更凸显了移动设备在社交活动中不可替代的重要地位。

与此同时，年轻群体的社交需求在不断释放，他们渴望在远离熟人社交圈的同时，打造属于自己的全新社交领地。在这一背景下，移动端匿名社交应用如雨后春笋般涌现，精准地满足了这一群体的迫切需求。这些应用借助匿名的形式，让人们能够更自由地表达观点和感受，无须担心身份暴露带来的社交压力。同时，它们还提供了丰富多样的社交功能，如语音聊天、视频通话、兴趣社区等，使用户在享受社交乐趣的同时，也能找到志同道合的伙伴。为了响应并满足用户日益多元化的需求，陌生人社交领域不断推陈出新，为用户提供多维度、多层次的社交服务。这些服务不仅结合了声音、灵魂、兴趣、虚拟形象等元素，让社交体验越发丰富多彩，同时也更加趋向于社交娱乐化，为用户带来更加轻松愉快的交流氛围。此外，陌生人社交还通过打造多样化的社交场景，极大地提升了用户的交互体验，让每一次的社交互动都充满惊喜和乐趣。

如今，越来越多的用户通过这些陌生人社交媒体平台成功拓宽了社交圈子，结识到了新朋友，甚至找到了潜在的伴侣。《2020独居青年生活洞察报告》的数据显示，高达64.83%的受访者倾向于通过社交软件结交新朋友，这充分证明了陌生人社交媒体在缓解孤独感、促进社交互动方面的独特价值。庞大的单身人群基数为移动陌生人社交平台提供了坚实的用户基础，他们通过这些平台释放着强烈的社交和婚恋需求，推动了移动陌生人社交市场的不断壮大。

艾媒咨询的数据也进一步印证了这一趋势。在2021年上半年中国社交软件用户的使用情况中，陌陌、探探和Soul等陌生人社交应用表现抢眼，其中陌陌的用户占比最高，达到46.9%，探探和Soul紧随其后，分别占比35.5%和34.5%。据相关数据显示，截至2021年9月，陌陌的月度活跃用户已达1.155亿人，探探的全球总用户数更是高达3.6亿多人，而Soul的用户规模也突破了亿级大关，月活跃用户超过3000万人。这些数据充分证明了陌生人社交领域的蓬勃发展和巨大潜力。

而未来，随着5G和AI等新技术的发展，它们将为用户带来更良好的体验，激发市场活力，有望进一步建立移动陌生人社交的新体系，开拓新的社交可能性。

第二节　移动陌生人社交的定义与特点

一、移动陌生人社交的定义

在20世纪初，德国社会学家乔治·齐美尔（George Simmel）首次对"陌生人"这一概念进行了界定。他打破了传统认为陌生人是短暂停留、匆匆而过的人的刻板印象。相反，他认为陌生人是指那些今天到来且明天仍会在此地继续生活的人。因此，他将陌生人描绘为潜在的漫游者，揭示了他们虽然空间上接近，但在心理上保持着一定的距离和隔阂。在当今经济、城市化和网络技术迅猛发展的背景下，世界对陌生人的定义和态度正逐渐趋向统一。随着科技的变革与发展，以及对人类生活的深刻重塑，现代都市中的陌生人定义已发生显著变化。近代社会通过地域联系陌生人，现代社会则通过立法和制度维系陌生人关系，而网络社会则构建了一个具有后工业化特征的新型陌生人人际互动模式，这一阶段"人人都是陌生人"，人们开始主动接纳并可能建立与陌生人的亲密关系。鲍曼（Bowman）认为，在多元化的后现代社会中，我们与陌生人之间的界限日益模糊，陌生人不再被权威预先选择、定义和区分，而是被普遍接受。

东西方由于社会语境不同，对陌生人的理解也有所不同。喻国明（2019）将陌生人社交定义为与熟人社交相对的概念，指的是与现实生活中毫无交集的陌生人在网络上建立联系，进行交往。这种概念具有一定的合理性，但在移动互联网时代，有必要针对"移动陌生人社交"做出更清晰的界定。移动陌生人社交，指的是个体借助移动设备上的应用程序或在线平台，实现原本无社交联系或交集的陌生人之间的社交互动。这种方式突破了传统社交的局限，为人们打开了更为广阔的社交视野，使人们有机会遇见并结识新朋友或潜在的伴侣。陌生人社交软件的核心功能是通过算法为用户推荐或匹配其他用户，帮助用户建立连接，形成有效互动，进而可能发展为熟人关系。而基于移动陌生人社交软件的各类功能，如私人聊天、群组讨论、社区活动等，能够提供全方位的社交体验，让移动陌生人社交成为人们拓展社交圈、寻找新朋友和潜在伴侣的重要途径。

二、移动陌生人社交的特点

（一）社交便携性

移动陌生人社交软件以其出色的便携性和即时性特性，为用户带来了前所未有的社交体验。这些软件通常安装在智能手机或平板电脑上，让用户能够便捷地接收和发送消息，迅速与陌生人建立联系和互动，极大地提升了社交的灵活性和效率。同时，移动陌生人社交软件通过算法和技术手段提高社交效率，快速筛选出符合条件的匹配对象，减少了用户寻找合适伙伴的时间和精力。

（二）社交多样性

移动陌生人社交提供了多样化的匹配方式，为用户带来了更为精准和满意的社交体验。无论是基于地理位置的近距离匹配，还是基于共同兴趣爱好的深度交流，这些软件都提供了灵活的匹配机制，以满足用户不同的需求和偏好。这种个性化的匹配方式不仅提高了匹配的准确性，也极大地提高了用户的社交效率。

（三）社交趣味性

移动陌生人社交软件通常具有丰富的互动功能和娱乐性，为用户与陌生人之间的交流带来了更多可能性。文字聊天、语音通话、视频通话等多元化的交流方式，让用户能够根据个人喜好选择最合适的沟通形式，实现更为真实、自然的互动体验。同时，这些软件还融入了趣味性的元素，如表情包、动态贴纸等，为社交过程增添了娱乐性和趣味性，使用户在与陌生人交流时能够享受更多的乐趣和愉悦。

（四）社交匿名性

移动陌生人社交软件通过匿名功能，为用户提供了一个相对自由的社交空间。这使用户可以在不暴露真实身份的情况下，与陌生人进行社交互动。这种身份的不透明性为用户提供了一个相对自由的空间，让用户可以更加真实地表达自己的想法和情感。这种"去角色化"的特征使用户可以向陌生人透露个人信息，从而延伸个人情感，感受陌生共鸣。这种共鸣不仅让用户体会到情感上的满足，也增强了用户之间的连接和互动。

（五）社交风险性

尽管陌生人社交的匿名性能够促进情感袒露，但其中也隐藏着一定的风险。网络诈骗是移动陌生人社交中常见的风险之一。一些不法分子可能会冒充他人身份，与用户进行虚假交流，骗取用户的信任进而实施诈骗行为。一些陌生人交友应用存在诱导付费和引流等违规行为，不仅损害了用户的利益，也影响了整个行业的健康发展。此外，隐私泄露也是用户需要警惕的问题。由于用户在社交过程中可能会透露一些个人信息，如果这些信息被不法分子获取，就可能导致隐私泄露和身份盗用等问题。为了降低移动陌生人社交的风险性，用户需要保持警惕，定期检查和更新自己的隐私设置和密码，避免在不同的平台上使用相同的密码。同时，社交媒体平台也需要加强监管，严厉打击诱导付费等各类违规行为，为用户提供一个安全、健康的社交环境。

第三节　全球陌生人社交发展史

一、萌芽期（1995—1997 年）

Match 等网站的诞生标志着陌生人社交的萌芽，这是美国社交媒体发展的重要里程碑之一。Match 于 1995 年 4 月上线，是美国最早的在线交友网站之一。它的出现改变了人们交友的方式，使更多人能够通过互联网平台寻找自己的伴侣。随着 Match 的成功，许多类似的网站开始涌现，逐渐形成了陌生人社交的市场。这些网站通过提供个性化的匹配算法、丰富的用户信息和互动功能等，不断提升用户交友的效率和体验。在美国，这类网站的诞生和发展催生了一种新的社交文化，越来越多的人开始接受并习惯通过陌生人社交平台来拓展自己的社交圈子和寻找爱情。同时，这也为全球范围内社交媒体的发展奠定了基础，推动了社交媒体的多样化和个性化，在全球陌生人社交领域具有开创性的贡献。

二、探索期（1998—2008 年）

在早期的很长一段时间，陌生人社交局限于婚恋相亲网站。婚恋相亲网站的目的在于寻找结婚对象，和当下流行的交友 App 并不属于同一性质，但是仍然可以把婚恋网站视为中国陌生人社交的雏形。中国婚恋网站的黄金时代开始于 1998 年，这个阶段出现了许多知名的婚恋网站，如百合网、世纪佳缘网、珍爱网等。这些网站通过提供线上交友服务，为中国的单身男女提供了一个全新的寻找伴侣的平台。尽管火热一时，中国的婚恋网站还是陷入了发展瓶颈。由于模式局限、经营负担过重、盈利方式单一等问题一直没有得到解决，婚恋网站就这样悄然落幕。与此同时，中国论坛交友逐渐登场。猫扑、西祠胡同、天涯、校内网、豆瓣、开心网陆续上线，不以结婚为目的，主打聊天、陪伴、约会，其社交本质越来越符合如今的陌生人交友产品。在这个阶段，中国的互联网用户规模不断扩大，人们对线上交友的接受度也逐渐提高。随着技术的不断进步和市场需求的不断变化，中国的婚恋网站和陌生人社交平台也不断进行创新和变革，以适应市场的变化和用户的需求。虽然现在已经进入移动互联网时代，但是这个阶段在中国社交媒体发展历程中的重要性和影响仍然不可忽视。

三、爆发期（2009—2010 年）

这个阶段，以 LBS（location based services，基于位置的服务）技术的兴起为代表，让用户可以通过地理位置信息发现附近的人进而交友，进一步推动了陌生人社交市场的发展。随着 LBS 在陌生人社交应用的普及，以"附近的人"为主要功能的陌生人社交产品开始陆续出现。这一功能创新，让用户在使用陌生人社交应用时能够更加真实地感受到彼此的存在，增加了互动的趣味性和实用性。同时，这一阶段也是移动互联网快速发展的时期。随着智能手机的普及和移动互联网技术的发展，人们开始越来越多地使用移动设备进行社交活动。这也为陌生人社交应用的发展提供了广阔的平台和机遇。

四、陌生人社交井喷期（2011—2014年）

这一时期，移动互联网时代悄然到来。陌生人社交市场迎来了井喷期。这个阶段，智能手机广泛普及，大数据、人工智能等新技术的发展，使陌生人社交行业发展更进一步。从2011年开始，移动互联网诞生了一个又一个现象级的陌生人社交产品。各种类型的陌生人社交应用如雨后春笋般涌现，展现了前所未有的活力和各式各样的形态。这个阶段出现了许多知名的陌生人社交应用，如陌陌、探探等。这些应用充分利用移动互联网的便利性，通过提供个性化的推荐算法和丰富的互动功能，使用户可以更加便捷地与陌生人进行交流，吸引了大量年轻用户。同时，这些应用还通过个性化推荐算法，根据用户的兴趣、爱好和地理位置等信息，为用户推荐合适的匹配对象，提高了交友的效率和成功率。移动互联网的快速发展为陌生人社交应用提供了广阔的平台和机遇，而应用的不断创新和变革则满足了用户不断变化的需求。在这个阶段，陌生人社交市场逐渐走向成熟。

五、多元化和精细化运营期（2015年至今）

自2015年开始，陌生人社交市场进入了商业化和精细化运营的新阶段。在这个阶段，随着移动互联网的普及和用户规模的不断扩大，陌生人社交应用逐渐成为人们日常生活中不可或缺的一部分。与此同时，市场对于陌生人社交应用的需求也日益增长，为该领域的发展提供了广阔的空间和机遇。各大陌生人社交平台开始注重商业化和精细化运营。一方面，通过引入广告、付费会员等商业模式，实现商业化变现，提升平台的盈利能力；另一方面，通过数据分析、个性化推荐等手段，提高用户匹配的准确性和效率，提升用户体验和用户黏性。同时，随着市场竞争的加剧，陌生人社交应用也开始不断创新和变革。一些平台通过引入语音、视频等互动方式，增加用户的交友体验；一些平台通过引入AI技术，实现个性化推荐和智能匹配；还有一些平台通过引入社交电商、线下活动等方式，实现社交与商业的结合。此外，随着网络安全问题的日益突出，陌生人社交平台也加强了用户隐私保护和安全防范措施。通过引入加密技术、人脸识别等手段，确保用户信息安全和隐私权益。自2015年至今，陌生人社交市场在多元化和精细化运营方面取得了显著的进展。未来，随着技术的不断进步和市场需求的不断变化，陌生人社交市场还将继续发展和演变。

第二章

理论探讨与文献回顾：
亲密关系建立的历史发展嬗变

随着科技的飞速进步，人际关系的建立与维系方式发生了翻天覆地的变化。从传统的面对面交往，到电脑时代的在线交流，再到移动交友软件的普及，亲密关系的建立过程不断受到新技术的冲击与重塑。本章将以时间轴为主线，依次回顾关于亲密关系在传统面对面社交时代、计算机中介化社交时代与移动陌生人社交时代三个阶段的文献，分析亲密关系建立的历史发展演变。

第一节　传统面对面社交时代亲密关系的理论与研究

亲密关系作为人类自古以来的永恒话题，一直是多学科研究的焦点。亲密关系是人类生活的核心经验所在，影响人类生活的方方面面。许多研究表明，个体的自我认知在很大程度上受重要他人的影响，而亲密关系处于核心地位（Shaver and Mikulincer，2007）。亲密是指双方通过深入了解和频繁互动所形成的一种彼此熟悉和互相喜欢的状态，包括双方的第一印象、关系的发展过程和关系中的互相信赖等议题（Reis and Rusbult，2004）。亲密关系中的情感支持可以实现压力缓解的效果（Cohen and Wills，1985），它能满足人类最重要的爱与归属感的需求（Perlman，2007）。和谐的亲密关系可以满足人们内在世界的渴望，疗愈过往的伤痛，帮助个体完善对自我的认知坐标体系，从而赋予生命和生活全新的意义。研究发现，形成并且维持稳定的亲密关系与生活幸福感呈显著正相关，相较于缺乏亲密关系的个体，那些拥有稳定亲密关系的个体不仅能体验更多幸福感，还更可能拥有健康的身体和心理状态（Thibaut and Elley，1959）。因此，对亲密关系进行探索具有非常重要的现实意义。

亲密关系是现代人十分渴望的抽象物质，它是治愈人类孤独的最佳方法，也是使人类在现实生活中获得幸福的最佳途径。不同的人对亲密关系会有不同的见解，亲密关系是一个复杂的概念，包含许多不同的成分（Prager and Roberts，2004）。研究者普遍认为，亲密关系主要体现在了解、关心、相互依赖、信任、相互一致性、忠诚六个方面（Benari and Lavee，2007）。

大量研究表明，传统社会心理学和传播学取向关于亲密关系的探讨，通常聚焦在亲密关系的本质论和发展阶段两个方面：一是从爱情本身出发，界定亲密关系的定义和亲密关系的影响因素；二是从人际互动的视角出发，探究亲密关系的各个发展阶段，动态性和全观性地考察亲密关系发展过程。在茫茫人海中，两个素不相识的个体在相遇、相识、相知、相爱的漫长关系发展过程中，决定关系是否亲密的因素复杂难寻，要想了解亲密关系建立的缘由，需要溯本求源，从社会心理学的理论中窥探爱情的本质。

一、问世间情为何物：亲密关系建立的理论地图

（一）社会心理学取向

1. 爱情发展车轮理论

社会学家 Reiss（1960）提出爱情发展车轮理论（wheel theory of love's development），以车轮的形式阐释爱情发展的四个阶段。他认为，爱情的发生、发展与结束就像一个滚动的车轮一样，如果处理方法有误，关系便会脱轨。这个理论主要包含四个阶段：和谐、自我袒露、互相依赖、人格需求满足，如图 2-1 所示。

图2-1　Reiss的爱情发展车轮理论

第一阶段，和谐（rapport）。这是异性浪漫关系启动的第一阶段，也是男女双方坠入爱河的开始，指的是双方感觉舒坦稳靠，心情放松，彼此了解且易于沟通。社会背景、个人经验和基本价值观越相近，两个人之间建立和谐关系的机会越大，越能顺利进入第二阶段。

第二阶段，自我袒露（self-disclosure）。这个阶段双方开始分享自身相对隐秘的部分，比如，在关系里说出自己内在的希望、欲望、恐惧与野心，分享不能和别人说的秘密，展露不曾对其他人展露的另一面。这是双方彼此磨合的重要阶段，倾诉与接纳都成为很重要的选择。很多人的爱情在这一阶段就突然停止了，原因可能是不能接纳对方的某种自我袒露，或者是在双方信任度、包容度还不够的情况下，自我袒露太多导致对方不能接纳或者造成突然的压力。自我袒露对关系的发展起至关重要的作用。只有经历了彼此的自我袒露，双方才能进入关系发展的第三阶段。

第三阶段，互相依赖（mutual dependency）。自我袒露决定双方能否在一起，而相互依赖决定彼此能够在一起多久。双方袒露自己更私密的部分，两人之间的联结更紧密而相互依赖，导致更大的需求满足，这就是亲密关系滚动的车轮被强化的原因。依赖是一种爱的习惯，这一阶段是决定双方的浪漫关系能够维持的重要因素。双方生活互相依靠，时常牵挂对方，开始依赖另一方在特定行为上的配合。

第四阶段，人格需求满足（personality need fulfillment）。亲密关系发展的最后阶段是人格需求的实现，双方评估他们之间的互动是否满足了亲密关系的基本亲密需要，以及在亲密关系里是否可以获得对方的尊重、认可、欣赏、共情等情感支持，满足情感需求是爱情关系稳定发展的重要因素。

这四个阶段是融为一体、浑然天成的。也就是说，当一个人与另一个人相处时感到和谐，就会情不自禁地自我袒露，当自我袒露越多，就会变得越依赖对方，从而能够满足其内在的人格需求。Reiss 的爱情发展四个阶段论中，每一个阶段都是循序渐进的发展，这四个阶段的发展是循序渐进的过程，只有每一个阶段发展成熟才能进入下一阶段，爱情才能像车轮一样滚滚前行。如果关系向好发展，那么爱情的车轮就会顺时针旋转，车轮旋转的圈数越多，表示双方的爱情关系越好也越成熟；反之，如果关系遇到阻碍，则会停止前进，甚至后退，最后可能导致分手。

虽然这个理论提供了一种理解爱情发展的框架，但爱情发展车轮理论也同样适用于任何亲密关系，包括亲子关系和友谊关系。就两性的浪漫关系而言，它的指向性和解释性明显不足。因此，这个理论并不能完全适用于所有情况。

2. 依恋类型理论

Bowlby（1969）提出了一个革命性的观点。他认为人类婴儿天生就具备一种独特的生物系统，这种系统促使他们与主要抚养者之间形成深厚的情感纽带，即依恋。这种依恋不仅使婴儿将主要抚养者视为他们的安全港湾，只要抚养者在场，他们就能毫无顾忌地探索世界；而且，当面对潜在的危险时，婴儿会本能地寻求抚养者的庇护。婴儿的依恋类型，其实质上是由他们与抚养者之间的交互方式所决定的。为了进一步解析这种依恋模式，Ainsworth 等（1971）采用了陌生情景法，将婴儿的依恋类型划分为三种：安全型、回避型和矛盾型。这三种类型反映了婴儿与主要抚养者之间互动模式的多样性。值得注意的是，这种依恋类型的影响并不局限于婴儿期，它们同样会在个体成年后，对他们的亲密关系产生深远的影响。随后，Bowlby（1973）提出了一个更为复杂的理论框架，他认为个体内心存在两种截然不同的模型。一种模型关注于个体对自身的看法，特别是关于亲密伴侣的宜人性和可接受性的认知；而另一种模型则聚焦于他人，即个体对亲密伴侣的责任性和回应性的感知。

Hazan 和 Shaver（1987）率先将成人的依恋类型与婴儿期的依恋类型相对应，提出了分类的方法。然而，这一理论在后续的研究中得到了进一步的拓展和深化。特别是 Bartholomew 和 Horowitz（1991）的研究中，从焦虑（担心自己被伴侣抛弃和拒绝的程度）和回避（个体拒绝与他人亲密接触的程度）两个维度出发，将亲密关系中的依恋风格细分为四种类型：安全型（secure）、痴迷型（preoccupied）、疏离型（dismissing）、恐惧型（fearful）。安全型的个体在亲密关系中表现出对自己和伴侣的积极认知；痴迷型的个体则具有高焦虑但低回避水平，他们对自己持消极态度，但对伴侣充满期望；疏离型的个体则对亲密关系感到不适，他们对自己持积极态度，但往往对伴侣持消极看法；而恐惧型的个体则同时具有高水平的焦虑和回避特征，他们在亲密关系中往往对自己和伴侣都持有消极态度。这种多样化的依恋类型不仅揭示了人们在亲密关系中的不同认知模式，也为我们理解个体对亲密关系的承诺水平提供了重要的线索。

3. 亲密关系发展五阶段论

George Levinger（1983）提出了亲密关系发展五阶段论，将亲密关系的发展进程做出了最具系统性的详细解读。根据该理论，人际关系发展主要分为五个阶段，如图 2-2 所示。

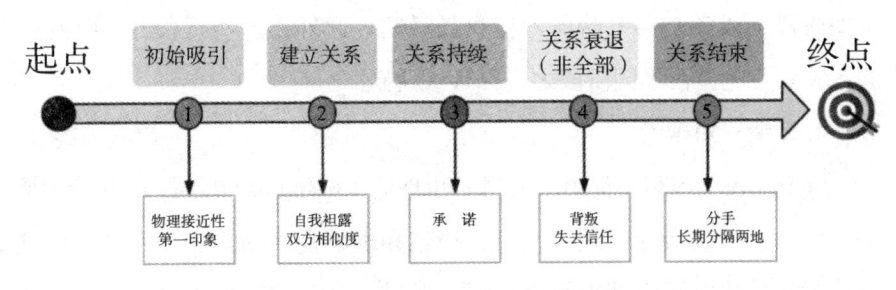

图2-2　George Levinger 的亲密关系发展五阶段论

第一阶段，初始吸引（initial attraction）。这是关系的初始阶段，双方由于物理接近性、第一印象或其他原因开始接触彼此，通常伴随强烈的吸引力和浪漫情感。若在此阶段双方对彼此具有好感，则可能进入下一阶段。在这个阶段，人们往往对伴侣持有理想化的看法，并忽视或最小化潜在的缺点。

第二阶段，建立关系（building a relationship）。双方开始自我袒露并关心彼此，逐渐加深亲密感。双方背景、思想及各方面的相似度会决定是否进入下一阶段。

第三阶段，关系持续（continuation）。在这个阶段，双方对关系做出承诺，建立稳固和长期的亲密关系。他们可能决定结婚、共同生活或进行其他形式的长期承诺。这一阶段标志着关系的稳定和深化，互相信任是此阶段重要的维持因素。

第四阶段，关系衰退（deterioration）。并非所有关系都会进到此阶段。此阶段双方呈现出瓶颈、厌倦、不满等征象，个体越来越少地沟通与自我袒露，失去信任与背叛并恶性循环，最终终止关系（但双方也可能找到解决方法，并重建彼此的信任）。

第五阶段，关系结束（termination）。分手、长期分隔两地等原因导致关系结束。

需要注意的是，这个模型是一个理论框架，不一定适用于所有关系或所有人。每对伴侣的经历都是独特的，他们可能会以不同的速度经历这些阶段，或者在某些阶段停留更长时间。此外，这些阶段并不是线性的，关系可能会在不同阶段之间循环或跳跃。

4. 爱情三角理论

Sternberg（1986）提出的爱情三角理论（triangular theory of love）是一个广为人知和接受的理论，用于描述和理解爱情的构成和发展。该理论认为，爱情由三个基本要素构成，形成一个三角形的模型。这三个要素分别是：亲密（intimacy）、激情（passion）、承诺（commitment）。

亲密指的是伴侣之间情感上的紧密联系和相互支持。它涵盖了温暖、亲近、理解和信任等方面。亲密是一种彼此熟悉、亲切、互相喜欢的感觉。它是内在和隐秘的部分，平时不容易被人察觉，却是加深并维持一段关系的关键，重点在于双方心灵世界的沟通与相互了解，包括尊重、欣赏、互赖、自我袒露等。亲密关系的建立需要时间的投入和情感的交流，伴侣之间愿意分享自己的思想和感受，同时也愿意倾听和支持对方。

激情是爱情中的浪漫情感，是爱情中的动力，能够激发人们的热情，使爱情充满活力。许多一见钟情都与激情有关。它主要受外表吸引力和内在魅力的影响，正所谓"情人眼里出西施"。当陷入爱情时，对方会变成完美的化身，它是独属于有情人之间的一种化学反应。但遗憾的是，激情总是不可维系的，它必然会随着关系的发展而逐渐降低。

承诺是爱情中的决定和责任感。它指的是伴侣之间对于关系的长期投入和维持的意愿。承诺包括了对伴侣的忠诚、对未来的规划和对共同目标的追求。承诺是爱情中稳定和持久的因素，它是对伴侣全面评估后的认真选择，也是爱情三要素中最理性的部分，能够帮助伴侣共同面对生活中的挑战。

亲密指向浪漫关系的情感，激情指向浪漫关系的动机，承诺指向浪漫关系的认知（Overbeek et al., 2007）。这三个要素相互作用，共同构成了爱情的三角形。需要注意的是，爱情三要素不可偏废，不论哪一方指标过高都不利于关系发展，三角形覆盖越全面，说明两人之间的关系越亲密。如若同时满足三要素，则是受世人期待的"完美之爱"，这种爱可遇不可求。每种要素在不同的关系中可能有不同的比重和表现形式，但健康的爱情通常需要这三个要素的平衡和相互支撑。

5. 社会交换理论

在世代的婚恋文化语境中，历来存在浪漫主义和现实主义两种爱情观。尤其是在如今的择偶观念中，爱情和面包总是横亘在亲密关系面前的一道现实选择题。尽管存在两种认识层面的差异，但研究一致认为浪漫主义扮演着重要的角色。浪漫主义主张，爱情是婚姻的唯一基础，它是一种超越个人控制的神秘力量（Adelman and Ahuvia，1991）。浪漫主义除了相信爱情具有使人着迷的神奇能量，还相信一段亲密关系往往带有宿命论的色彩，也就是说，爱情不是以客观条件为标准的理性匹配，相反，应该是一种无须刻意追求的、没有约束的自然结果。如果一段关系是命中注定的，那么它自然会发生；如果不是命中注定，那么即使付出再多的努力也是枉然。尽管亲密关系可以在情感层面给人巨大的满足感和浪漫情结，但这并不是人们寻求和发展一段亲密关系的唯一缘由。与浪漫主义形成鲜明对比的理性主义将爱情视作一场交换。与浪漫主义的利他性全然不同的是，在理性主义看来，约会本质上是男女双方在恋爱市场中选择自己最理想的对象，以求得彼此利益的最大化。因此，利我性的吸引力要远高于所谓浪漫的宿命论。

20世纪50年代末，著名的社会学家、哈佛大学乔治·霍曼斯教授（George C. Homans）从经济学视角将人际传播重新概念化为一种社会交换现象，并创造性地提出了社会交换理论（social exchange theory）。社会交换理论认为，人际传播的推动力量是自我利益，趋利避害是人类行为的基本原则。在建立关系初期，出于趋利避害的本能，都会事先预期关系发展过程中可能会出现的各种结果或问题，根据这些潜在的问题做出评估来预测回报率。人们在互动中倾向于扩大收益，缩小代价，或倾向于扩大满意度，减少不满意度。关系双方感到有利可图是一段关系发展的重要原因，霍曼斯还利用公式解释人们为何形成和维持一段亲密关系：报酬（rewards）- 成本（costs）= 结果（outcome）。

根据公式，人们通常会不自觉地以此来评判一段关系是否值得投入。假若评估结果是报酬大于成本，人们才愿意为关系推进做出行动与努力，将有利于关系的建立与发展。比如，如果一个人感觉和另一个人性格相投、心意相通、互动愉快且沟通顺畅，而且对对方的外表、工作、收入、社会资源满意度较高，则两人后期建立与开展亲密关系的可能性将大大提高。相反，假若评估结果是成本大于报酬，则将不利于亲密关系的发展，有可能导致后期关系没有进展。除了评估互动和预测回报率，个体还会考虑有哪些其他可替代性关系可获得，学术将这种现象描述为替代性关系的比较（comparison level of alternatives），也就是人们生活中所说的"货比三家"，即人们会寻找其他目标和当前关系进行比较，来决定是否需要寻找新的关系。人的自我意识和价值判断一部分来自身边重要他人的参照，比如，人们总会通过对比朋友的伴侣来评估自己现有亲密关系的价值，或者对自己的伴侣提出要求。Rusbult（1983）建立的投资模式（investment model）认为，伴侣们对其替代性关系的感知、满意度以及其在关系中做出的投资共同影响一段关系的亲密，这些要素也将对个体后续是否愿意为这段关系负责起到重要作用。

彼得·布劳（Peter Blau）在后续的研究中深化了该理论，并且提出了社会交换的基本过程。布劳认为，社会交换始于社会吸引。他所讲的社会吸引，是指与别人交往的倾向性。根据布劳的分析，在关系建立初期，是由于个体感受到对方有吸引力在先，而后才有期望获得报酬的算计。这就意味着，如果使对方承认自己，愿意与自己交往，就必须向对方证明自己是一个有吸引力的人，表明与自己交往也能从中得到报酬。如果他能够成功地做到这一点，对方接受了他，交往行为就会随之发生。如果双方都能展示出可以互惠的特质，则会进一步加强双方的相互吸引。因此，吸引力是交换的前提，也是双方建立起稳定关系的纽带。在交换中，各交换主体都会尽力展示自己的报酬能力，以吸引其他人同自己交换。

所以，在社会交换中必然发生竞争。但是由于个体所拥有的资源在数量、质量、种类、稀缺程度等方面是不均等的，在交换中，那些占据丰富或稀缺资源的个体在社会交换关系中会获得较高的交换地位，作为数不多的资源提供者，他们就可以自由地选择交换对象。反之，那些相对缺乏资源的个体处于交换关系的劣势一方，只能处于较低的交换地位，没有选择其他交换对象的余地。如果双方所具备的资源势均力敌，也就是所谓的门当户对。如双方资源悬殊，那么处于劣势的一方就会表现出服从与尊敬。

不过，尽管浪漫主义与理性主义在亲密关系的评判方面有显著不同，但彼此并不存在绝对的矛盾，因为在霍曼斯看来，交换物不单指狭义的经济方面的外在报酬，亲密关系中的一方向另一方寻求赞同、认可、情感顺从、控制、爱等柔性指标也属于交换物的一种，而且更为稀缺。理性客观的精致计算似乎是社会交换理论的表象，而平等互惠才是该理论的精神内核。因为在一段关系里，任何一方都不希望长期单方面的付出而一无所获，如果一方长期付出，而另一方一直索取的话，那么这段亲密关系就处于一种失衡状态，这与爱的能量守恒定律背道而驰。

（二）传播学取向

亲密关系研究最早见于社会心理学科，后来传播学者开始从人际关系发展的视角探究亲密关系行为。从20世纪60年代开始，随着《人际传播语用学》等著作的出版，人们开始更加关注亲密关系行为的研究（Watzlawick and Jackson, 1967）。随后，社会交换理论（Homans, 1974）、个体感知（Tagiuri, 1969）和人际吸引力理论（Byrne, 1971）等重要理论的提出，进一步丰富了这一领域的研究内容。到了20世纪70年代，人际传播研究在不断发展，但仍有不少批判的声音，认为人际传播缺乏足够的理论支撑。于是，在这种背景下，社会渗透理论（Altman and Taylor，1973）和不确定性降低理论（Berger and Calabrese，1974）应运而生，为人际传播研究提供了新的视角和工具。进入20世纪80年代，人际传播学者继续扩展和修正现有理论，如不确定性降低理论（Berger and Bradac，1982），并提出了预期违反理论（Burgoon，1983）。这些理论在解释亲密关系行为方面具有重要意义，特别是在网络空间中的亲密互动方面。

1. 社会渗透理论

社会渗透理论（social penetration theory）是一个解释人际关系如何从表面化的沟通逐渐发展到亲密沟通的理论。该理论由欧文·奥尔特曼（Irvin Altman）和达尔马斯·泰勒（Dalmas Taylor）于1973年提出。它主要用于解释人际关系从陌生到亲密的动态发展过程。该理论认为，随着关系的深入发展，人们会逐渐分享更多私人和亲密的信息，从而实现更高层次的关系渗透。

社会渗透理论强调，人际关系的发展是一个渐进的过程，从最初的表面化沟通开始，逐渐深入更私密、更个性化的层面。在这个过程中，个体之间通过相互了解、接纳和支持，建立起更加紧密和持久的关系。亲密的关键就在于自我袒露，并且根据自我袒露的程度，将亲密关系的建立和发展过程由浅入深地划分为四个阶段（见表2-1），分别是：关系摸索期、关系试探期、关系亲密期、关系稳定期。

表2-1 亲密关系发展阶段

关系发展阶段	状态描述
关系摸索期	初次相识，双方并不了解
关系试探期	双方有交往意愿，并尝试互相了解
关系亲密期	关系持续向好发展并逐步走向亲密
关系稳定期	双方对彼此各方面都有深入了解

该理论还指出，人际交往涉及两个主要维度：交往的广度（breadth）和深度（depth）。交往的广度指的是个体之间交换信息的范围，包括话题的多样性和交流频率等，常用于人际关系发展的初始阶段。在这一阶段，人们通常寻找安全系数高的话题进行试探，诸如分享天气、娱乐八卦、兴趣爱好等信息。若在此阶段双方感觉愉悦舒服，双方彼此感到信任和安全，那么就会进入关系稳定期，沟通的内容就会逐渐从广度转为探索情感和价值内核的深度。交往的深度则是指个体之间关系的亲密程度，包括信任、依赖和情感共鸣等。深度倾向于个人私密性话题，诸如宗教信仰、政治观念、内心的恐惧与期许等。因此，和陌生人分享深度话题具有一定的风险，在尚不了解对方的前提下贸然进行，可能会导致一段关系过早结束。在人际交往中，个体需要通过相互了解、接纳和信任，逐渐从表面化的交往过渡到更深层次的亲密关系。

社会渗透理论对理解人际关系的发展过程，以及指导人们在交往中如何建立和维护亲密关系具有一定的指导意义，有助于我们更好地把握人际交往中的关键因素，进而建立和维护健康、亲密的人际关系。但是，社会渗透理论在解释人际关系发展方面存在一定的局限性。比如，社会渗透理论认为，在社会渗透过程中，语言行为（如用词和表达方式）、非语言行为（如身体姿势、面部表情和眼神交流）以及环境导向行为（如交往场合的选择和距离保持）都起着重要作用。然而，在网络社交媒体中，个体之间可以通过匿名、角色扮演等方式来展示自己，可能会通过语言、身体渗透（如虚拟拥抱、亲吻等表情符号）、自我袒露（电子文本分享个人信息和感受）以及活动渗透（共同参与游戏或活动）等方式建立亲密关系，这可能对人际关系的发展产生重要影响。

2. 不确定性降低理论

如果说社会渗透理论是用于阐释人们建立一段亲密关系的定义和原因，那么不确定性降低理论主要关注在初次互动中如何降低不确定性，以及如何通过信息交换来建立、维持和发展人际关系。不确定性降低理论（uncertainty reduction theory，URT），又称初次互动理论，该理论认为，在人际关系发展的初始阶段，特别是在初次互动时，人们常常面临不确定性，即对于对方的行为、态度、意图等感到不明确或不可预测（Parks and Ade，1983），人们出于安全感的本能，都有不断降低不确定性、提高可预测性的心理需要（Berger and Calabrese，1974）。为了降低这种不确定性，人们会采取各种策略不断地掌握信息来提升对他人的把握，从而获得掌控感（Berger and Bradac，1982）。

具体来说，当陌生人第一次相遇时，他们最关心的是如何从对方的传播中获得意义，提高对未来互动的预测性。这种预测性包括对自己和对方在未来互动中可能采取的行为的预知能力。为了降低不确定性，人们会主动寻求信息，进行自我袒露，并共享信息。这种信息的汇集和共享有助于增强人际关系，因为随着了解的加深，不确定性逐渐降低，人们对于与对方建立关系的结果（无论是有利还是有害）也能有更准确的判断。

不确定性通常代表着对另一个人的把握程度，以及能否感知到对这段关系的信心，对于关系建立非常重要。不确定性是一种让人厌恶的状态，会产生认知压力。因此，人们有动机去降低这种不确定性，以获得更大的认知舒适度和安全感。这也是为什么在初次互动中，人们会更加关注对方的信息和行为，并努力通过各种方式来获取和理解这些信息。人际传播研究学者在对人际交往互动关系进行实证研究时，常以社会心理学的理论作为研究框架，从而导出可检验假设的结论用于解释人际互动过程。不确定性降低理论就受到社会心理学家 Festinger（1954）的"认知失调理论"的影响。他强调，当个体在某些特定情境下感到高度不确定性时，总会找某些可以让不确定性消失的渠道，寻求与自我观念或行为一致的理由或借口，进而减少这种不确定性所造成的不安感，从而消除内心矛盾和纠结的失调，使内在重新恢复平衡。

不确定性降低理论还认为，人际交往的不确定性受七个关键变量影响，分别是：语言沟通、非语言沟通、信息搜寻、自我袒露、互惠、相似性、喜爱程度。研究者认为，在众多变量中，语言沟通和非语言沟通是降低不确定性的基本因素。语言沟通是降低不确定性的一个有效方法。Berger 和 Calabrese（1974）曾经做过一项研究，在这项研究中，研究者假设规定两个陌生人之间不允许发生任何沟通，接下来观察会发生怎样的结果。结果发现，排除外表吸引力的差异变量，在其他条件保持一致的前提下，随着时间的推移，受试者的语言输出都有显著的减少。由于受试者没有收到任何来自目标的回馈，受试者对目标的不确定程度持有较高水平。这种持续的高水平增强了对目标人群的不确定性，不利于关系建立。而随着双方言语沟通数量的增多，不确定性显著降低。这充分说明，沟通可以降低不确定性，对于一段亲密关系的建立是非常有利的。

除语言沟通之外，非语言沟通也可以传递情感。研究者发现，随着非言语依恋表达性的增加，不确定性水平会降低。Mehrabian（1971）对初始互动情境中的语言和非言语行为进行了调查，结果发现，人们整体的精神状态、每分钟互相对视接触持续的时长、每分钟点头的次数、积极的言语内容、每分钟头和手臂姿势、声音愉悦度等变量都与降低不确定性呈显著正相关性。这说明，沟通时的对视、倾听表达积极性，也有助于亲密关系的建立。

二、情因何所起：影响传统亲密关系建立的关键因素

在传统面对面社交（face to face communication，FTF）时代，亲密关系的建立主要依赖于面对面的交流与互动。这一阶段的理论研究主要聚焦于距离接近性、人际吸引、社会交换、自我袒露、人格特质等方面。例如，人际吸引理论探讨了外表、相似性、互补性等因素在亲密关系形成中的作用；社会交换理论从成本与收益的角度分析了亲密关系中的资源交换与平衡；自我袒露理论强调了真诚、信任与共享在亲密关系发展

中的重要性。这些理论为我们理解传统亲密关系的建立提供了宝贵的视角。接下来,笔者根据对传统亲密关系建立经典理论的梳理,总结出如下特质,这些特质可以被理解为影响一段亲密关系能否顺利建立的关键因素。

(一)距离接近性

距离接近性,或称为空间接近性,是亲密关系形成中的关键因素之一。空间接近说(residential propinquity)认为,距离是决定亲密关系能否发生的关键因素。相较于长距离亲密关系(long distance relationship,LDR),人们更可能和那些地理位置接近的人开展浪漫关系(Segal,1974)。这种倾向不仅在日常生活中显而易见,而且在学术研究中也得到了广泛的验证。研究发现,许多的浪漫关系是通过面对面互动开始的,正所谓"近水楼台先得月",人们总是容易和经常见面接触的人建立关系(Whyte,1956)。

事实上,人们更容易喜欢上自己身边的人,空间临近使得两人更容易相遇,彼此变得更加熟悉。这是因为,空间接近性为人们提供了更多面对面互动的机会。在日常生活中,人们更容易遇到并接触到那些居住或工作在自己附近的人。这种频繁的接触使双方有更多机会了解彼此,从而增进亲密感。面对面的交往方式具有很高的人际关系奖赏价值,因为它允许双方通过语言、非语言行为和共享经验来进行深入交流。空间接近性有助于增加熟悉度,进而产生喜欢的感觉。这种现象被心理学家称为"单纯曝光效应"(Zajonc,2001)。当人们频繁地接触到某人或某物时,他们会逐渐对其产生熟悉感,并倾向于给予更积极的评价。这种效应在亲密关系的建立过程中尤为重要,因为它能够帮助人们克服初始的陌生感和不确定性。

空间距离是影响亲密关系维系的关键因素,这也解释了异地恋感情难以维系的原因。学者安虎森(2001)从经济学的视角深入探讨了空间距离与潜在收益损失、不确定性之间的关系。文章指出，空间距离提高了信息生产成本，信息的生产成本按时间距离倍数增加。距离近，信息生产的有效投入增加，信息生产率提高；距离远，因克服空间障碍而支付的成本增加，信息生产的有效投入减少，信息生产率降低。这一观点在亲密关系的维系中同样具有深刻的启示意义。因为任何社会交往行为都需要支付成本，这些成本既包括显性成本，如时间、金钱等，也包括隐性成本，如情感投入、机会成本等。在异地恋中，由于空间距离的存在，双方需要投入更多的时间和经济资源来维系关系，这些额外的成本往往会对关系的维系造成压力。例如，频繁的见面需要花费大量的时间和金钱，而长时间的分离则可能导致情感上的疏远和不确定性的增加。从信息生产的角度来看，空间距离的增加会降低信息生产效率。在亲密关系中，信息的及时、准确传递是维系关系的重要基础。然而，空间距离的存在往往会导致信息传递的延迟和失真，进而增加双方之间误解的可能性。这种信息生产效率的降低会进一步削弱亲密关系的稳定性。姚本先和李雪玉（2014）针对大学生异地恋的量化研究也验证了这一点。他们的研究发现，异地恋者在依恋感和支持感上均低于非异地恋者。这也说明，个体选择开展亲密关系的伴侣往往受到自身社交网络的制约（Segal，1974），人们倾向于选择与自己地理距离近、社会背景相似的人作为伴侣（Parks and Egge，1991）。

尽管现代科技的发展在一定程度上削弱了空间距离对亲密关系维系的限制，例如，社交媒体和在线交友平台的普及使人们能够跨越地理障碍，与远方的人建立联系和亲密关系。但距离在社交中仍然具有重要意义。移动陌生人交友软件提供的 GPS 全球定位系统，就是根据地理位置而开发的，用户甚至可以看到彼此距离具体是多少，并且普遍更倾向于和自己地理距离近的人交友，这再次验证了距离接近性在亲密关系建立和维护中的巨大吸引力。

（二）外表吸引力

尽管我们都明白"不能以貌取人"的道理，但现实和研究都表明，在浪漫亲密关系中，外表吸引力仍是人们选择伴侣时不可抵抗的重要因素（Walster et al., 1966；Buss and Schmitt, 1993；Lee et al., 2008）。多项研究已经证实，外表吸引力是人们选择伴侣时一个非常关键的因素，甚至从某种程度上决定了一段关系会不会开始（Walster et al., 1966）。它不仅影响亲密关系的建立，同时还有效地推动了亲密关系的发展走向，甚至能够影响关系发展的结果（Langlois et al., 2000）。

外表吸引力在浪漫关系的初期尤为重要。相关研究表明，人们总是倾向于选择那些外表俊美的人作为自己的伴侣。这种倾向不仅体现在个人的主观偏好上，也反映在客观的社会现象中。在约会世界中，有魅力的人被认为是更理想的约会伙伴（Gangestad and Scheyd, 2005；Riggio et al., 1991）。这种倾向可能源于人们对美的本能追求，也可能受社会文化的影响。有魅力的人往往有更好的工作、更高的收入、更多的朋友和更好的社交技能（Riggio et al., 1991）。

除了影响浪漫关系的建立，外表吸引力还与双方互动的愉悦性呈正相关（Thornhill and Grammer, 1999）。有魅力的人能够使沟通更加愉快，留下良好的印象。这种积极的愉悦感在后续的相处过程中会不断得到强化，使得个体更愿意接近和接纳对方，从而推动亲密关系的建立和发展。Burns 和 Farina（1987）用 A-R-D 理论来解释该现象，认为外表吸引力具备态度（attitude）、强化（reinforce）和方向（directive）三种功能。强外表吸引力的人能够引发他人的积极态度和愉悦感，这种愉悦感会不断得到强化，并引导个体更积极地与对方互动，进而推动亲密关系的形成。

外表吸引力在浪漫关系中的重要地位，以及人们对美的追捧程度，源于人们存在对美丽的偏见，认为"美即是好"（Dion et al., 1972）。意思是说，人们倾向于认为外表吸引力与积极品质之间存在关联，会觉得外表俊美的人更讨人喜欢，更好相处，有着令人满意的特质，比如仁爱、温暖、积极、阳光（Eagly et al., 1991），别人也愿意对其做出更积极正面的评价（Lorenzo et al., 2010）。个体对这种美与质量的偏见或多或少是受刻板印象的影响，但是最起码反映出人们普遍的一种美好的恋爱期待，即人们更期待与高外表吸引力的伴侣产生亲密的社会联系，并且他们把自己的愿望投射到潜在的伴侣身上。

尽管过往的研究表明，外表吸引力是择偶非常重要的筛选标准（Buss and Schmitt, 1993），然而，外表吸引力的作用并非绝对，而是表现出男女各异的性别差异化特质。根据进化心理学理论，男性在择偶时更关注女性的生育价值，因此不管男性自身外貌条件如何，都会偏爱年轻貌美、具有高生育价值的女性，来满足"窈窕淑女，君子好逑"的美好心愿，童话和现实生活中不乏有美女与野兽、青蛙王子与公主的故事。相比之下，女性在择偶时更关注男性的养育价值，伴侣的社会地位和经济能力对女性更具吸引力（Howie and Pomiankowski, 2018）。因此，对于男性而言，伴侣的外表吸引力是必需品，而对女性来说则是奢侈品（Li et al., 2011）。

值得注意的是，外表吸引力并不是决定亲密关系的唯一因素。随着时间的推移，外表吸引力在关系发展中的影响可能会逐渐减弱，而其他因素，如真诚、负责和可靠等特性的作用会渐强，只有具备处于中等外表吸引力水平并具备理想的人格特质时才有机会被视为理想伴侣（Agthe et al., 2010）。这表明，外表吸引力只是浪漫关系建立初期的门槛条件，它决定了一段浪漫关系能否顺利启动。一旦关系进入发展阶段，外貌指标将不再重要，而能否实现内心世界的灵魂匹配才决定了一段亲密关系是否能够长期发展。

（三）相似性

社会心理学家一致认为，在亲密关系的萌芽阶段，相似性往往是决定双方是否能够产生好感的重要因素（Duck and Barnes, 1992）。这种相似性不仅局限于外在条件（如年龄、社会地位和收入），而且会深入教育背景、兴趣、态度和价值观等内在特质（Byrne, 1971）。当两个人在这些方面存在高度的相似性时，他们更容易产生共鸣和吸引力，从而推动关系向更深层次发展。研究表明，伴侣之间的相似性越高，他们对关系的满意度和幸福感也越高（Newcomb, 1961）。这是因为相似性高的伴侣更容易理解和支持彼此，从而在关系中体验到更多的积极情绪和情感支持。这种正向的情感循环进一步巩固了亲密关系的稳定性和持久性。而相似度低的两个人不容易感受到情感支持，因而会变得更敏感，容易过度反应，对负面事件更容易发怒。长此以往，对世界的认知也会越来越负面沮丧。

相似性有助于减少不确定性。当两个人发现彼此在多个维度上相似时，他们会感到更加舒适和自在，因为这种相似性降低了预测对方行为和反应的不确定性。这种心理安全感是建立亲密关系的重要基石。相似性能够促进人际吸引和亲密感。当两个人共享相似的兴趣、价值观和生活态度时，他们更容易找到共同话题，产生情感共鸣，从而拉近彼此的心理距离。这种共鸣和吸引力是推动亲密关系发展的强大动力。

有趣的是，相似性对于关系的满意度甚至比任何沟通技巧都更为重要。因为即便是那些沟通能力较低的人，也同样满足于和自己相似的人建立亲密关系。从这个角度，我们可以了解到，门当户对不单纯是指双方家境财力方面的相配性，它更包括双方三观的相似度。以往学界关于伴侣相似性的讨论已有很多，研究表明，人们倾向于选择与条件相似的人建立关系（Surra and Huston, 1987）。在两人相遇之后，如果双方觉得对方许多特质与自己很接近，就很容易产生吸引力（Byrne，1971）。因此，在关系启动阶段彼此的相似性非常重要，可以让互动双方进入更私密性问题的探讨。

那么，到底为什么人们会喜欢与自己相似的人建立亲密关系呢？如果从"自我概念"的视角切入，或许可以得到答案。美国社会学家Cooley（1989）在《人类本性与社会秩序》一书中提出"镜中我"这一概念，他认为人们的自我概念不是主观的，而是主要依赖于人际互动。重要他人是我们的一面镜子，人们常以镜自照，通过这面镜子的回馈来感知别人是否喜欢与接纳自己，想象别人如何谈论自己，进而调整自己的言行举止，形成自我意识。而一段浪漫爱情发生的根本原因，就与心理可见性原则（the principle of psychological visibility）有关。

心理可见性是指人们渴望自我发现的需要被及时满足，这种自我发现源于将自我作为客体来认识的结果。这是一种感受到"我被对方看见了"的感觉，这是因为，人们在本质上都有自我凝视和获得认同感的需要，通过镜像中的自我来建构和巩固自己的坐标体系，是个体获得情感系统支持的重要原动力（Branden，2008）。因此，在亲密关系建立初期，相似性就像是彼此之间的一面镜子，也是考验双方互相理解程度和匹配程度的前提基础。在关系中，个体能通过对方注视自己的方式，与自己交谈的方式，以及对待自己的行为，了解自己的被接纳和被喜悦程度。此时，对方也就成为我们内在世界的镜子。这面镜子是我们对自己最原始、最深层的认识。这面镜子的凝视与被凝视，是构成一段亲密关系的先决条件。就像一面镜子一样，如果你的潜意识自我真正被一个人看见，他们表现出对我们的这种理解，那么我们就会产生一种"被看见"的感觉，体验到强烈的亲切感，这也是我们会在爱情中寻找和我们相似的人的原因。如果两人的内在相似度较高，相互看见和理解彼此的可能性就高，就更有可能与对方存在深刻的联结和爱，这对于推动亲密关系持续向好发展大有助益。

需要注意的是，相似性并不是亲密关系的唯一决定因素。在某些情况下，差异性也可能为关系带来新鲜感和挑战性，从而激发伴侣之间的成长和发展。例如，关于自我评价方面，高自我评价的个体更倾向于寻找相似性伴侣，低自我评价的个体往往希望寻找差异性伴侣来完善自我。因此，在寻求亲密关系时，既要考虑与伴侣的相似性，也要接纳和尊重彼此的差异性。

（四）自我袒露

根据社会渗透理论和不确定性降低理论，自我袒露被认为是促进亲密关系形成的必要条件（Derlega et al., 2004）。在关系发展的初期阶段，自我袒露扮演着至关重要的角色（Derlega and Grzelak, 1979）。自我袒露是指个体将自己的信息、情感、想法和观点透露给目标对象的交际行为。这一概念最早由 Jourard（1958）提出，并在其著作《透明的自我》（*The transparent self*）一书中得到了进一步的界定和阐述，即一个人告诉另外一个人关于自己的信息，真诚地与他人分享自己私人的、秘密的想法和感受（Jourard, 1971）。阿德勒（Adeler）和普罗克特（Proctor）认为，自我袒露是郑重其事地透露与自己有关的信息的过程，这些信息是有意义的，且不是经常为人所知的，并强调了信息的私密性、重要性和非频繁性。

综合几位学者的观点，我们可以了解到，自我袒露需要满足几个前提条件。首先，需要是真诚且认真的内容分享，不能是随意不经意间的心事吐露；其次，分享的是关于自己的信息；最后，一定是相对隐秘的，而不是众人皆知的信息。正是通过彼此不断地自我袒露，才使亲密关系成为可能。通过真诚地分享个人的想法、感受和经历，个体能够与目标对象建立更深层次的联系，增进彼此的了解和信任。因此，自我袒露是关系满意度和关系质量的一个有效评价指标（Leaper et al., 1995）。

在相识初期，适当的自我袒露有助于拉近距离和提高可信度，让对方感觉到你是一个真实可信的交往对象。研究表明，彼此自我袒露较多的伴侣在关系中会有更多的情感卷入（Rubin et al., 1980），以及更高的关系满意度（Hendrick，1981），通常容易建立更积极的亲密关系。自我袒露的重要性在于它打破了人与人之间的隔阂和防备心理，为亲密关系的建立奠定了基础。当个体愿意向他人展示真实的自我，分享个人的喜怒哀乐和内心世界时，这种行为本身就传递了一种信任和接纳的信息。同时，通过自我袒露，个体也能够更好地了解目标对象的反应和态度，从而判断双方是否具有进一步发展的可能性。

然而，自我袒露并不是一件轻松的事情。它需要勇气和信任，因为个体在透露个人信息的同时，也面临着被拒绝、被误解或被伤害的风险。它确实是一项考验传播者沟通能力的传播行为，自我袒露的数量与速度、正负信息的比例都将对关系造成严重影响。不确定性降低理论认为，双方之间自我袒露应该保持同频为宜。若以同等速度、同等信息私密程度进行自我袒露，有助于降低不确定性，增强关系亲密度。但过早以及过多的自我袒露不仅不利于关系，还会对关系产生负面影响（Parks and Adelman，1983）。比如，在相识初期，单方面和高水平的自我袒露可能被视为这个人情绪有问题，反而阻碍了关系的正常启动。Devito 等（1993）将自我袒露分为正向和负向，正向是指袒露的内容对自己有利，负向的自我袒露则对自己不利，可能对形象产生不良影响。事实证明，积极正向的自我袒露在关系建立期非常重要，有助于帮助自己在他人心里营造良好印象。而在关系发展初期的负向自我袒露风险系数极高，稍微处理不当则有可能导致关系的恶化或结束（Kelly and McKillop，1996）。

总之，自我袒露在亲密关系建立中起着至关重要的作用。它不仅能够增进彼此的了解和信任，还能为双方提供一种情感上的满足和支持。因此，在寻求建立亲密关系的过程中，应该勇于向他人展示真实的自我，同时也给予他人同样的机会和空间。

（五）人格特质

在探索如何与他人启动一段亲密关系时，关系伴侣中的自我特征起着举足轻重的作用。多项研究已证实，人格特质在亲密关系的形成和维持中扮演着显著角色。这些特质不仅塑造了个体在亲密关系中的行为模式，还深刻影响着他们与伴侣的互动体验（Deutsch and Solomon，1959）。

从依恋类型的角度来看，Bowlby（1969）的理论为我们提供了深入理解亲密关系的框架。他认为，人类从婴儿期开始就与抚养者之间建立了情感连接，这种连接即依恋。这种依恋类型作为个体的内在心理机制，会持续影响其一生的人际交往模式，尤其是在亲子关系和后期的伴侣关系中表现最为明显。

原生家庭生活经验对个体的人格形成、性格塑造以及人际交往能力有着深远的影响。个体在童年时期与父母的互动模式，以及所经历的特殊事件，都会在某种程度上塑造其人格特质，进而影响其成年后的亲密关系。例如，那些在童年时期经历过创伤的个体，可能会对环境中的不安全感、敌意和威胁更为敏感，这使得他们在成年后更难建立稳定的亲密关系。

Hazan 和 Shaver（1987）发现处于亲密关系中的人对伴侣充满依恋，并划分出三类依恋感，分别是安全、避免、矛盾。安全感人格很容易接近他人，而且不担心他人走进自我情感世界，通常情况下也不会考虑被抛弃的问题。避免型人格不容易信任他人，并且对伴侣的依赖感到紧张和无所适从。矛盾型人格体现出焦虑的心态，他们很渴望亲密关系，很希望与对方情感亲密无间，但又担心伴侣不是真心喜欢自己。

研究者在研究关系伴侣自我特征的过程中还发现，安全感是影响自我特征的重要因素。安全感依恋能够让人感觉自己被他人接纳和支持，可以有效地促进情绪稳定。相反，不安全依恋则会影响人们发现问题的敏感性和处理事件的客观性，以焦虑、回避的方式去应对人和事。长此以往，人们对压力的适应性也会受到影响。研究表明，在关系语境中，安全型依恋个体常有积极正向的亲密关系，在关系里倾向于更多的情感卷入。他们更能自然地享受与伴侣相互依赖、彼此信任的过程，能更平和地解决亲密关系中遇到的问题，且不会因为问题的出现而否定亲密关系（Cassidy and Shaver，2008）。安全感较强的个体也更容易信任他人，对他人的态度和行为基于正向评价，因而容易建立亲密关系（Feeney and Noller，1996）。

而那些安全感较低的焦虑型个体情绪反应强烈、起伏变化大，容易对未知事物感到莫名担忧和焦虑，这种情绪非常影响与伴侣之间的亲密关系。回避型依恋个体在亲密关系中害怕负责任，对事情抱着游戏心理，发生分歧时不主动面对问题也不愿寻找解决办法。他们不容易信任他人，且对他人的评价倾向于消极负面，因此较难建立亲密关系。在启动一段关系之后，容易对爱的体验缺乏理性，因而被爱冲昏头脑患得患失（Dion and Dion，1988）。可见，不同依恋类型的个体对亲密关系的评价不同，亲密关系在很大程度上受人格特质的影响。综上所述，人格特质和依恋类型都是影响个体如何启动和维持亲密关系的重要因素。在理解亲密关系的形成过程中，我们需要充分考虑这些因素的作用，并探索如何帮助个体克服早期经历带来的障碍，从而建立更健康、更稳定的亲密关系。

第二节 计算机中介化社交时代亲密关系的理论与研究

过去，社会心理学领域主要关注传统时代的人际互动和亲密关系形成机制。随着互联网技术的迅猛发展，人际互动与亲密关系的建立方式发生了翻天覆地的变化。研究学者的焦点逐渐转向互联网人际传播，探讨在线相识的陌生人如何建立和开展人际关系。互联网时代的电子邮件、计算机聊天室、约会网站等新型媒介，不仅是对传统手写书信时代的进化和延伸，更是对人类原始情感与新媒介技术空间的全新整合。这些新媒介为人类提供了更为便捷、高效的沟通方式，使建立亲密关系的过程变得更加复杂和多元。

在 CMC 时代，技术逐渐成为人们展开恋爱的新媒介，为人们寻找伴侣提供了新渠道。网络空间作为一个现代式的人类生存空间，为人们提供了一种全新的云端交流模式（郑智斌，2004）。网络延伸了人的所有感觉，人、计算机、信息形成了一种新型互动与交往的虚拟社会，人类恋爱的网络时代悄然而至（胡梦齐，2019）。

一、计算机中介化社交时代亲密关系的主要理论

（一）社会临场感理论

社会临场感（social presence），又称社会存在、社会表露、社会呈现，是传播学技术与社会研究领域的一个重要概念。它最初由马里兰大学（University of Maryland）的约翰·肖特（John R. Short）、艾德因·威廉姆斯（Ederyn Williams）和布鲁斯·克里斯蒂（Bruce Christie）于 1976 年在《电信传播的社会心理学》一书中提出。该理论主要描述了在利用媒体进行沟通的过程中，一个人被视为"真实的人"的程度及与他人联系的感知程度。它不仅是一个简单的概念，而且涉及了技术和社会的双重因素，这些因素共同影响了人们在交流中的社会临场感。

社会临场感被视为媒体的一种属性，不同媒体在传达社会情感的言语和非言语线索方面具有不同的潜能。这些非言语信息，如面部表情、手势、声音的大小和音调变化等，都能被感知到，从而帮助交流双方感知对方的真实存在。社会临场感较高的媒体通常被认为是社交性的、热情的、人性化的，而社会临场感较低的媒体则被认为是非人性化的。该

理论还强调了个人在社交过程中所处的情境、情感状态以及行为模式对交互效果的影响。例如，在视频会议系统中，研究者利用社会临场理论，通过分析参会者的语言和非语言交流，提升了参会者的交流体验。此外，社交平台也广泛应用了这一理论，以提升用户的使用体验和服务质量。

总的来说，社会临场感理论为我们提供了一种理解媒体如何影响人际交互的新视角，也为我们改进和设计更有效的交流方式提供了理论基础。随着科技的不断发展，社会临场感理论的应用也在不断扩展和深化，为我们理解和改进人际交流提供了有力的支持。

（二）媒介丰富度理论

媒介丰富度理论（media richness theory）由达夫（Daft）和伦格尔（Lengel）在1984年提出，又被称为信息丰富度理论（information richness theory）。该理论主要探讨人们与媒介互动时所产生的认知、情感、行为等影响，特别是在组织沟通中媒介选择的重要性。媒介丰富度理论的核心观点在于，媒介的丰富度（即媒介潜在的信息承载量以及传播的信息内容质量效果的能力）会影响用户对媒介的选择、沟通互动的过程以及沟通的结果。

媒介的丰富度是一个媒介客观及固定的资产，代表一个频道传播信息量及内容的能力。媒介可以根据媒介自身支持的线索数量分为贫媒介和富媒介。富媒介理论是以计算机为中介的传播，是流行的理论之一（D'Urso and Rains, 2008）。该理论定义了媒介丰富度理论的四个方面：①媒介所支持的线索数量，比如面对面互动、声音、图像、视频等多模态沟通方式；②媒介回馈的及时性；③表达的口语化；④信息的个性化。根据如上媒介丰富度的定义，达夫等（Daft et al., 1987）的研究以传统传播媒介为标准，把媒介进行了等级划分，面对面沟通被视为是丰富度最高的媒介，其次是电话、电子邮件和书信。纯文本的CMC所承载的社交线索贫瘠，属于贫媒介。郭馨棻（2011）的研究发现，大学生在面对不同亲密程度的对象时，使用手机中各种媒介（电话、短信与视频）的频率不同。面对初识的人际关系时，使用者倾向于使用短信与对方交流。随着亲密程度加深，手机沟通媒介的种类（电话和短信）和频率均会增高。

总之，媒介丰富度理论认为，媒介丰富度越高，人们在使用媒介时就会产生更强烈的认知、情感和行为反应。此外，媒介丰富度理论还提出了不确定性和模糊程度的概念，强调在组织管理中，任务复杂度和媒介丰富度的契合程度会影响组织内外部的沟通交流效果。例如，清晰明确的可分析性任务应选择更精简的媒介，而涉及更多个人思考、创造和不可控的任务则要考虑较为丰富的媒介。媒介丰富度理论的应用可以帮助我们更好地理解网络在线沟通过程。

二、计算机中介化社交时代亲密关系的文献

在计算机中介化社交时代，亲密关系的建立与发展呈现出与传统面对面交往不同的特点。综观相关文献，可大致分为技术怀疑论和技术拥抱论两类观点。技术怀疑派主要关注在线亲密关系与传统亲密关系的区别，并指出 CMC 与传统面对面方式的差异：在关系发展的初期，在线交友平台的使用者可以事先浏览及过滤潜在对象；在线下见面之前，用户可以通过网络以文字的方式与潜在对象进行沟通，再决定要不要与对方见面；相对于线下单独见面的费时费力，约会网站通过算法帮助用户匹配对象的方式非常高效方便（Finkel，2012）。然而，他们也指出了在线交往的一些局限性，如在视觉匿名性交际环境中，使用者可以很容易地隐藏自己的真实身份和真实外表、缺失非语言线索、信息传达不精准（黄厚铭，2000），由此引发虚伪的自我袒露、夸大的自我呈现以及为拉近关系而刻意制造的印象管理等一系列问题，这些问题可能导致在线关系中的信任危机和关系的不稳定性。

相比之下，技术拥抱论者则更加乐观地看待计算机中介化传播在亲密关系建立中的作用。以沃尔瑟（Walther）提出的社会信息处理理论和超人际传播理论为代表，他们认为，尽管在线交往确实缺失了一些非语言线索，但他们仍然乐观地相信CMC传播可以弥补这些线索的局限性，甚至可以发挥出人类的主观创造性，用更个性化的方式表达情感，从而达到超越传统面对面社交的亲密效果。这些理论认为，在线交往中的信息传播和处理方式有其独特之处，可以为亲密关系的建立提供新的可能性。为了进一步探究计算机中介化传播对亲密关系建立的影响，接下来，笔者以时间轴为主线，分别对技术怀疑论和技术拥抱论进行文献梳理。这将有助于我们更全面地了解在线CMC中介化社交时代的社交发展情况。

（一）技术怀疑论：计算机中介化社交的缺点

以计算机为中介的传播的早期研究始见于20世纪70年代，学者们将传统面对面人际传播视作关系发展的典范，致力CMC与FTF的比较研究。在这一时期，两个主要理论脱颖而出：社会临场感理论（social presence theory）与社会线索缺失理论（lack of social context cues theory）。这两个理论都聚焦于基于文本的在线人际互动，并采用了线索过滤（cues-filtered-out）的研究取向（Walther et al., 1994）。社会临场感理论强调，在利用媒体进行沟通的过程中，一个人被视为真实的人的程度及与他人联系的感知程度。而社会线索缺失理论则指出，CMC技术过滤了传统面对面社交中的非语言线索和情境线索，导致社交线索在数量上与FTF存在显著差异，进而影响了个体感知对方的能力。技术怀疑派普遍认为，基于计算机的CMC主要通过文本进行交流，失去了常规的判断标准，因此怀疑其能否承担关系发展的功能。他们的批判主要集中于CMC技术无法完全替代面对面交流中的非语言线索和情境线索，以及可能导致沟通中的误解和信任问题等。

1. 质疑之一：CMC 身体缺席阻碍关系发展

随着互联网时代的到来，人际交往的场景由现实实体世界转向网络虚拟世界。在探讨 CMC 对亲密关系建立的影响时，一个显著的质疑点在于身体的"不在场"。身体在场是场景理论不可或缺的要素。在传统现实世界的亲密关系建立过程中，身体的存在和互动是至关重要的。身体不仅是情感的载体，更是爱情传播的重要媒介。身体的存在使得互动双方能够通过观察彼此的身体反应来感受爱情的微妙变化。在传统面对面互动中，言语行为、非语言行为（如面部表情、身体姿势、服装、声音等）以及真实的环境场景（如约会场所、双方之间的物理距离）共同构成了互动的基础，都是传递情感、建立信任和亲密关系的关键因素。尤其是身体非语言线索，在表达情感方面承担着重要的交际角色（Wiemann，1977）。这些线索，如目光的接触、身体的朝向、点头、随声附和等，都是个体感知对方兴趣和态度的重要依据。微笑、皱眉、咬牙等面部表情也能传达出好感或讨厌的情感信息（Andersen and Baum, 1994）。

然而，在 CMC 环境中，这些元素大部分缺失了。相较于传统亲密关系，网络亲密关系最大的特征就是互动双方"身体的缺席"。在虚拟的网络世界，身体变成了一种媒介抽象化的虚拟符号，由于网络互动双方身体的缺席，需要人们以想象和建构的方式，夹带着现实社会文化的烙印到场，并且嵌在整段网络亲密关系的建立之中（胡梦齐，2019）。因此，互联网的身体其实是媒介用户借助想象建构的虚拟实在，计算机中介化的爱情身体以数字化的形式登台出场和表演。身体的不在场意味着在线沟通语境缺乏了社交线索的实际感知。虽然文字交流可以表达思想和情感，但它无法完全替代面对面交流中的丰富性和深度。CMC 中介传播无法让用户感受到参与互动的真实体验，这可能导致人际交往质量的下降。因此，有人质疑通过互联网建立的人际关系是否真正深入和有意义。他们认为，缺乏身体互动和真实社交线索的在线关系可能是肤浅且没有人情味的。Williams 和 Christie（1976）的研究支持了这一观点，他们指出传播媒介的特质会影响人际传播效果。互联网的传播系统支持的线索类型相对较少，因此使用者在互相交流的过程中很难感受到温暖和参与感。当社会在场感知度不足时，情感亲密度也会随之降低（Hiltz et al., 1978）。

与此同时，社会线索缺失理论也强调了CMC传播在捕捉个性线索方面的局限性（Petty and Cacioppo, 1986）。在FTF中，人们可以通过观察对方的言行举止、穿着打扮、环境背景等多种线索来形成对对方的印象和判断。但由于在CMC环境中缺失了这些线索，因此使用户难以形成全面准确的认知。Epley和Kruger（2005）的研究进一步指出，在计算机中介互动中，用户在见面之前往往对彼此抱有一定的期待。由于电子邮件等CMC工具缺乏其他非语言线索，用户无法了解到对方的其他个人特征，这可能导致期待与现实之间的落差和失望。正如舒茨（Schutz）等所深刻洞察的，人的生命体验和社会活动天然地包含现实与虚拟这两个迥异的生活层面。现实层面，是客观世界的真实反映和日常生活的具体实践；而虚拟层面，则是精神世界的自由翱翔，是意识深处的幻想与想象的交织。这两个层面在传统认知中往往界限分明，互不干扰。然而，我们必须认识到，现实是虚拟世界的根基和源泉，而网络作为当代社会的重要组成部分，无疑是连接这两者的桥梁和平台。它使现实与虚拟之间的界限变得模糊，网络社会实质上已经打破了网络时代虚拟存在与物理存在之间那道不可逾越的鸿沟。

另外，技术怀疑者还关注到CMC容易制造误会的问题，发现CMC在表达心意方面有着天然的劣势（Fulk and Jarvis, 2001），在互联网交际中，人们很难像面对面交流那样准确地传达和理解情感和意图。互联网交际中的文本、数字和图标等表达方式有其局限性。这些表达方式无法完全替代面对面的丰富的非语言信息，如面部表情、肢体动作和语调等。这些非语言信息在面对面交流中起着至关重要的作用，能够帮助人们更准确地理解和传达情感和意图。但在CMC中，这些非语言信息的缺失使得人们更容易产生误会。此外，互联网交际中的匿名性和异步性也可能加剧误会的发生。匿名性使人们更容易随意发言，而异步性则使交流双方无法实时回应和澄清对方的意图。这些因素都可能增加误会的可能性。

因此，有学者认为 CMC 不利于亲密关系的建立（Nardi，2000）。这种媒介的局限性使得个体更容易对信息做出错误解读，从而产生人际冲突（Baron，1984）。甚至有学者认为 CMC 发展的关系往往是肤浅的、无人情味的，它比面对面交流更容易产生曲解和混乱，还将发展出功利关系的意义（Stone，1996）。这也意味着，如果渴望达到理想的传播效果，网络互动的双方势必要付出更多的努力（Kiesler et al., 1984）。研究者举例说明了文本、数字和图标在 CMC 交际中的限制，认为人们在网络语境下开玩笑会受限，如若想表达"我真是受不了你（开玩笑的）"，必须把开玩笑这句话特意标注出来，或者用表情或者符号来补充缺失的社会情境线索，因为如果不写出来就会造成误会，这给沟通造成了麻烦。即便后来随着技术的进步，用户可以使用图片和表情包等在线文本辅助表达，但仍然无法完全替代面对面的丰富的非语言信息。

2. 质疑之二：CMC 自我呈现信息失真

计算机中介化社交中的自我呈现的真实性是一个复杂的问题，受到学者们的广泛关注。自我呈现的概念最早由美国社会学家戈夫曼（Goffman）在符号互动论的基础上提出，也被称为印象管理。该理论指出，在社交的舞台上，每个人都在进行一场场精心的自我展示或表演。我们向外界展现的"自我"是经过精心雕琢和修饰的，它代表了我们希望在他人眼中保持或塑造的特定形象。个体在社交中持续扮演这种角色，目的在于引导和控制他人对我们这一形象的认知和解读。戈夫曼巧妙地将人生比作戏剧，认为日常生活同样拥有舞台、剧本、表演者和观众等要素。他视社会生活为一个大舞台，其中剧本即社会生活本身，而个体则是这个舞台上的演员。在演绎过程中，我们根据既定的社会规范和他人期望，结合自身的意愿，展现出一个理想的、社会化的自我形象，从而有意识地塑造并控制他人对我们的印象，以达到自我呈现的目标。戈夫曼进一步将表演的舞台细分为前台与后台。前台代表着一种社会化的、制度化的存在，它基于特定时空下的历史环境而构建。在前台表演时，我们倾向于遵循既定规范，展现出一个理想化的自我。而后台则是一个相对私密的空间，与前台形成鲜明对比。观众无法进入后台，因此表演者可以卸下伪装，展现真实的自我，无须顾忌他人的评价。前台与后台并非固定不变，而是相对的概念，人们通过在不同情境下灵活切换前台与后台，运用各种策略和技术，展现出多样化的自我形象。

在传统社会生活中，人际交往受到时空的严格限制，人们主要通过FTF，借助语言、表情、肢体动作等元素，来控制他人对自我的看法。这些舞台在地理位置和时间上都相对固定，人们根据各自领域的规范进行表演。然而，随着网络技术的迅猛发展，社交网络的崛起使人们的自我呈现行为发生了深刻变化，为人们在社交媒体上的自我呈现带来了新的挑战和困境，吸引了众多学者对这一领域进行深入研究。学者们发现，网络社交往往缺失了面对面交流中的非语言符号，如肢体语言、面部表情和声音语调等。这种缺失使传播者更加有意图、有策略地进行自我呈现，通过精心挑选和编排的文字、图片等信息，来塑造自己在社交网络中的形象和身份。在社交网络中，个人巧妙地利用头像、昵称、签名、发布的内容以及与其他用户的互动等多元元素，精心构建并塑造自己的在线身份，同时控制并管理着自我呈现的各个维度。

在 CMC 环境中，人们可以轻易地隐藏自己的真实身份和外表，构建虚假的自我形象。由于匿名性的存在，对方很难验证在线信息的真实性。因此，一些人会利用这种机会美化自己的形象，甚至制造虚假的自我。比如，在现实生活中相貌平平的人可能在网络世界是一个万人迷，老年人扮演年轻人，年轻人扮演老年人（周逵、刘菁荆，2014）。研究发现，这种策略性自我呈现导致信息失真的现象在网络环境中非常普遍（Gibbs et al., 2006; Whitty, 2008）。为了获得他人的认可或避免负面评价，个体可能故意隐瞒或歪曲信息，导致呈现的自我形象与真实自我之间存在差异。个体在社交过程中可能会选择性地隐瞒或袒露某些社交线索，以影响他人对自己的印象。很多用户承认自己在使用在线约会网站时篡改过年龄、身高、体重等个人信息（Toma et al., 2008; Hall et al., 2010）。他们可能会夸大自己的某些特质，或者故意隐瞒不利信息，以吸引更多潜在伴侣。Ellison 等（2006）访谈了大型在线约会网站的用户，发现很多人会在网络上夸大自己的某些特征，比如声称自己高瘦、不抽烟、不喝酒等。Toma 和 Hancock（2008）用访谈法采访了来自四个约会网站的 80 位用户，受试者在身高、体重和年龄方面与本人最容易存在一定偏差，尤其是低外表吸引力的个体在网络言语表达上更倾向于有策略地说些小谎。人们甚至还有可能生成一个自己并不喜欢的东西，或者有意遮掩自己私下很偏爱的东西（Liu et al., 2006）。Mango 等（2010）进一步指出在线自我呈现可能带有不稳定性。为了给他人留下深刻的印象，用户会精心挑选并展示美化后的照片。

我国学者董晨宇和丁依然（2018）从欧文·戈夫曼（Erving Goffman）的拟剧理论出发，讨论了社交媒体平台中自我呈现研究经历的变化和挑战。通过对既有文献的梳理，从自我陈列、流露隐藏、观众隔离和品味表演四个方面总结了社交媒体平台中用户的自我呈现手段。王红（2019）从社交媒体的特性与自我呈现、社交媒体的使用与自我呈现、社交媒体与自我呈现的矛盾三方面进行阐述，分析了社交媒体中的自我呈现行为。江爱栋（2013）通过对自我呈现概念和动机的厘清，以戏剧论、印象管理理论、自我监控理论等自我呈现的相关研究理论为基础，探讨社交网络中自我呈现的方式与策略，并从自我监控的角度初步探讨了社交网络中自我呈现策略的影响因素。

3. 质疑之三：CMC 自我袒露的矛盾性

自我袒露是心理学和人际交往重要的研究领域之一，尤其是在当今数字化时代。目前，国内外学者对于网络环境中自我袒露的研究主要聚焦于 CMC 与 FTF 之间的差异、隐私保护与自我袒露的平衡、上网动机对自我袒露的影响，以及网络亲密关系的建立与自我袒露的关联。在 CMC 中，交流者会基于有限的非言语和身体线索，并根据个人动机形成对他人的初步印象。研究发现，网络环境中隐私和自我袒露呈现出既相互冲突又相容并存的复杂状态。随着个人信息隐私成为网络问题的焦点，如何在真诚地自我袒露的同时保护个人隐私，已成为在线人际关系构建的核心挑战。网络中的自我袒露是自相矛盾的，匿名性和物理距离虽可能在一定程度上促进自我袒露，但出于对隐私保护的考量，个体的自我袒露意愿和态度往往趋于保守（Aaron，2003）。

　　学者们注意到在线社交动机与自我袒露之间的紧密联系。结果表明，那些期望长期关系或者长期承诺的 CMC 用户会倾向于投入更多更深层次的自我袒露，而那些寻求短期交往的用户则倾向于采取非个人化或负面导向的自我袒露方式（Jennifer et al.，2006）。此外，网络用户普遍对网络社交中的信任问题持谨慎态度。Whitty 和 Gavin（2001）的研究发现，网络用户普遍对网络在线社交中的信任问题表示担忧。在建立关系的初期阶段，人们希望通过更多的互动和自我袒露来获取更多信息，以降低不确定性。根据社会信息加工（social information processing，SIP）理论，交流者的动机在塑造他们对他人印象的过程中起着关键作用，尤其是在以计算机为媒介的交流中，由于非言语线索和身体线索的有限性，这一过程变得更为复杂。Chung 和 Donghan（2003）的研究揭示，经历更高孤独感的人们在 CMC 环境中可能展现出独特的交流模式。然而，Leung（2002）提出了一个不同的观点，他认为尽管 CMC 的低社会存在感使得交流变得更为非个人化，进而降低了自我袒露者因冒犯而受伤的社会风险，但对那些不愿意自我袒露且鲜少接收他人信息的孤独个体而言，他们可能会发现这种网络关系的满意度较低，从而更加倾向于保持孤独状态。

　　在社交网络中，信息传播往往受到平台和用户习惯的制约，导致信息常以碎片化、跳跃式的形式呈现。这种交流方式常造成信息的不完整，使得传播者难以充分、精确地传达自己的意图和观点。在线环境下，由于缺乏面对面交流中的身体语言和非言语线索，纯文本沟通难以完全捕捉情感和真实意图，从而使得网络上的自我袒露变得尤为困难。当个体在网络空间中感受到表达自我的局限，或担忧分享的内容被误解、滥用时，他们可能会变得更加保守和谨慎，倾向于避免分享敏感信息或真实感受，从而限制了自我袒露的深度。Devito（1998）曾将自我袒露划分为正向和负向两种，其中负向自我袒露往往伴随着较高的风险。在缺乏信任感或预期回报吸引力不足的情况下，用户在网络中的自我袒露程度可能会低于现实生活（Rosenfeld et al., 1979）。当在线自我袒露遭遇障碍时，人们可能无法全面展现真实的自我，进而对信任的建立造成负面影响。

根据媒介丰富度理论，当交流情境包含较高多义性时，需要借助更丰富、多模态的媒介来支持有效沟通（Daft and Lengel, 1986）。纯文本形式的计算机媒介交流因其线索的单一性，不利于谎言和欺骗的识别，也阻碍了亲密关系的构建。在线交流中虚假自我呈现和身份的存在，加剧了人们对可信度的疑虑，导致人际关系可能变得肤浅和虚假。这种不信任感不仅威胁着在线交际的确定性，还可能加剧疏离感（Finkel et al., 2012）。当个体无法确定他人的真实意图和身份时，他们可能会变得更加谨慎，甚至避免建立深入的人际关系。这种信任缺失的环境无疑对社交互动和人际关系的健康发展构成了阻碍。

（二）技术拥抱论：计算机中介化社交的优点

如果说，早期的技术怀疑派对 CMC 的研究热衷于悲观地对比线上和线下人际传播的不同效果，相关的探讨还停留在研究 CMC 的定义，那么，随着互联网潮流早已席卷而来的不争事实，从 20 世纪 90 年代中期开始，出现一群积极乐观的技术拥抱派人士，以沃尔瑟为代表的学者开始为 CMC 正名。他们承认在线交流缺乏当面交际的许多重要非语言线索，但并不认为这种缺失就一定是发展亲密人际关系一道不可逾越的障碍，相反，他们乐观地相信配合互联网的 CMC 不仅可以弥补这些线索的局限性，还有可能为关系发展提供全新的机会，甚至达到或超越传统面对面社交的亲密效果（Walther，1996）。

技术拥抱论认为，计算机中介化社交具有可操控性强、超越时空限制以及促进亲密关系的建立三大优点。这些优点使得 CMC 成为现代社会中不可或缺的社交方式之一，并为人们提供了更加便捷、灵活和多样化的社交体验。从某种程度来说，CMC 发展的社交比 FTF 更为人性化，更能够促进亲密感和满足感。整体而论，技术拥抱派对电子社交关系充满乌托邦的期待。为此，他们针对技术怀疑派的质疑提出了自己的主张。

1.CMC 促进自我袒露

自我袒露的概念最初由人本主义心理学家西德尼·朱拉德（Sydney Jourard）在 1958 年的著作《透明的自我》中引入，它描述了个体真诚地向他人分享个人的、私密的想法与感受的过程。国内学者李林英进一步将自我袒露定义为个体在交往过程中，自愿并真实地展示内心感受和信息的行为。自我袒露对关系的建立和维持至关重要，是影响亲密关系的核心因素之一。随着网络的广泛普及，人们越来越倾向于借助这一新兴途径来发展亲密关系。针对这一现象，许多研究者开始深入探索，如 Jennifer L. Gibbs（2006）的研究就探讨了网络约会关系中的自我袒露现象，其结果不仅支持了社会渗透理论和社会信息加工理论的观点，还进一步验证了网络中的超个人交往的理论。随着研究的深入，越来越多的学者开始认同 CMC 在促进积极社会互动和人际关系建立方面的潜力。

CMC 的特点使人际交流更加快速和容易，从而更容易形成亲密关系。技术拥抱论的学者更是认为，CMC 能够促进情感上的自我袒露，而情感的自我袒露对于亲密感的建立往往比事实的自我袒露更为关键。因此，有时在线关系可能比线下关系更加亲密（Laurenceau et al., 1998）。基于 CMC 的特点，Walther（1992）提出了针对网络情境中的自我袒露的社会信息加工模型。该模型强调，交流者在动机的驱使下，会根据 CMC 中相对受限的非言语线索和身体线索来形成对他人的印象。这种通过 CMC 进行的人际交流产生的社会期望和亲密关系，有时会比面对面交流更加刻板化，沃尔瑟将其称为"超人际"交流。

在传统的人际交往中，尤其是在关系建立的初期，人们倾向于交换较为表面的信息，随着接触的加深和了解的增进，人们才开始慢慢试探性地揭露更为私人的信息。这一过程如同剥洋葱，起初在表面交换信息迅速，但越接近核心，交往的速度就越慢（Cooper and Sportolari, 1997）。然而，网络的匿名性却为互动双方提供了一个独特的契机，使他们能够在虚拟的情境中直接进行最深层次的自我袒露。相较于传统的面对面沟通情境，CMC 情境下的自我袒露速度更为迅速，使人们能够更快地建立起深厚的亲密关系（Attrill and Jalil, 2011）。学者余忆凤提出了网络亲密关系的发展阶段（见图 2-3），分别是网络初识期、观察互动期、见面关键期、关系承诺期。在见面前双方的观察互动起着重要作用，互动程度的深入证明了社会渗透的过程。

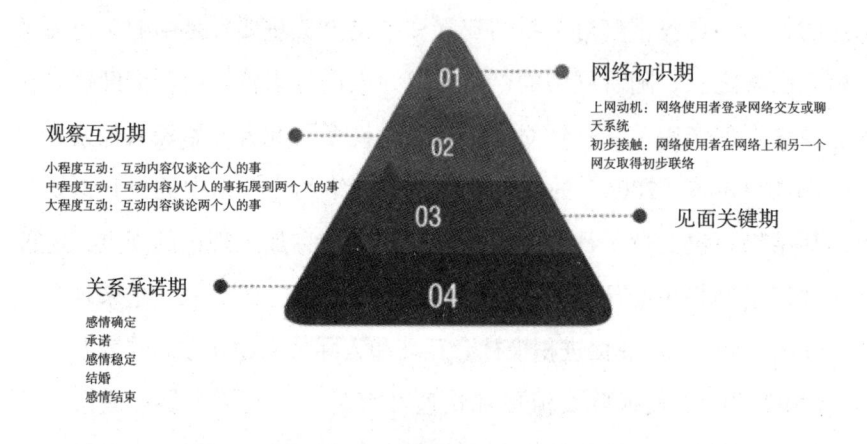

图2-3 网络亲密关系的发展阶段

研究发现，相较于 FTF，匿名社交语境更有助于促进个体自我袒露（Joinson, 2001；Tidwell and Walther, 2002）。对那些社交恐惧症、内心孤僻、实体世界身份备受争议的人来说，CMC 促进人们积极表达真实自我，也会促成线下的关系（Mckenna et al., 2002）。即使是通过网络与线下的熟人交流，在线 CMC 也有利于促进自我袒露，这种不必要当面社交的压力，让人们更加诚实和勇敢地表达自己的想法（Rainie and Horrigan, 2000）。研究还发现，事实上，相较于传统面对面社交，网络中的自我袒露更为真实（Henderson and Gilding, 2004）。这是因为，在传统熟人或者是面对面的交往过程中，人们会感到某种世俗压力而不得不修正自己的行为，压抑自己的渴望，比如，会担心不被认同和理解，甚至搞砸一段关系。因此，人们认为生活中自我袒露风险系数较高，往往在传统面对面的交际中保持警惕。但是，CMC 由于彼此互不相识所消除的社交压力，以及网络匿名性的传播特质，反而大大提高了人们自我袒露的程度（Mckenna and Bargh, 1999），人们倾向于认为说谎是不必要的。CMC 消除了 FTF 中的社交压力，使人们能够更自由地表达自己的想法和感受，让人们感到更加放松和释然，反而促进人们更多地进行自我袒露。

心理学家瓦勒斯（P. Wallace）在《因特网心理学》一书中介绍了网络亲密关系发展三阶段。他认为，在网络最初的相识期通常发生在网络聊天室、讨论区等网络公共区域，双方基于纯文本的互动被吸引，双方沟通的媒介是纯文本。随着交流的深入，如果双方感兴趣的话，会从公共区域转为电子邮件进行私下的深入自我袒露。如果关系持续升温，就会与对方通电话或约定见面。因此，CMC 明显比 FTF 具有更独特的沟通优势。这就好比"火车上的陌生人"（strangers on the train）效应，因为对方的陌生使人觉得安全，与生活完全没有任何交集的人吐露心事让人畅所欲言，下了车彼此分道扬镳，对方也无法参与你的真实生活，因此自我袒露而被伤害的概率极低，使人们可以无所担忧地与素昧平生的网友分享生活中的难堪与尴尬，表露不为人知的真实情感（Derlega and Chaikin, 1977）。即使是对科技持谨慎态度的雪莉·特克尔也支持这些观点。她认为在网络的世界，可能身份是虚构的，但表达的情感却是真实的。然而，网络社交中的互动与火车上的陌生人不同的是，在现实实体世界，下了火车的人可能会真的从此消失不见，但网络虚拟世界提供了一种渠道让双方还可以持续产生联结。因此，自我袒露不仅能够促进彼此相知，还有可能让彼此相爱。

2. CMC 彰显个性化魅力

许多研究表明，尽管中介化传播在社交线索方面相对贫瘠。然而，人们依然能够在这种受限的媒介中表达自我，使对方感知到自己的情感和意图，建立和维护亲密关系。CMC 的可操控性是其独特的优势之一。在线交流中，人们可以更加灵活地控制自己的言行和表达方式，有更多的时间和空间来思考和调整自己的回应。这种可操控性使在线交流中的信息更加精确和明确，有助于减少误解和冲突。沃尔瑟的 SIP 理论，为我们理解网络在线亲密关系的发展提供了一个重要的视角。该理论认为，尽管传播技术本身可能对沟通方式有所影响，但在线亲密关系的发展更多地取决于个体本身的特性，如性格、沟通能力等。这与传统的人际关系发展理论相契合，即关系的建立和维护更多地依赖于个体之间的互动和感知。

具体而言，个体语言风格特征又受个体性格、语言文字表达能力等诸多方面的影响。Walther（1992）认为，在网络缺乏非语言互动线索的情境下，文字是传递信息的主导方式，人们通过精心编辑和操控文字来塑造自己的形象，给他人留下深刻的人际印象，并借由人际印象与后续的自我袒露发展关系。这种文字操控的能力成为关系发展重要的影响因素。文字在在线交际中的重要性，使人们更加注重对文字的掌握。通过个性化的语言自我呈现，个体能够在网络世界中展现出独特的魅力和个性，从而吸引他人的注意和建立联系。因此，文字表达能力在形成和发展网络虚拟亲密关系中扮演着至关重要的角色。通过文字，个体能够更深入地了解对方的内心世界，分享彼此的情感和经历，从而建立起深厚的情感纽带。这种基于文字的亲密关系，虽然缺少了面对面的直接交流，但能够在网络世界中找到归属感和情感支持。

同时，CMC 承载的许多表达形式，如文字、表情符号、图片、视频等，使人们可以更加多样化和创造性地表达自己的情感和意图。人们把这种媒体特征视作追求社交和潜在关系的资源（O'Sullivan, 2000）。这种对中介化传播潜力的探索，体现了人类对沟通方式的不断创新和适应。人们不仅利用现有的传播技术，还不断推动技术的发展，以满足日益增长的社交需求。在这个过程中，中介化传播被视为一种资源，有助于建立和维护社交关系。

研究还发现，个体的网络表达欲是能否通过在线发展一段亲密关系的关键（Tosun, 2012）。个体在网络上愿意表达自己的想法、感受和需求，对于建立和维持亲密关系是至关重要的。网络表达欲能够增加双方的交流和了解，从而拉近彼此的距离。Biocca（2003）提出了网络社会临场感概念及其三个测量变量：感知、情感和行动。感知存在指的是媒介用户感知他人存在的程度，即在网络环境中对他人的感知和认知；情感参与则涉及媒介用户在情感层面对他人的感知和投入；行动参与则是指媒介用户与他人建立联系、进行互动和产生依赖的程度。这三个变量共同构成了网络社会临场感的测量框架。而大多数情况下，临场感往往受媒介用户个人特性的影响（Anderson and Garrison, 2000）。这意味着不同的人在面对相同的网络环境和互动对象时，可能会产生不同程度的临场感。这种差异可能源于个人的性格、经验、文化背景等因素。

Rourke（2003）以在线讨论的内容为指标来测量社会临场感，并提出了情感、交互和凝聚力三个维度。其中，情感维度包括情感符号的使用、幽默的使用以及自我袒露等具体指标。这些指标能够帮助研究者更准确地评估网络互动中的情感投入和表达。Kumar 和 Benbasat（2002）根据人际沟通的层级，提出了"类临场感"的四个层面：理解、亲密、卷入和积极性。这四个层面从低到高反映了人际关系的深度和广度，有助于我们更全面地理解网络环境中的社交互动。综上所述，语言风格是影响在线亲密关系的重要因素之一。在网络世界中，文字成为传递信息和情感的主要载体，而个体对文字的掌控能力则决定了其能否有效地建立和维护亲密关系。

此外，随着网络沟通时代的到来，自我呈现的疆界得以空前拓展。个体在互联网上的聊天、博客撰写、图片和视频分享等活动，也都成为自我表达的新领地。这些非直接的交流方式，如视觉匿名和非言语沟通，迥异于传统交往形式，为彰显个性化魅力提供了全新的平台和渠道。研究表明，在网络空间中，人们更倾向于毫无保留地展示真实的自我。传统的面对面交流依赖于外貌、体态语言和声音等要素，但在 CMC 环境中，这些要素变得不再关键。因此，多维度的自我呈现成为网络环境中建立亲密关系的关键。相较于传统的互联网聊天或虚拟社区中单纯以文字为主的表达方式，SNS（社交网络服务）为用户提供了更为丰富多样的自我呈现方式。用户可以通过日志分享所思所想，通过投票表达观点，通过图片展示真实风貌，甚至通过关注公共主页来彰显个人兴趣，这些多元符号帮助用户塑造了一个更为全面、生动的网络形象，进而增强了网络吸引力。这种立体化的自我展示有助于促进双方之间的熟悉度，进而促进更频繁、更深入的互动和交往。

在 SNS 中，社会网络的界限被颠覆，塑造了一个"中区"舞台。用户可将个人主页作为私人生活的透明窗口，分享情感、经历、信息和照片等，与好友共享。根据戈夫曼的情景互动论，个体在"前台"展现符合社会期望的角色，而在"后台"则进行放松和准备。然而，在 SNS 中，前台与后台的界限变得模糊，用户得以同时展现前台和后台的行为，这种融合被梅罗维茨称为"中区行为"。在这个"中区"舞台上，个体能够自由地进行深度自我袒露，如分享私密的视频和照片，全面展现个人生活的方方面面。这不仅体现了用户自我掌控能力的增强，也带来了前所未有的情境融合。用户既可以精心打造完美的自我形象，也可以勇敢地展现真实的自我，进而有助于提升个人魅力。

3. CMC 多种方式可以弥补线索缺失

在网络关系建立初期，当人们想要进一步认识对方时，总会希望通过更多的互动掌握更多的信息，以降低不确定性，建立安全感和信任感（Antheunis et al., 2012）。这种需求是人之常情，因为我们都希望与那些我们了解、信任的人建立深入的关系。为了降低不确定性，人们会主动搜集对方的信息，以此构建对方的形象（Berger and Calabrese, 1974; Walther and Burgoon, 1992），这个动作也是为了对潜在交往对象的态度和行为进行评估，以衡量和决定未来有无进一步交往的可能（Fox et al., 2013）。

质疑者认为，在 CMC 环境中，线索的缺失可能使得人们仅依赖文字作为评判依据，会影响个体对他人的感知。但技术乐观者认为，即使如此，除了依靠索取他人主动提供的信息，个体还可以通过一些微妙的线索来感知他人的真实存在（Goffman, 1959）。这显示了人类在沟通中的灵活性和适应性，我们总是能够找到方法来理解和解读他人的信息。比如，很多人认为，人们在社交网络的好友会影响个体的身份。如果通过浏览对方链接的好友主页去了解一个人，要比通过对方主动透露的信息更为可靠。个体更倾向于相信由潜在对象的朋友所上传的照片（Fox et al., 2013）。这是因为，通常来说，别人发布的信息是不易被控制的，因此更可能反映真实情况。此外，人们相信"观其友知其人"的道理，通过观察对方的好友列表，我们还可以推测出对方的社会资源、兴趣爱好等，这有助于我们更全面地了解对方（Donath and Boyd, 2004）。

担保理论（warranting theory）为我们理解这种行为提供了有力的支持（Stone, 1996）。个体在信息搜寻中更倾向于相信不易被伪造的信息，因此这类信息对个体的判断更有保障性（Walther and Parks, 2002）。这解释了为什么我们会更倾向于相信通过社交网络获取的信息，而不是对方主动透露的信息。之所以能够提供保障，是因为对方的欺骗行为将让他置于被社会道德舆论批评的风险之中，对方的欺骗也将承担巨大的成本。随着网络关系的深入发展，获取对方线下真实可靠的信息变得尤为重要。如果我们在线上交往时能够接触到对方的真实社交圈，那么对方欺骗我们的可能性就会大大降低。这有助于我们降低对对方的不确定性，建立信任感，从而拉近情感距离。因此，对于那些希望通过在线建立亲密关系的网友来说，了解对方的真实社交圈是一项必不可少的关键因素（Parks and Roberts, 1998）。这不仅可以帮助我们更好地了解对方，还可以为未来的线下见面打下坚实的基础。可见，虽然社交网站改变了亲密关系的形成模式，但 CMC 社交有多种方式可以弥补线索缺失，个体依然能够通过获取信息并对潜在对象做出评估来降低不确定性。这种个体通过从他人社交数据中寻找线索，探索和评估有利于更深入地了解对方的自我袒露、真实动机等信息，来构建在线亲密关系。

综上所述，纵观过往的 CMC 人际传播研究，学界主要有正反两种态度。技术怀疑者的研究是以线索过滤理论为基准进行的，由此提出了社会临场感理论和社会线索缺失理论，他们将焦点立足于传播科技，探究网络匿名性语境在线索缺失的情况下可能造成的问题，比如，身体缺场所引发的个体感知能力缺失，虚假身份以及夸张的自我呈现使得信任缺失，加大自我袒露的风险、匿名语境下的网络行为越轨失范、CMC 中介化传播制造沟通误会等方面的问题。技术拥抱者则把研究的焦点转向了对人的分析，提出超人际传播理论、社会信息处理理论。具体而言，对传播者的讨论又分为两种路径。一种是侧重于探讨传播者的个人特质如何影响他们的在线人际互动，以及个体对他人的知觉如何影响在线亲密关系的建立；另一种是侧重于探讨传播者的聊天技术，即使用者如何突破传播技术的限制，从而创造性地开辟出独属于自己的个性化在线沟通策略。很显然，这两种研究焦点的不同取向导致了两种截然不同的结论。

第三节　移动陌生人社交时代亲密关系的理论与研究

回顾传播历史的发展演变，可以看到科技在亲密关系建立过程中扮演着越来越重要的角色。从传统的面对面交往到移动交友软件的普及，亲密关系的建立方式不断受到新技术的冲击与重塑。相较于过往的传播媒介，手机的出现打开了人们交际世界的新模式。由于移动技术突破了时空的限制，人的社交属性空前爆发。因为移动数字化时代的到来，移动交友软件的开发为个体提供了结识在线朋友的机会，扩大了遇见爱的可能性。它可以让在快速流动的现代社会中到处移动的人们实时满足亲密或隶属的需求，因此逐渐成为人们开展亲密关系的新选项。移动时代发展出的亲密关系表现出与以往任何时代都不同的全新特点。

一、移动陌生人社交时代亲密关系的理论

电子亲密关系理论（electronic propinquity theory）是由科尔曾尼（Korzenny）于 1978 年提出的。最初，该理论主要用于研究电视媒介对人际关系的影响，因此并未受到人际传播学者的广泛重视。随着技术的更迭和人们对数字时代的社交热情，研发团队陆续推出了表情符号（emoji）、表情包、图片、声音、视频等多种表达方式。人们通过这种亲近性线索（immediacy cues）向他人表明自己的可亲近性，释放出对他人的友好信号（O'Sullivan et al., 2004）。于是，电子亲密关系理论逐渐受到重视。该理论的核心观点是，传统面对面的社交会让人感觉到物理上的亲近，而电子中介化传播，虽然缺乏物理上的接触，但能让人产生心理

上的亲近感，达到像见面一样的亲密之感。

研究表明，如下因素会影响 CMC 中介传播的亲密关系：带宽——媒介的带宽越大，亲密感越高；信息回馈——互动双方彼此回馈信息的速度越快、内容越丰富，亲密感越高；聊天技巧——聊天技巧越好，亲密感越高；传播规则——信息传递时的规则越少，亲密感越高；传递信息的复杂度——信息复杂度越低，亲密感越高；沟通渠道的数量——可选择的沟通渠道数量越多，亲密感越高（Walther and Bazarova，2008）。这些影响因子之间也会彼此影响。例如，带宽的提高可以弥补传递信息时的技术限制，使得即使在低带宽环境下，使用者也能通过良好的聊天技巧和传播规则的灵活运用来建立亲密感。同样，沟通渠道数量的增加可以提供更多的沟通选择，从而降低带宽对信息传递的影响力。该理论足以解释为何在第一代 CMC 文字沟通缺乏线索的情境下，依然有很多人建立亲密关系，因为良好的文字沟通技巧可以弥补低带宽的不足，即便在没有图片、视频和声音的前提下，依然可以通过文本的 CMC 建立亲密感。

有趣的是，电子亲密理论的诞生时间甚至比互联网还早，显示了其前瞻性和预见性。在当时，虽然有了完备的理论框架，但缺乏合适的媒介来实际应用和验证这一理论，因此它一度沉寂。然而，随着科技的飞速发展，尤其是互联网的普及和社交媒体的兴起，人们逐渐认识到电子亲密关系理论的重要性和应用价值。Walther 和 Bazarova（2008）通过实证研究，验证了电子亲密关系理论的有效性。他们的研究设计精巧，通过对比使用不同媒介的实验组，发现媒介的丰富度和多样性对亲密关系的影响。

这些研究不仅证明了电子亲密关系理论的正确性，还为我们提供了宝贵的启示：在数字时代，我们应该如何更好地利用电子媒介来建立和维护亲密关系。例如，我们可以选择更丰富的媒介来表达自己的情感和想法，提高沟通的效率和质量。同时，我们也需要注意电子媒介可能带来的问题，如信息过载、沟通误解等，并积极寻求解决方案。

总之，电子亲密关系理论为我们理解数字化时代的社交现象提供了有力的理论支持。它强调了电子媒介在建立和维护亲密关系中的重要作用，深入分析了电子媒介如何影响人们的沟通方式、情感表达以及关系动态，为我们探索未来人际关系的发展趋势提供了有益的启示。在未来的研究中，可以进一步探讨电子亲密关系的影响因素、发展阶段以及与其他类型亲密关系的比较等问题，以丰富和完善这一理论框架。

二、移动陌生人社交时代亲密关系的文献

自 2016 年以来，随着技术的飞速发展和网络社交的普及，陌生人社交软件如雨后春笋般涌现，逐渐成为社交领域一股不容忽视的力量。这些软件以其独特的功能和创新的模式，吸引了大量用户的关注和参与，使陌生人社交用户规模迅速扩大。移动陌生人社交软件改变了人们的信息分享方式。以前，人们主要通过面对面的交谈或书信等方式分享自己的生活和情感；而现在，人们更倾向于在社交应用上发布动态、照片和视频，以此来展示自己的生活和情感状态。这种分享方式使人们能够更轻松地表达自己的内心世界，增进彼此的了解和信任，从而有助于亲密关系的建立。笔者在第一章已经介绍，社交软件都有基于一个维度的用户匹配，例如，基于 LBS 的图像类社交软件探探，或是基于灵魂匹配的匿名社交软件 Soul。用户可以根据自己的特定需要，选择适合自己的交友软件，注册账号并填写数据，就可以展开新时代的交际之旅。这种缘分匹配功能，可以帮助用户快速打破社交坚冰，搭起与异性沟通的桥梁。举例而言，假如某人想和他人约会，智能系统可以根据用户输入的条件（如年龄、性别、距离、偏好等）筛选可能的对象。在浏览照片、文字或语音、视频的过程中，只要双方有好感，就可以进行实时在线互动聊天，根据进一步的互动开展更为深入的关系。基于地理定位技术的移动交友 App，使关系建立方式不仅不同于以往受时空所限的传统面对面人际交

往，更与纯粹以文字展开的 CMC 传播，亦有不同之处。因此，在数字科技发展日新月异的新时代传播语境下，无论是传统的亲密关系理论，抑或是以计算机网络为中介展开的亲密关系发展理论，恐怕都无法完整诠释其关系发展之内涵及样态，交友 App 的开发可能改变以往的交友模式（黄国蓉，2014），也逐渐引起了越来越多的学者的关注。

传统的社交方式往往受到地域和时间的限制，而移动技术则打破了这些限制，显著地拓宽了人们的社交圈子。移动传播技术的兴起，极大地改变了人们交流的方式和范围。移动交友软件的兴起，更是使亲密关系的建立过程变得更加便捷和高效。在移动互联的时代，手机应用程序中的 GPS 全球定位功能为用户提供了非常精准的地理坐标。手机定位系统为陌生人交友提供了由在线虚拟关系转换为线下真实见面的机会。通过移动陌生人社交应用，用户可以随时随地浏览和接收来自世界各地的信息，包括他人的生活状态、情感表达、观点分享等，从而对亲密关系的形成与发展产生了深远的影响（Hu et al., 2004）。通过智能手机和交友软件，人们可以随时随地与世界各地的人进行交流。这种信息的即时性和广泛性，不仅使人们更容易结识新朋友，也为寻找潜在伴侣提供了更多的机会。

传播技术的同步性特点也带来了积极的影响。过去，邮件和语音信箱无法随时随地查阅和回复信息，信息之间的交换有时间延迟，属于异步传播系统。这种异步传播在关系互动中存在一些问题。譬如，由于网络聊天中的双方无法时间同步，单靠语言文字的互动无法及时观察到对方的回馈，所能传递的信息毕竟有限。因此，CMC 在线的人际关系互动表现出非定时、非定量的特点，这也导致了 CMC 在发展亲密关系方面所需的时间会更长（胡春阳、黄红宇，2015）。相较于传统的异步传播系统，而移动手机交流能够跨越空间距离实现信息的极速传递。这种同步性不仅增强了人们的空间感（Baron, 1998），使人们即使身处异地也能感受到彼此的陪伴（Carnevale and Probst, 1997），还增强了双方在线的互动乐趣（Mckenna and Bargh, 1998），这正是同步媒体私人传播的魅力所在（董晨宇、唐悦哲，2020）。这种即时反馈和互动能够让人们更加深入地了解彼此，从而促进亲密关系的形成。这一趋势不仅体现了当代社交方式的变革，也为相关研究提供了丰富的素材和广阔的空间。在这个过程中，陌生人社交软件通过不断的内容垂直化和形式个性化创新，为用户提供了更加多样化的社交体验，同时陌生人社交中的许多议题引发了学界关注。

国外学者对陌生人社交的研究方向主要聚焦于线上陌生人社交中的自我互动过程。通过深入剖析用户在社交软件中的自我认知、自我袒露和自我建构等过程，学者们揭示了陌生人社交中人际互动的复杂性和多样性。同时，他们还探讨了线上关系如何形成，包括强关系、弱关系以及线上线下关系的转化等议题，为理解陌生人社交中的关系模式提供了有力的理论支持。而我国学者在陌生人社交领域的研究则更多地关注于陌生人社交的参与动机以及可能带来的问题影响等方面，探讨了陌生人社交对个体和社会的影响。这些研究不仅揭示了陌生人社交中的心理机制和社会现象，也为相关政策的制定和实施提供了科学依据。

（一）移动陌生人社交软件使用动机研究

越来越多的智能手机应用程序进入市场，旨在促进约会，使移动约会更常见，有不少学者探讨交友软件的使用动机。Ranzini 和 Lutz（2017）从人口学特征和心理学视角分析影响使用 Tinder 的动机，发现性别差异尤为明显。女性使用 Tinder 更多的是为了友谊和自我验证，而男性则更多地用它来维持短期关系和寻找旅行伴侣。Sumter 和 Vandenbosch（2018）发现，年轻人中约会应用程序的使用和动机与人口特征变量和基于人格的变量有关，并且总结了约会应用软件的使用动机主要有关系目标动机、内心目标动机和娱乐目标动机。

国内学者许德娅和刘亭亭（2021）从社会学概念"陌生人"和"弱

关系"考察了都市人使用移动应用软件进行陌生人社交的原因和机制，认为在急剧城市化、人际关系原子化、频繁城乡城际人口流动的语境下，都市人逐渐对陌生人失去敏感性，在移动应用上渴望与陌生人交流，提出了"强势弱关系"的概念和"熟络陌生人"的现象。喻国明等（2019）从强弱关系视角解释移动社交媒体下的用户关系，探讨在社交网络平台上，人际关系如何在自我袒露逐步深入的过程中被层层建构，最终在系统主客体的互动反馈与外部催化剂的作用下，形成一定的亲密关系的机制与原理问题。他们采取多阶段随机抽样的方法调研发现，大众使用新媒介的首要动机更多的是出于心理层面的需求，而非因为媒介的功能特点。用户的使用动机主要是打发时间、放松与社交。研究还发现，陌生人社交平台可以满足人们逃离现实生活的目的，从而满足人们在现实生活中无法获得的体验。潘泽泉（2020）则认为青年群体使用陌生人社交软件是一场新的文化消费实践，折射青年实现人际社交、情感体验、满足与补偿的社会心理需求，个体化意义建构、获得地位的权力需求，文化消费革命、青年身份建构和自我实现的价值需求。赵梦琳（2020）以使用与满足和社会资本理论为研究框架，详细分析了大学生使用探探软件的动机以及这些动机如何影响他们的线上社会资本，并总结出五大主要动机，包括社交动机、娱乐动机、关系动机、社会认同动机和旅行动机，这些动机驱动着大学生使用近距离陌生人社交软件。陈贝茹等（2016）基于行为理论，提出了用户使用交友软件的多元动机，涵盖了娱乐动机、社交需求、自我实现、信息与工具性需求以及沉浸需要。他们进一步提出了提升陌生人社交软件安全性、加强个人隐私保护、优化信息监管过滤、营造文明社交环境以及美化界面风格等改进建议，旨在促进陌生人社交软件发挥正面作用，引导青年群体进行积极健康的网络社交。周敏（2017）认为，用户使用匿名社交 App 的动机主要包括娱乐消遣、情感宣泄、获取信息和匿名替代四个方面。其中，娱乐消遣和情感宣泄可能是用户选择使用匿名社交 App 的主要驱动力。孙皓玥（2021）

以符号互动论和人际传播中的自我袒露理论为框架,深入剖析了灵魂交友软件 Soul,总结了陌生人社交平台用户的显著特征及其多元化的使用动机。研究发现,用户选择使用这类平台主要出于六大原因:寻求人际交往的拓展、宣泄内心情感的压力、展现自我独特性的需求、获取信息与知识的渴望、追求娱乐消遣的放松、满足窥探他人隐私的好奇心。

(二)移动陌生人社交的中介化技术研究

移动陌生人社交应用中的信息传播也受到算法和平台规则的影响,它们在一定程度上影响用户的选择范围和交往方式。刘子曦和马璐(2024)在探讨数字技术对亲密关系形态的影响时,指出当前研究多聚焦于技术中介下亲密关系的表面化特征,却忽略了"平台"作为技术架构的缔造者和交往实践管理者的核心角色。通过对婚恋平台的深入民族志观察,详细剖析了平台如何构建深度交往模式的行动逻辑与技术实践,旨在深化对中介化亲密形成条件的理解。研究发现,平台通过实施用户道德评估,建立了数字空间使用权限的道德等级体系,这一举措有效地遏制了网络亲密关系的流动性,从而培育出"严肃相亲"深度交往环境。然而,这些机制的作用也存在一定的局限性。为了突破平台的权限设置,用户采取了包括法律动员、话语对抗和技术拓展在内的多种策略进行博弈。这一发现揭示了用户在数字平台上的能动性和对交往模式的塑造力量,为理解数字时代亲密关系的发展提供了新的视角。

安若辰和许莹琪(2023)基于媒介化理论视角,研究了相亲平台的技术中介化问题。他们认为移动相亲平台提供了一种自主选择的技术架构,使交友平台用户的网络社交行为围绕数据处理、时间政治与权力关系展开。移动交友软件的接入、交流、匹配等技术环节为媒介逻辑设置亲密关系提供了入口。移动约会软件技术设置提供了海量选择,对于亲密关系的流动化、商品化和理性化具有催化作用,用户的行为实际上是一种算法社交。刘晓鹏(2022)运用梅罗维茨媒介情境论,对陌生人社交 App 中场景构建和用户关系连接现象进行分析。他认为，在高度匿名性的社交环境下，弱关系是陌生人社交的关系网络特征，算法参与用户关系连接，但充值行为可能导致算法倾斜，造成用户关系连接中的地位不平等。高艺等（2022）探讨了交友类 App 付费会员制如何塑造交友用户的差异化使用体验，进而形成基于"可见性"的差异化监视等级。研究发现，交友平台掌握着用户社交数据的可见性规则和条件，通过将"可见性"商业化，平台有效地形塑了交友平台用户对于亲密关系和隐私关系的流动性、策略性的理解和使用。李林（2023）的研究基于面子理论，结合了西方的"拟剧理论"与中国特有的面子文化，深入剖析了交友软件用户在线上环境中自我呈现的特点、独特方式及其背后的逻辑。在技术性层面指出了线上自我呈现可能引发的伦理问题，诸如真实性的挑战、离身性的呈现、符号化的趋势以及技术化的过度依赖等。同时，他提出了技术赋权的可能性，并警示了技术化生存可能带来的危机性。

　　算法和平台规则的介入也可能使人们在交往过程中产生一定的心理压力和焦虑感，担心自己的信息被滥用或隐私被侵犯。Carolina 和 Alessandro（2022）通过对伦敦年轻人使用约会应用程序的小规模定性研究的结果进行反思，质疑约会应用通过数据化和算法匹配的方式所要实现的浪漫的平台化和秩序化。他们认为，在这样做的过程中，约会应用程序的用户建立在对与陌生的他人互动的风险评估的基础上，承担人际信任的风险。从这方面来看，软件非但没有提供一种新的效率形式，反而产生相当程度的不确定性。例如，用户的个人信息和私密照片等可能被非法获取和滥用。这种信息泄露和隐私问题可能对亲密关系产生负面影响，甚至导致关系的破裂。随着社交媒体的发展，用户社交生活的多方面都被编码和量化为元数据，而社交媒体平台上无处不在的元数据使得用户面临潜在隐私泄露风险（张萌，2022）。这些相关内容通过互联网应用于数据的采集、分析和利用，使得用户的一切行为处于透明之中。董晨宇和丁依然（2019）从检视理论入手，通过关注被观看者的角色转变及其主动让渡隐私的实践，讨论社交媒体对监视行为以及监视客体带来的重要影响。

同时，移动陌生人社交应用中的信息传播和算法推荐也可能导致人们在建立亲密关系时过于依赖表面信息和外在形象，忽视了内在品质和价值。以视觉社交为主导的交友方式显著提升了人们对外表和形象的关注，却相对忽略了内在品质与情感交流的重要性。这种基于表面的匹配机制往往难以构建稳固而持久的亲密关系，使关系变得脆弱和短暂。人们可能在初次见面后就迅速投入一段感情，但同样可能迅速转向另一个更具吸引力的对象，这种迅速的交往模式严重威胁着亲密关系的稳定性和持久性。随着手机移动定位技术的飞速发展，新型社交模式极大地拓展了线下交往的范围，但同时也催生了更多短暂的亲密关系（王斌，2017）。媒介提供的配对算法和定位服务加速了关系发展的过程，但同时也使其变得不稳定、轻浮且迅速（David and Cambre，2016）。

总之，移动陌生人交友软件以其独特的筛选机制为用户提供了便捷的交友途径，但也确实带来了一系列信任问题，进而加大了在虚拟环境中建立亲密关系的难度。这种新型的社交方式虽然在一定程度上满足了年轻人对亲密关系的渴望，但不可否认的是，它也在无形中侵蚀着亲密关系所依赖的信任基础。在陌生人社交的语境下，由于双方缺乏深入的了解和面对面的交流，信任的建立变得尤为困难。简单的筛选机制往往只能提供表面的、片面的信息，这使得用户很难准确判断对方的真实意图和品质。因此，即使平台氛围严肃认真，用户之间也难以互相信任，这是陌生人社交应用无法回避的现实问题。

（三）移动陌生人社交对亲密关系的影响研究

1. 陌生人社交导致亲密关系的快餐化

社交媒体作为中介化的技术正在影响和改变着亲密关系实践，包括亲密关系的开始、维系和终结的过程，亲密关系不再具有长期的承诺，而是变成暂时性和不稳定性的情感（高艺，2022）。在没有科技介入的传统爱情年代，书信是双方沟通联络的重要媒介，其传送时间漫长、信息易于保留的特质，由于时间和空间的距离限制，使得发展一段感情非常不易，虽然需要耐心等待，却也成为彼此浪漫关系最好的见证和记载。随着时间成本的投入越多，人们也因此越珍惜这份来之不易的感情。然而，电子信息与书信不同，其容易编辑和删减的功能特性让人们发送信息的态度变得随便，也因此让现今的爱情承诺失去了郑重性。过去人们憧憬的爱情消失不见，取而代之的是人们越发注重效率，想快速收获恋爱果实，进而形成一种快餐式爱情。

张楠楠（2024）在其研究中指出，交友软件在运行过程中倾向于将条件前置，导致那些通过自我建构的相亲青年在平台上基于预设的条件进行筛选。他们在追求完美伴侣的幻想驱动下，试图在平台所提供的无限选择中寻找完美的另一半。这种追求完美的人性特点与相亲平台的运营逻辑不谋而合。然而，这也使得青年们在不断追求完美的过程中，陷入了情感的快餐化困境，即快速、标准化且缺乏深度的情感体验。叶韦明和侯忻妤（2021）也认为，技术中介加剧了亲密关系的麦当劳化和游戏化倾向。具体而言，线上课程展现出了高效率、全面控制和可计算的特征，使亲密关系的维护和学习过程更加标准化和流程化。而在情感学习社群中，实践了游戏化的组织方式，进一步增强了亲密关系的娱乐性和互动性。然而，这种社会交换和经济交易的错配现象也导致了社会失序的隐忧。这种把潜在对象比作商品，以为只需要输入需要的条件，就会出现一系列符合条件的产品的方式，不仅物化了潜在恋爱对象，而且也物化了他们自身对亲密关系的想象（刘海平，2021）。因此，科技的发展挑战了传统亲密关系，也可能改变使用者的爱情观（Hobbs et al., 2017）。张睿和许友君（2023）不仅揭示了数字化对传统情感关系的冲击，更警示我们需重新审视并努力维护和深化青年亲密关系的真实与深度。文章基于情感资本主义和冷亲密理论，通过深度访谈和漫游研究法，深入剖析了数字平台、个体情感与情感市场之间错综复杂的互动关系。研究发现，在线相亲平台通过其独特的自我解构与公开机制，引导用户量化并标准化自我表达，进而催生了一种全新的情感逻辑。在这种逻辑下，原本需要深度交往和时间沉淀的亲密关系建立过程，被简化为一种通过左右滑动屏幕进行的游戏化互动。这种流水线式的速配模式，不仅改变了情感交流的节奏，还激发了用户对更完美伴侣的永无止境的追求。然而，这种对亲密关系的浅层化和流动化处理，也加剧了情感市场的结构性不平等。在线相亲平台虽然赋予了青年前所未有的自由选择权，但是也让他们面临着被商品化、边缘化的风险。长时间沉浸在这样的情感市场中，个体可能会经历倦怠和失落，进而对自我价值产生怀疑。

国外学者的研究发现，这种简化用户筛选潜在恋爱对象的烦琐过程面临一个尴尬的难题，那就是，面对一个简短性描述，单身用户往往不知道如何有效地决定谁值得花时间和精力去认识（Woll，1986）。这种以视觉社交为主的移动交友 App 使关系开展的方式像是在一堆商品中购物（David and Cambre，2016）。许多配对的数字参数只考虑到相似或互补的硬件特性，但对于长久相处所需要的能力（如处理关系中内在及外来问题的能力）则相对忽略。久而久之，陌生人社交软件影响了人际交往中的信任感。而当这种不信任感成为移动陌生人交友的主流情绪时，平台的氛围和用户的交往动机就会受到严重影响。不信任感可能导致用户在交往中保持警惕，避免深入交流，从而难以建立真正的亲密关系。这种影响不仅体现在用户行为的变化上，更反映在人们对恋爱和亲密关系的理解和期待上的转变。例如，在线寻找潜在恋爱对象的方式可能扩大了传统社交中的功利性，影响了恋爱的浪漫主义。在传统的恋爱观念中，浪漫和感情是恋爱关系建立和发展的核心要素。然而，在交友 App 时代，恋爱的浪漫和唯美往往被目标明确的功利主义所取代。人们通过筛选机制快速浏览潜在对象的信息，试图找到最符合自己期望的伴侣。这种快速、高效的匹配方式虽然提高了交友效率，但也削弱了恋爱的浪漫色彩。移动陌生人交友软件改变了人们对恋爱关系的理解。在 Adelman 和 Ahuvia（1991）的研究中，他们指出计算机中介的恋爱渠道影响了单身者对恋爱浪漫关系的理解。人们开始将恋爱关系视为一种基于市场中介的交易，更像是讨价还价或审问的商业互动。这种理解方式使得恋爱关系变得更加功利和算计，失去了原有的情感深度和复杂性。

移动陌生人交友软件赋予了网络亲密关系以流动性的新特性。软件所提供的配对算法、所设定的快速选择机制与定位服务，使亲密关系的发展历程变得不稳定（volatile）、轻浮（ethereal）及快速（quick）（David and Cambre, 2016）。柴颖瑞（2017）指出，移动交友 App 降低了人们对亲密关系的承诺意愿。虽然移动交友 App 为人们开启亲密关系提供了更多选择，但也正是因为人们多了许多选择，反而使人们的承诺意愿降低，甚至为了遇见更正确的潜在对象而迟迟不敢进入一段稳定的关系中。谢舒心（2019）则从媒介使用的角度，探讨了在线交友软件如何影响虚拟亲密关系的建立。她认为，这种关系在交友软件的语境下显得尤为脆弱、随意和游戏化。在这个追求即时满足和想象性满足的时代，稳固的亲密关系往往被视为一种负担。而移动交友 App 中的"拉黑"功能，为用户提供了迅速结束关系的便捷途径，使关系的开始和结束都变得轻描淡写。然而，这种便捷性却严重挑战了传统恋爱观念，导致人们对美好爱情的憧憬破灭，也是许多用户最终放弃使用这些 App 的原因。

在陌生人社交问题对亲密关系的影响研究中，孙萍、李宜桐和于小童（2023）从媒介技术中介的视角探究线上亲密关系的特征，以及对参与者形成的认知和实践层面的影响。通过深度访谈、问卷调查和漫游研究法，发现线上交友平台形塑了一个碎片的、流动的、公共展演式的媒介景观。这一环境不仅重塑了个体对于亲密关系的自我认知，还激发了性别化的想象与期待。为了更准确地描述这一现象，还提出了"中介化爱情"这一概念，以此来阐释线上交友平台如何嵌入并影响个体的社会生活，特别是在流动性、选择性和性别化这三个关键层面。在交友平台的语境下，人们开始接受亲密关系中的流动性和可变性，理解并适应其浅层次的交往模式。同时，他们也在隐私与真实之间巧妙地构筑起一道基于媒介技术的防火墙，既保护了自己的隐私，又确保了在线交往的真实性。更为重要的是，个体在这一过程中逐渐形成了基于性别平等与协商的公共规范。他们通过线上交友平台，尝试建立一种更加平等、尊重的交往模式，以期在数字世界中寻找到真正的、持久的亲密关系。这不仅展现了当代社交方式的变革，也为未来的线上社交研究提供了新的视角和思路。

2. 陌生人社交引发群体性孤独

数字化时代陌生人社交为人们营造了一种幻象，好像人们不需要付出真情即可满足自身的陪伴需要，这种幻象使人们一旦放下手机，回归现实生活，反而会有更深的孤独感（胡梦齐，2019）。成倩（2023）深入探讨了媒介技术变革对青年群体社交模式的深远影响。随着社交媒体的不断演进，它对青年的社交形态、时空感知及心理体验产生了嵌入式的影响。一方面，社交媒体为青年群体打造了一个更为自由的关系空间，使得他们能够超越地理与时间的限制，实现无缝的沟通与交流。这种畅通的联结为青年们带来了前所未有的社交自由与便利。另一方面，社交媒体也为青年群体营造了一种在一起的错觉，即尽管他们看似与世界各地的人们紧密相连，但实际上，这种联系往往缺乏真实感与深度。这种场景幻觉导致了青年们情感转化力和心灵融通力的下降，使他们虽然身处社交网络的繁华之中，却难以找到真正的情感共鸣与心灵交流。最终，这一现象表现为一种身外显而心隐匿的"孤独社交"，即身体虽然处于社交的场合之中，心灵却陷入了孤独与疏离的境地。

吴健锋（2023）探讨了使用陌生人社交软件对个体孤独感的影响，指出这种使用方式无法从根本上消除孤独，甚至加剧孤独感。他观察到，在使用这类软件时，孤独感主要体现在三个层面：群体性孤独、社交幽灵以及自我孤立。这种孤独感不仅促使人们渴望交往的新鲜感，还可能导致对陌生人社交软件的过度依赖。在此过程中，用户可能过度暴露自己的个人信息，进而引发人际关系的陌生化问题。从本质上看，陌生人社交软件使用中的孤独现象，反映了用户在社交媒体上寻求自我认同的过程中的内在冲突。在这一过程中，用户对他人认同的期待往往使他们在群体性孤独中感到更加孤单，在软件的虚拟玩乐中感受到空虚和孤独，甚至在缺乏真实身体接触的陌生人交往中陷入自我孤立的困境。李勃（2023）对当代青年网络社交的演变特征进行了深刻剖析，认为在社交环境维度，青年们的互动场景由实体逐渐转向虚拟世界，从匿名的交流模式进化到实名认证的交流，最终又呈现出虚拟与真实交织的新格局。在社交身份的构建上，他们从真实身份向隐匿状态演变，并逐渐形成以个体为核心、扩展至各种圈层的广泛联系。在表达形式上，当代青年展现出了文字交流的丰富性，同时他们的自我表达也日趋多元化和个性化，这种多层次、多维度的表达形式在网络社交中尤为突出。在社交关系方面，他们灵活地游走于陌生人与熟人之间，形成了不同阶段的特定社交选择，并催生了新陌生人社交这一独特现象。在心理状态层面，开放性的交流意愿与群体性孤独的心理状态构成了当代青年网络社交的一个显著悖论，这一矛盾在短期内似乎难以得到根本性的解决。

武双（2022）在研究中深入剖析了以 Soul 为代表的陌生人社交平台上的群体性孤独现象。这一现象显著地表现为个体在平台上进行自我展演以寻求认同，同时伴随着社交恐惧和寻求社交补偿的心理状态。此外，树洞文化和情感宣泄成为用户常见的外部表现，反映出人们在虚拟空间中寻求情感慰藉和共鸣的渴望。从内在特征来看，这种群体性孤独现象呈现出几个显著的趋势：短期约定关系逐渐替代了长期稳定关系；高选择性的友谊关系取代了低选择性的固定关系；浅表性的符号化交流日益盛行，替代了传统的面对面深入交流。这一现象的形成受网络特性和个体生存状态的双重影响。网络的匿名性、即时性和广泛性为人们提供了前所未有的社交便利，但同时也加剧了人与人之间的疏离感。而个体的生存状态，如孤独感、社交焦虑等，也促使他们转向虚拟世界寻求慰藉。这种群体性孤独的异化态势对个人和社会的发展均带来了不利影响。它不仅加剧了个体的孤独感和疏离感，还可能导致人们在现实生活中的社交能力下降，进而影响社会的凝聚力和稳定性。

近年来，随着现代化进程的加速，搭子社交作为一种新兴的社交模式，凭借其精准陪伴和互不打扰的特性，在青年群体中逐渐流行，并引起了学术界的广泛关注。王昕迪和胡鹏辉（2023）深入分析了搭子社交盛行的多重因素，包括宏观社会背景、青年社会心态的转变以及科技的迅速发展。他们指出，尽管搭子社交能带来温暖与快乐，但也需要警惕其潜在的负面影响，如社交恐惧和社交陷阱。薛深和吴小芳（2024）从"找搭子"这一具体的青年社交行为切入，创新性地将证券投资理论中的仓位管理概念应用于其中。他们通过深度访谈、问卷调查和参与式体验等方式，对21名招募的青年以及其他相关对象进行了研究。他们发现，搭子社交在建立关系时，交往动机往往基于特定的话题或类型，交往效能则通过筛选和分装来实现盈量与增量的平衡，而从长远来看，这种关系也可能经历强化或迁移的演化。刘航（2023）则进一步指出，搭子社交与传统的亲密关系所追求的整体式交往有着显著的区别。他认为，搭子社交更像是亲密关系的预备阶段，在现代社会的转型背景下，展现出了典型的碎片化特征。这种社交模式不仅反映了青年群体在人际交往中的新趋势，也为我们理解现代社会的人际关系提供了新的视角。

孙寿涛和张晓芳（2023）的研究揭示了轻社交现象对青年群体的双重影响。一方面，这种社交模式以其快餐性、轻量性、隐私性、多元性和精准性的特质，有效地调配了社会资源，并通过信息的普遍共享满足了青年群体的情感和价值需求。这种轻量化的社交方式，让青年们能够在快节奏的生活中找到情感上的慰藉和认同。另一方面，轻社交模式的殖民机制、流量机制和排外机制也带来了不容忽视的危机。这些机制可能导致生活世界的萎缩、个体发展的停滞以及情感隔绝的加深。特别是对互联网时代的青年而言，过度依赖轻社交可能导致现实生活与虚拟生活之间的断裂，进一步加剧个体的孤独感和疏离感。

  总体来说，在当前的学术研究领域，关于移动陌生人社交时代的亲密关系研究尚显不足。相较于 CMC 时代，移动交友软件所带来的亲密关系变革并未得到足够的关注和深入研究。现有文献多聚焦于现象层面的描述，缺乏对亲密关系建立过程的深层剖析，同时也未能将移动交友 App 时代的亲密关系理论与过往理论进行充分的对话和整合。鉴于交友 App 在数字时代青年男女关系建立中扮演着日益重要的角色，以及其独特的定位功能和快速匹配机制对亲密关系可能产生的深远影响，探究移动陌生人交友 App 如何介入在线亲密关系的建立显得尤为重要。因此，本书致力研究以下内容：移动交友 App 对亲密关系的影响机制；通过这类 App 中介发展的亲密关系的建立过程及其形式；用户适应这一科技发展产物的过程，以及在交友 App 上有效地展示自我，并利用这些平台建立和维护亲密关系的方法。本书旨在丰富当前研究的进展，深入探究移动交友 App 在在线亲密关系建立中的角色和作用，以及用户如何适应并利用这一新兴的社交方式。通过本书，笔者期望能够为理解数字时代亲密关系的发展提供新的理论视角和实证支持，为未来的研究和实践提供有价值的参考。

第三章

研究方法与程序

移动陌生人社交亲密关系的研究，旨在深入理解和解释这一特定社会文化环境中产生的亲密关系网络。这是一项相对复杂的社会性工作，需要采用合适的研究方法与程序来确保研究的准确性和深入性。因此，明确如何开展研究非常重要。本章主要探讨有关研究方法与程序的问题。首先，讨论选择何种质性研究方法。其次，对质性研究方法进行概述。最后，讨论如何针对访谈人群进行抽样。

第一节　研究方法

移动时代的新文化形态使得技术和文化互动的方式像复杂的舞步，紧密交织纠缠（叶韦明，2016）。在互联网时代，随着互联网虚拟技术与人类现实生活的互嵌性不断深入，考察人们对网络与新媒体的运用，展现新文化形态的变化与特质，成为近年来学界较为关注的研究议题（孙信茹，2017）。质性研究方法注重深入理解和解释社会现象，关注个体的经验和主观感受，能够揭示亲密关系网络背后的社会文化因素和影响机制。通过收集和分析访谈、观察等第一手资料，可以深入了解用户在移动陌生人社交平台上的互动过程、情感体验以及亲密关系的发展变化。

一、虚拟民族志

虚拟民族志（virtual ethnography）是以参与式观察、深度访谈为主要研究手段，在虚拟环境中进行的针对网络以及利用网络开展的民族志研究（Hine，2000），力求用独特方式阐释互联网及相关现象的一种民族志方法。这一方法源于最初的田野调查，并在此基础上予以适当的调整和改进，以适应新研究技术和新环境的变化（Leander and McKim，2003；

Kozinet，2002）。1973 年，美国人类学家克利福德·格尔茨（Clifford Geertz）在其著作《文化的解释》中对民族志做出了这样的定义：描绘人们的生活和经验，诠释文化脉络中人们的实践。

不同于传统的民族志田野调查，互联网建构的空间是一种新型空间（刘华芹，2004），探究这一空间中的社会文化的方式也与以往不同。因此，研究者"田野"的场地也应随之转移。在虚拟民族志的研究领域内，互联网被人类学学者们称作虚拟民族志的研究田野。网络空间就是新时代学者进行研究的田野，在线参与观察就是虚拟民族志的田野作业（卜玉梅，2020）。

学界关于互联网的相关研究始见于 2000 年前后。1998 年，琼斯（Jones）在《做互联网研究》（*Doing Internet Research*）一书中，开创性地为探索互联网有关的现象提供了独特的方法论。2000 年，人类社会心理学家米勒（Miller）和斯莱特（Slater）在《互联网：一项民族志研究》（*The Internet: An Ethnographic Approach*）一书中，宏观地介绍了对互联网进行民族志研究的整体图谱。该书也是第一本对互联网进行全面的民族志研究的著作。同年，海因（Hine）也出版了《虚拟民族志》（*Virtual Ethnography*）一书，系统地阐述了对互联网进行民族志研究的各种问题以及方法论准则。自此，虚拟民族志真正作为特定理解和研究互联网相关现象的研究方法，正式被采纳和推广。对于研究者来说，民族志并不是研究互联网的唯一方法，但其能为我们提供互联网和社会的新视角（曹晋 等，2018）。通过具身浸入式参与，把握线上世界中开展的日常生活、社会交往与历史发展（Marshall，2010）。如今，该方法正在被越来越多的传播学者使用，用以指导和阐释互联网社会文化现象。

中国内地运用民族志方法解释互联网文化与社会交际现象的研究，始见于刘华芹于 2005 年出版的《天涯虚拟小区》一书，这也是中国关于互联网研究的第一本专著（孙信茹，2017）。Boellstorff（2008）通过虚拟民族志研究方法，从时空、亲密关系、社群不同面向分析了网络游戏

"第二人生"的虚拟文化构建。Lysloff（2003）曾是虚拟音乐小区的研究者，生动地展现了他的虚拟民族志田野调查状态。

田野工作对我而言，意味着许多个独自端坐计算机前的夜晚，我在虚拟又遥远的空间进行的一场漫游。我经常整晚地通过实时电子聊天程序和电子邮箱，从一个网页到另一个网页，深入一个个广布的朋友圈，阅读并传送信息给电子音乐家和他们的粉丝，注视着静态或是动态的图像，听着一些网站自动随机播放的歌曲。

在虚拟民族志中，研究者通过参与观察、在线访谈等方式，可以深入了解网络社群的文化、价值观、行为规范等，从而揭示其中的文化现象和社会关系。在本书中，笔者可以利用虚拟民族志的方法，深入了解移动交友软件中用户之间的互动模式、沟通方式以及亲密关系的构建过程。通过观察和记录用户在平台上的行为、言论和情感表达，笔者可以获取第一手资料，为后续的分析提供坚实基础。

此外，虚拟民族志还强调从实践中总结经验，以生动阐释群体的亲密关系发展现状。通过深入参与到虚拟社群中，笔者可以亲身体验用户的感受，理解他们在构建亲密关系过程中的困惑、挑战和成功。这种亲身体验和深入理解有助于笔者更准确地把握移动陌生人社交时代的亲密关系样态，进而进行社会议题的研究分析。

因此，本书采用虚拟民族志的研究方法取得和整理资料是非常合适的。通过这种方法，笔者可以获取深入且生动的资料，为揭示移动陌生人社交时代的亲密关系样态提供有力的支持。同时，这也将有助于推动相关社会议题的研究和发展，为我们的生活和社会带来更多的启示和思考。

二、参与式观察和体验

本书的深度访谈法根据滚雪球抽样进行筛选。一旦选定了目标人群，再根据该目标人群的一个或多个成员不断来扩充研究样本。但受大数据算法匹配限制，推送给笔者的多是博士和大学老师群体。因此，前期采用参与式观察法，了解网友在交友软件 Soul 发布的瞬间、自我呈现的方式，以弥补受访对象推送过于同质化的问题。笔者不只是以局外人的视角进行素材的收集和整理，而且采用参与体验与参与观察的方式展开。自 2018 年至今，笔者开始参与观察并体验移动交友软件的社交。笔者从特定情境的局内人观点出发，参与科技介入移动社交时代的人际互动行为与意义的探究，并且力求阐释和开拓出适用于新媒介时代的在线人际互动理论建构。笔者由衷地希望能够将亲密关系融入移动交友 App 这一特定的情景化脉络中，来进行自我凝视与凝视他者，以期能够通过与被研究者进行反复的、重访的和共同阐释且可以反思和修正的对话，进而参与对话和意义生产（Crichton and Kinash，2003），致力探究移动交友软件进行的人际互动建立过程。

三、深度访谈法

在质性研究中，由于涉及人类价值观念、意义建构和行为，参与体验和观察等方法无法具体详细地了解研究对象的情况。因此，为深入了解网络关系发展与演变的历程，探寻表象背后的深刻机理，探访受访者的内心世界，本书还采用质性研究方法中的深度访谈法（in-depth interview）进行数据的收集。

深度访谈法作为定性研究中的方法，在目前的社会学领域中有着重要的地位（杨善华、孙飞宇，2005）。所谓深度访谈，指的是半结构式访谈（Hakim，1987；Arksey and Knight，1999）。它通过研究者与受访者之间深入的对话，来了解某社会群体的生活方式和情感经历，进而探讨特定社会现象的形成过程，并提出解决问题的思路及办法（孙晓娥，2011）。学者Wengraf（2001）指出了半结构式深度访谈的两个重要特征：一是问题属于提前部分准备，而非全部，仍需要研究者后期改进；二是要透过表象深入本质。

在质性研究过程中，深度访谈与扎根理论（grounded theory）关系密切。Corbin和Strauss（1990）提出的扎根理论，不仅为深度访谈提供了一种建构社会理论的手段和策略，还提出了分析数据的具体方法和步骤。扎根理论主要是指研究者从个人经验中总结建立的理论（Strauss，1987）。研究者通常在着手研究之前不做理论假设，而是在不断地参与观察的过程中，从访谈原始数据中提取经验，并将经验尝试进行意义的建构，最终上升为理论（陈向明，1999）。深度访谈生成丰富的访谈数据，需要研究者运用扎根理论对不同受访者的个性化经验进行比较，进而提取出共性概念，并在此基础上构建出反映现实生活的社会理论。扎根理论为质性研究带来一场革命，成为质性研究的重要方法论（孙晓娥，2011）。

第二节　研究样本

一、样本选取说明

鉴于使用移动陌生人交友软件的人群目的各异，较难以把握，因此，笔者在筛选参与观察和深度访谈的对象时，在收集上有一定的困难。在研究样本的选择上，笔者采用判断抽样法（judgemental sampling）。

笔者先随机使用交友App进行互动，以年龄、职业、使用动机、性取向、App使用经验为标准进行判断抽样，再寻找符合本书研究目的的人群，进行为期6个月的初期观察后，最终确定观察与访谈的最终样本对象。社科类质性研究中使用最多的是非概率抽样方式，即目的性抽样，根据研究目的寻找能够为本书的研究提供最大信息的研究对象。因此，样本的代表性尤为重要。Strauss和Kaobin（1990）在《质性研究概要》一书中，介绍了扎根理论的三种阶段研究抽样标准，分别是：开放性抽样（open sampling）、关系性和差异性抽样（relational and variational sampling）、区别性抽样（discriminating sampling）。

孙晓娥（2011）详细介绍了这三种抽样方法：开放性抽样是深度访谈的初始阶段，是指根据研究问题，选择有助于解答问题的最大覆盖率研究对象进行深度访谈，目的是包罗研究现象的方方面面，进而发现建构理论所需的相关概念和范畴；关系性和差异性抽样是深度访谈的中期阶段，是指在对访谈数据进行初步整理和分析的基础上，更加有针对性地选择受访者，从而对第一阶段访谈数据中浮现出的理论概念和范畴进行更为细致的梳理，以厘清不同概念和范畴之间的关系；区别性抽样是深度访谈的后期阶段，是指随着访谈资料的增多，研究者在不断归纳分析和整理过往访谈数据的基础上建立理论构建，同时选择有助于研究者更进一步修正与完善理论的受访者进行访谈。

在针对访谈人群进行抽样时，研究者主要考虑以下两个方面：第一，样本的代表性和多样性。确保样本能够代表移动陌生人社交平台的用户群体，同时考虑不同性别、年龄、职业、地域等背景的用户，以保证研究的全面性和客观性。第二，样本的易接近性和配合度。本次招募对象优先选择容易接近且愿意配合研究的用户作为样本，以提高研究的可行性和效率，并且通过平台推荐、用户自愿报名等方式获取样本。

深度访谈需要详细而深入的访谈数据，但更注重访谈的质量而不是数量（孙晓娥，2011）。扎根理论提出的理论饱和原则（theoretical saturation）为研究指明了方向。扎根理论认为，深度访谈与资料分析是相辅相成、不可分割的。研究者在每次访谈结束后都应及时进行数据整理和分析，比较概念之间的差异，再进行有针对性的访谈，直到研究者发现访谈中所获得的信息开始不断重复，不再出现重要的信息。此时，研究就可以认为已经达到理论饱和的程度，不再需要继续进行访谈了（孙晓娥，2011）。因此，本书选取了15位最具有代表性的移动交友软件用户，以半结构式的访谈大纲进行在线或线下面对面深度访谈，希望能够了解人们使用移动交友软件的动机、吸引力因素、自我呈现策略、关系开展过程等，确保所获取的数据和信息具有代表性和可靠性。

样本选择以扎根理论为依据展开，具体如下：

（1）最大差异抽样。研究计划深度采访15位，在选择采访对象时，尽可能最大限度地覆盖不同人群、不同学历、不同地域、不同交友软件使用情况，以寻找最大异质性的特点，发现研究现象中各种不同的情况。这么做的主要目的是了解处于差异分布状况事物的特点有何种同质或异质表现。

（2）典型个案抽样。本书尽可能选择具有一定代表性的个案，目的是希望能够了解研究的不同对象的所思所想，包括价值观、情感、态度、动机，可以就某个问题或事件的不同视角和侧面进行深入细致的描述，展示和说明交友App用户思想、观念的原貌。

（3）分层目的抽样。笔者首先将研究对象按照一定标准进行分层，然后在不同的层面上进行目的性抽样。其目的是为在不同层次间进行比较，进而达到对总体研究对象异质性的了解。接下来，笔者将对这15位研究样本进行详细介绍与说明。

二、研究样本介绍

（一）研究样本简介

在确定研究样本之前，我们首先需要给移动陌生人社交进行概念的界定。笔者认为，移动陌生人社交是相对于熟人社交的概念，是指在网络中素不相识的两个异性之间以寻找潜在恋爱对象为主要驱动力，通过移动陌生人交友App展开的社交行为。这一概念存在几个限定前提：第一，必须是在陌生人之间展开，微信这类熟人软件不属于本书的研究范围。第二，本书探讨的是异性之间开展的关系，其他关系不属于本书的研究范围。第三，亲密关系指的是男女之间的浪漫关系，交往目的必须是寻找潜在恋爱对象。在21世纪的移动互联网时代，万物皆可社交。跑步App、美妆App、音乐App、美食App……任何社交软件都可以实现人际沟通的目的。因此，以扩展兴趣为目的（豆瓣小组、知乎、小红书等）的社交软件也不属于本书的研究范围。第四，本书探讨的是陌生异性之间亲密关系的建立，移动交友App是两性关系的起点，侧重于研究关系发生的可能性，而婚恋交友App指向的是两性关系发展的最终结果。如果我们把两性亲密关系的演进比作一个复杂的链条，那么移动社交App和移动婚恋App正好是两个极端，各自占据链条的两端，从相识、相爱，到结婚，其间还存在一个相当复杂的交往过程。因此，婚恋交友App（珍爱网、世纪佳缘网等）亦不属于本书的研究范围。

本书选取当前国内下载量最高的两款陌生人交友软件探探（图像类）和Soul（匹配类）进行研究。这两款软件凭借其独特的交友模式吸引了大量用户，并在国内陌生人交友市场中占据了重要的位置。本书以这两款软件作为研究对象，以期为用户提供更有价值的参考，以下是这两款软件的简介。

1. 探探

2014年5月，国内交友软件探探自上线以来，以其独特的匹配机制、个性化的推荐方式以及简洁高效的交互设计，成功吸引了大量年轻用户，成为中国市场极受欢迎的交友软件之一。作为全国领先的交友平台，探探的市场规模在持续扩大。作为一款基于地理位置的交友软件，其具有独特的滑动卡片机制，让用户能够轻松表达对他人的喜欢或不感兴趣，从而与心仪的人迅速建立联系。左滑喜欢，右滑放弃，如此方便易操作的设计深受广大用户喜爱。对于生活节奏快、希望交友也能简洁高效的目标用户来说，探探的划卡交互设计恰到好处地满足了他们的需求。这种看脸式社交使用户能够迅速浏览并筛选出与自己兴趣相符的潜在朋友，在一定程度上满足了用户对外貌的追求。探探的智能匹配算法，结合用户的个人资料和位置信息，为用户推荐合适的交友对象，极大地提高了交友的效率和成功率。探探页面主要展示用户的个人资料等信息。在个人的展示数据部分，允许用户最多上传6张图片，显示名字、年龄、行业、城市、个人签名。兴趣栏则包括喜欢的运动、喜欢的音乐、美食、电影、旅行足迹。探探还提供匿名擦肩功能，让用户可以在不暴露真实身份的情况下与他人互动，增加了交友的趣味性和神秘感。此外，探探对用户的隐私保护得比较好，只有互相点赞才能聊天的匹配机制，给予用户自主选择权，避免被不想联系的人骚扰。

2. Soul

Soul是一款注重精神层面交流和共鸣的交友软件，以其独特的"精神社交"理念迅速在市场上崭露头角，展现了其强大的市场影响力和用户黏性。作为新一代年轻人的虚拟社交软件，以其独特的功能和理念，成功吸引了大量年轻用户。用户通过填写个人信息、参与心理测试等方式，深入了解自己的内心世界，并寻找与自己兴趣相投、灵魂契合的朋友，展现了其对年轻用户需求的深刻理解和精准把握。在内容运营方面，Soul将广场板块打造成一个树洞和精神园地，通过精细化运营和UGC内容的扶持，成功营造了高质量的社区氛围。Soul 始终坚持以用户为中心，提供了丰富的用户原创内容和去中心化分发机制，致力为用户提供一个沉浸式、低延迟性的社交场域。它鼓励用户真实无顾虑地表达自己，认知他人，探索世界，交流兴趣和观点，获得精神共鸣和认同感，并通过兴趣图谱和个性化用户及内容推荐，帮助用户找到与自己兴趣相投的人。此外，Soul 还提供了多样化的匹配玩法和特殊功能，如灵魂匹配、语音匹配、恋爱铃等，满足了不同特征用户的需求。不能使用真人照片作为头像的规定，更是保持了人际交往的神秘感，让用户更加注重内在的交流和理解。

（二）采访对象要求

（1）异性恋。
（2）年龄在 22～40 周岁。
（3）使用目的是通过移动交友 App 寻找亲密关系。
（4）愿意通过深度访谈的方式分享个人经验。

（三）采访对象分类

为了纵观传播科技发展的全貌，笔者把受访对象的年龄放宽至 40 周岁，并且根据受访者使用交友软件的经验，分为以下三个区间。

A 类轻度使用者：使用年资 0～1 年，期望通过移动交友 App 发展亲密关系，但暂无成功经验，线下见面的网友数量为 0～9 个。

B 类中度使用者：使用年资 2～4 年，曾有过 1～2 次通过移动交友 App（包括 CMC 网络）发展亲密关系的经验，线下见面的网友数量为 10～30 个。

C 类重度使用者：使用年资 5 年及以上，曾有过 3 次及以上通过移动交友 App 发展亲密关系的经验，线下见面的网友数量为 31 个及以上。

受访对象的具体情况如表 3-1 所示。

表3-1 受访对象情况一览表

编号	性别	年龄	职业	学历	使用年资	交友经验	线下见面	使用软件	采访方式
A1	男	27	学生	博士研究生	4个月	0	0	Soul	线上
A2	男	26	小学教师	硕士研究生	1个月	0	6	探探	线下
A3	男	22	学生	本科	3个月	0	0	Soul	线上
A4	女	24	厨师	本科	6个月	0	3	Soul	线上
A5	女	25	护士	硕士研究生	8个月	0	4	Soul	线上
B1	男	33	个体老板	高中	2年	1	10+	Soul	线下
B2	女	32	歌手	专科	2年	2	15+	探探	线上
B3	男	33	企业白领	本科	3年	2	20+	探探	线下
B4	男	31	艺术家	本科	4年	2	25+	探探	线上
B5	女	23	学生	硕士研究生	4年	2	20+	探探	线上
C1	男	31	设计师	本科	10年	10	100+	探探	线下
C2	男	40	私企高管	硕士研究生	20年	3	50+	Soul	线上
C3	男	28	健身教练	专科	5年	3	40+	探探	线下
C4	女	30	大学教师	博士研究生	5年	4	35+	Soul	线下
C5	女	28	作家	硕士研究生	7年	5	40+	探探	线下

（四）采访对象简介

A1：学生，在现实生活中以及网络世界里均尚未拥有亲密关系的经验。严重完美主义者和理性主义者，现实生活中不缺少优质发展对象，但自己有一套严格的择偶标准，秉持宁缺毋滥原则，希望能够寻找心灵契合的伴侣。使用交友软件的原因：一是期望通过交友平台扩大社交圈子，寻找可能契合的伴侣；二是源于对哲学的热爱，希望通过与人交流进一步探究人性的奥秘。性格内向，对他人的信任度相对较低，在与他人建立亲密关系时显得更为谨慎和矛盾，既渴望那份深层的情感联系，又害怕可能带来的伤害。使用交友软件不到半年，虽与很多网友进行了深入的交流，但总在即将达到见面阶段时因各种考虑而主动选择停止联系。

A2：小学教师，曾在现实生活中体验过几段恋情，刚经历失恋的打击，渴望寻找新的恋情，于是决定尝试使用交友软件，希望能在平台上找到合适的发展对象。刚刚使用交友软件一个月，对陌生人交友软件的适应性较好。性格温和友好，对他人信任度较高，相信在这个虚拟的世界里也能找到真挚的感情。对通过网络发展亲密关系充满期待，坚信能够遇到与自己心灵相通的人。

A3：学生，未曾有过恋爱经验，性格较为内向。出于寻找恋爱对象的渴望，开始使用交友软件，至今已有三个月的时间。对待感情方面非常认真，对亲密关系有着较强的依赖性，努力经营着关系，期待遇到属于自己的幸福。在过去的三个月里，他通过交友软件与几位网友进行了深入的交流，其中有几个甚至达到了互动程度较高的阶段。但这些关系最终都未能进一步发展，让他感到有些受伤和失落。目前正在与一个新的潜在交友对象发展关系，进展比较顺利，正在计划见面事宜，期待在现实中进一步了解彼此。

A4：厨师，曾有过一次深刻的恋爱经历，现已单身多年。最近一个人初到一座陌生的城市，面对全新的环境和生活，感觉到有些寂寞、无聊。为了寻找心灵的慰藉和志同道合的伙伴开始尝试使用交友软件。使用初衷比较随意，希望能够在虚拟的世界里找到有共同语言、共同兴趣的朋友，也期待能够有缘发展成伴侣关系。

A5：护士，无线下恋爱经历，但有过一次网络暗恋经验，对方目前依然不知情。平时工作忙碌压力大，无暇认识异性发展亲密关系。性格内向，精神洁癖，更倾向于通过文字与陌生人交流，这种方式让她感到安全而自在。对待亲密关系的态度同样保守，希望与伴侣建立的是基于深度了解和情感共鸣的稳定关系。面对家中日益紧迫的催婚压力，开始尝试使用交友软件，希望能在繁忙的工作之余，找到一个靠谱、值得托付的结婚对象。她期待与对方进行深入的交流，通过文字探索彼此的心灵世界，为未来的亲密关系打下坚实的基础。

B1：个体老板，在现实生活中有过两段恋爱经验，对待感情极为认真，宁缺毋滥，对短期游戏式恋爱不感兴趣。使用交友软件的目的是想找到一个稳定可长期发展的对象。曾经有过一段网络恋爱的经历，与交往对象在见面前主要以语音方式互动了约两个月的时间，每天甚至长达几个小时的深入交流。虽然最终由于各种原因而分手，但这段经历让他更加明白自己对感情的认真态度。

B2：歌手，有线下恋爱和网络聊天室亲密关系的经验，但暂无交友软件建立亲密关系的经验。最初使用交友App的动机是希望找到一个能够与之建立长期关系的伴侣。但随着对交友软件的深入使用，她的亲密关系观念和态度逐渐发生了转变。

B3：企业白领，曾两次通过交友软件发展过亲密关系，其中一段已分手，一段正在持续，并且考虑结婚。使用交友软件的初衷是内心深处感觉寂寞，渴望陪伴。他对于在线交友的自我呈现和自我袒露颇有见解和心得，懂得如何在平台中展现自己的性格和内心世界，也懂得如何倾听和理解对方的想法和感受。如今，他正在享受与伴侣的甜蜜时光，同时也在反思和总结自己在交友软件上的经历。

B4：艺术家，对美有极致的追求。特别青睐图像交友，认为通过图片能够更直观地感受对方的魅力和个性。曾经通过交友软件发展出了两段恋爱关系，但最终都未能长久。在现实生活中有着丰富的恋爱经验，恋爱经验八次以上。对于交友App持有理性的态度，认为这些平台更多的是提供了一种中介服务，帮助人们扩大交友圈子，但并不能完全替代现实生活中的交往。在他看来，网络云端的互动过于虚拟，缺乏真实的情感和互动，很容易让人陷入一种虚假的情感幻想中，认为要尽可能早地安排见面。

B5：学生，有四年交友软件的使用经验，线下与网友的见面经历也比较丰富。在过去的几年里，她曾通过交友软件发展过两次亲密关系，但均已分手。

C1：交友App研发设计师，每天的工作是与网友互动交流。交友软件使用经验已有十年之久。多年的网络交友经验使他对于如何建构网络吸引力有着独特的理解，网络点赞量很高。他掌握了大量图像类交友软件的用户数据，能够从研发设计者的角度出发，为本书亲密关系的研究提供新视角。

C2：私企高管，拥有长达二十年的网络交友经验，从计算机网络聊天室开始，他就通过网络发展亲密关系。他不仅是传播媒介技术流变时代的见证者，更是其中的积极参与者。从面对面的社交方式，到计算机网络聊天室的兴起，再到移动交友软件的盛行，每一次技术的革新都为他提供了建立亲密关系的新途径。在他的网络交友历程中，有一段通过计算机网络聊天室的恋爱经验，两段移动交友软件的恋爱经验。他注重思想上的契合，使用过多种不同类型的交友软件，希望能在精神层面上找到共鸣。

C3：健身教练，性格阳光乐观，有五年的交友软件使用经验，共经历了六段恋情，其中三段是通过线下渠道认识的，三段是通过交友软件结识并发展的。这样的经历让他有了独特的视角，能够对比传统面对面交往与通过交友软件发展恋爱关系的不同之处。他可以亲身体验两种交友方式的差异，从中感受科技进步对人际交往模式的深刻影响。

C4：大学教师，有五年交友软件使用经验，通过交友软件Soul发展过一段亲密关系，并且最终两人走入了婚姻的殿堂。这段关系的构建过程充满了独特之处，双方最初是通过纯文本的方式进行沟通，彼此分享着生活中的点滴，交流着彼此的想法和感受。在这个过程中，他们并没有见过对方的真实面貌，只是通过文字来感知和了解对方。直到双方确定关系后，才互相发送了照片。她的经历为笔者提供了一个宝贵的案例，笔者希望通过她的经验分享，探究这种通过纯文本沟通方式建立的亲密关系是如何发展和维持的，以及这种方式与传统面对面交往方式相比有何不同。

C5：作家，使用交友软件七年，有过五次亲密关系经验，其中三次是通过交友软件相识并发展起来的，尤其偏爱那些能够提供丰富视觉体验的图像类交友平台。通过交友软件探探发展了一段亲密关系，并且最终结婚。两人从照片中的吸引开始，通过文字互动逐渐倾心，最终走入了婚姻的殿堂。她的经验也非常宝贵，虽然她和C4都通过交友软件找到了自己的伴侣，但二位在选择交友方式和建立关系的过程上完全不同。C4更注重文字交流，通过文字来感知和理解对方；而C5则更倾向于通过外貌吸引来开始一段关系，然后逐渐通过文字加深了解。笔者希望将C5的经历与C4进行对比，以探究文字类和视觉类交友在亲密关系建立过程中的区别。

这15位受访者根据不同的标准还可划分为以下四类：

（1）根据有无恋爱交友经验分类：无现实恋爱经验且无网络恋爱经验的；有现实恋爱经验但无网络恋爱经验的；有现实恋爱经验且有网络恋爱经验的。

（2）根据恋情次数和使用年资分类：轻度、中度、重度。

（3）根据不同类型的交友软件分类：Soul、探探。

（4）根据见网友的经验分类：无网恋经验也无见面经验；无网恋经验有见面经验；有网恋经验也有见面经验。

总结而论，以上15位受访者具备不同类别的代表性，呈现出交叉异质性特点。

三、深度访谈大纲

在精心设计访谈问题时，笔者紧扣研究问题和研究目的制定访谈提纲。访谈题目的设计是以第二章所介绍的自我呈现理论、社会渗透理论以及不确定性降低理论为依据，确保问题能够全面、深入地挖掘受访者的相关经验和观点，主要围绕四个方面展开。

第一组问题旨在从宏观视角对研究对象的交友 App 使用情况有一个整体把握，通过这些问题，笔者期望能够全面了解受访者的交友 App 使用情况，包括使用动机、媒介选择、使用习惯以及与建立亲密关系相关的经验，为后续深入分析提供丰富的素材和背景信息。具体问题如下：

1. 您在交友过程中使用过哪些媒介？这些媒介各有何特点和优势？

2. 您使用交友 App 的年资有多长？在使用过程中，您的使用习惯或偏好是否有所变化？

3. 您使用交友 App 的动机是什么？您认为这些动机如何影响了您的交友体验？

4. 您是否通过交友软件建立过亲密关系？如果有，请分享一下您的相关经验和感受。

第二组问题旨在深入探讨在线亲密关系的建立过程中哪些因素发挥了关键作用，特别是关系起始阶段的动态以及在线自我呈现策略的重要性。这组问题的设计将聚焦于关系建立的起始点，同时结合受访者的实际经验，从传播理论的角度审视移动时代下的在线自我呈现策略。具体问题如下：

5. 在决定与某人开始在线聊天之前，您通常会考虑哪些因素？例如年龄、照片、地理位置或其他？这些因素在您做出选择时的重要性如何？

6. 在您看来，什么样的自我呈现方式最能吸引您的注意？这种呈现方式为何能够引起您的兴趣？

7. 您更偏好使用哪种方式进行自我呈现——图像还是文字？您选择这种方式的原因是什么？它对您建立在线亲密关系有何影响？

8.（针对偏好视觉图片交友的受访者）在选择沟通对象时，您的主要标准是什么？什么样的照片风格最吸引您？此外，您是否会关注对方的文字介绍？这对您做出选择有何影响？

9.（针对偏好视觉匿名交友的受访者）对方是否有照片，是否会影响您与其进行在线聊天的决定？为什么？在没有照片的情况下，您是如何评估对方的？

第三组问题旨在深入剖析在线关系从陌生到亲密的发展过程中，哪些关键因素发挥了作用。笔者特别关注通过交友软件发展的自我袒露的真实性与虚伪性，以及不同传播媒介对自我袒露和社会临场感的影响。这些问题不仅有助于揭示个体性格和信任倾向对在线关系发展的影响，还能够探究媒介丰富度如何影响自我袒露的真实性和社会临场感。这些问题将帮助笔者从传播理论的角度，总结出移动时代下的自我袒露策略。具体问题如下：

10. 在与陌生人交流时，您通常持怎样的信任态度？您更倾向于无条件相信对方，还是保持一定的怀疑？您判断对方可信度的标准是什么？

11. 您喜欢怎样的互动方式？在您看来，怎样的互动能够判断双方聊得来？

12. 文字、图片、声音和视频，这些不同的沟通媒介中，您偏好使用哪一种？为什么？您认为这些媒介如何影响您与他人建立关系的深度和真实性？

13. 是什么因素促使您决定与对方见面？在决定见面之前，您通常会做哪些准备？您认为见面对于关系发展的重要性如何？

第四组问题将着重于受访者对移动交友软件的评价，以及这些软件如何影响他们的爱情观，从而揭示传播媒介与人类情感之间的紧密联系。这些问题将帮助笔者了解受访者对交友App的接受程度、使用体验以及它们对个人爱情观的影响。同时，通过分析受访者的回答，笔者可以勾勒出交友App如何塑造新时代的亲密关系图景，并基于传播理论对这一现象进行深入的阐释和分析。最终，这些研究结果将为交友软件用户和开发者提供有价值的指导建议，帮助他们更好地理解和应对移动交友时代带来的挑战和机遇。具体问题如下：

14. 使用交友 App 后，您觉得它对您的爱情观带来了哪些变化？它是否改变了您对爱情的期待、认知或行为方式？

15. 您如何评价交友 App 在帮助人们建立和发展亲密关系方面的作用？请从多个角度（如便利性、效率、真实性等）进行评价，并分享您的具体体验和观察。

第三节　研究程序

一、研究前期：参与式观察和体验

Miller 和 Slater（2000）强调，即使是在网络虚拟民族志的研究环境中，研究者针对特定的案例进行参与观察依然是进行民族志研究的基础。有研究者质疑，由于网络匿名虚拟沟通的语境缺乏真实面对面的非语言社交线索，研究者无法知道屏幕那端受访者的真实情况，因而可能会影响研究的可信度。鉴于此，网络学术研究者不应该被定义为传统意义上的"参与观察者"（Sadebeck，2008），而用"参与体验者"更为合适。两者的区别在于：观察者是被动的，而体验者是真正融入所要研究的群体中，做到扎根于田野。因此，参与式观察法的研究重点在于以局内人身份对于研究目标群体的理解，只有充分理解了研究目标群体的心态和行为，才能够诠释意义，而参与体验足以证明研究者对所研究群体而言的积极贡献（Garcia et al.，2009）。

二、研究中期：深度访谈

有学者将网络虚拟民族志研究比喻成"安乐椅上的人类"，认为这种没有真正参与实践的学术研究，必然导致研究的狭隘，不足以真正了解研究的全貌。因此，为了使研究可以更好地全局性立体化地把握社会现实，除了在网络虚拟田野中进行参与观察和在线访谈，理论上还应开展线下的观察和访谈（卜玉梅，2020；Carter，2005）。本书的访谈工作分为线下访谈和在线访谈两种方式。后期转为在线虚拟采访是基于对研究可信度的考虑，鉴于研究的特殊性，交友亲密关系经验本就属于个人隐私问题。根据笔者过往的线下采访经验，在实际的访问过程中，面对面采访由于受时间、地点、环境、心情等语境的压力影响，受访者均表现出了一定程度的紧张，存在粉饰答案和言不由衷的情况，后期线下见面采访了30位网友，采访到的答案偏向于同质化。

因此，为保证本书的真实性和可信度，后期的访问均以网络线上匿名采访为主。研究采用半结构访谈法收集数据，这样既可以保障访谈围绕研究主题顺利进行，也能照顾到受访者的情绪和反应，让受访者感觉到充分的信任和放松。访谈时间一般要求尽量照顾到受访者的工作、学习和娱乐的方便。且访谈时间不宜过长，恐打扰到研究对象，对单个受访者的访谈次数不宜过多。初次见面，如安排在过分安静的环境会造成双方互动的拘谨和尴尬，不利于受访者袒露心扉自在分享，所以访谈地点尽量安排在相对安静的咖啡厅，以方便录音。总结而论，从研究方法来说，本书采用参与式观察和体验，以及线上线下深度访谈双重结合，通过与网友的深度交流对话，以期得到被研究对象更为全面的交友历程。

三、研究后期：资料分析

（一）参与观察和体验的资料收集

参与式观察法是一种定性的社会研究方法，它要求研究者深入研究对象的生活环境中，以一种参与者的身份与他们互动，通过直接观察和倾听来了解他们的行为、心理、态度和文化。参与式观察法可以让研究者更真实地体验和理解研究对象的生活世界，发现一些隐藏的或难以用其他方法获取的信息。网络媒介议题是一个复杂的研究，网络访谈存在一些技术性难题，可能会影响数据的真实性和质量，因此通过网络参与式观察法可以更好地支持和加强访谈研究，接触到其他难以接触的群体（Joinson，2005；Madege and O'Connor，2002），增加访谈者的坦率程度和信息效度。但在线社交网络比其他社会调查更不容易实现之处在于，它需要通过抓取在线社交网络中的数据，但获得本人的同意几乎是不合理的，或者是不可能的（Hogan，2008）。因此，本书通过截图的方式记录被观察对象匿名发布在交友平台 Soul 中的静态文本进行分析，确保匿名性和保密性以及研究有效性并符合学术伦理规范。

（二）深度访谈的资料收集

1. 线下访谈资料收集

本书始终恪守学术伦理的严格标准。在选定采访对象之前，前期深入观察并与之互动，以确保研究的针对性和有效性。在正式邀请受访者之前，笔者详尽地阐述了本书的目的和意图，确保受访者对此有清晰的认识。随后，邀请每位受访者签署知情同意书，以保障其权益和研究的合法性。线下访谈于 2018 年 12 月 23 日正式启动，全程采用录音方式进行记录，以确保信息的准确性和完整性。访谈结束后，立即将录音内容转录成逐字稿。通过严谨的流程，力求获取全面、真实的研究数据，为研究的深入分析提供坚实基础。

2.线上访谈资料收集

在研究初期，笔者首先以网友的身份与潜在受访者进行了一个月的互动交流，以确保在受访者中建立起自然的沟通氛围。随后，笔者向受访者明确表达了研究目的，并在获得受访者同意后，通过网络通信设备发送知情同意书文件。受访者签名后，将签署的PDF扫描文件发送回笔者并留底，以确保整个过程的透明度和合规性。在线访谈主要通过网络实时聊天工具（如交友App、微信）进行，访谈时长根据受访者的个人情况而定，通常在半小时至1小时之间。访谈方式灵活多样，既可以基于文字进行访问，也充分考虑到了受访者的便利性。如果受访者不方便打字，笔者则采用向受访者发送语音的方式，并在后期将语音内容转化为文字形式，以便于后续的数据分析。网络在线访谈过程中，笔者采用截图的方式保存了访谈文档，以确保数据的完整性和可追溯性。待所有采访工作结束后，笔者对收集到的15位受访者的内容，依据研究主题进行了抽取式分析，旨在从丰富多样的数据中提炼出有价值的洞察，并最终达到抽取足量样本量以支持研究结论的目的。

（三）数据的分析流程

本书采用扎根理论所提出的分析程序为研究依据。Strauss和Kaobin（1990）将扎根理论的分析程序概括为：开放式编码（open coding）、关联式编码（axial coding）、选择式编码（selective coding）。我国学者陈向明（2001）将其概括为：一级编码（开放式登录）、二级编码（关系型登录）和三级编码（核心性登录），本书以该命名方式为基准进行分析。

第一阶段：开放式编码。它是指对访谈数据的词句和片段进行概念化、抽象化。它既可以是受访者使用的生动、鲜明的词语，也可以是研究者从访谈文本数据的阅读中自行提炼出的抽象性名词或概念（孙晓娥，2011）。在第一阶段，要求研究者秉持一种开放包容的心态，暂且将个人偏见和假设都抛开，做到"既什么都相信，又什么都不信"（Strauss，1987）。在提问时，要牢记自己的半结构式问题，同时也要保留空间允许访谈过程中受访者不断冒出新鲜的问题（陈向明，1999）。研究者把采访到的数据以做笔记的形式，尝试将受访者描述的现象概念化。

第二阶段：关系型编码。如果说开放式编码的意义在于"提炼概念"，那么关系型编码的目的重在厘清各个概念之间的关系，通过对概念之间关系的反复思考和分析，整合出更高抽象层次的范畴，并确定相关范畴的性质和维度（孙晓娥，2011）。这些资料中提取的概念可以表现为因果关系、时间顺序关系、语义关系、情境关系、相似关系等。研究者尝试综合几位受访者反复提到的重复性概念，努力找出其中的关联性。

第三阶段：核心性编码。陈向明（1999）将这种核心性编码的操作过程比作渔网拉线，认为核心性概念必须在其他概念中起到总领作用，核心性概念应该具备如下特征。首先，核心性概念必须占据中心地位；其次，核心性概念在研究资料的访谈过程中被受访者反复提到，最大频率出现在原始数据中；最后，核心性概念必须很容易与其他概念产生联结，而且这种关联关系不应该牵强附会，而应该非常自然地联系彼此，从而形成一个更为丰富的内容象征。研究者尝试把先前总结的概念以及概念之间的关系串联起来，进行有层次的阐释，最终建立理论框架。

第四章

用户心理探究：

人们为何使用移动陌生人交友App？

随着社会的快速发展，传统的熟人社交模式已经无法满足当代年轻人多样化的社交需求。在这样的背景下，线上陌生人交友 App 应运而生，并迅速成为年青一代构建新关系的重要渠道。根据 Soul 研究院发布的《2024 年社交趋势洞察报告》数据显示，高达 45% 的年轻人通过线上结识网友来拓展自己的社交网络。本章中，笔者根据参与式观察和深度访谈，深入分析移动陌生人交友 App 用户的使用动机。

第一节　实用性诉求：便捷沟通

在现代社会中，便捷沟通是人们日常生活中的一项基本需求。从传播技术的视角来看，移动交友 App 带来了前所未有的社交变革。地理定位技术的引入，使"即刻沟通"成为可能，这是过去任何社交形式都无法比拟的一大进步。它彻底改变了人们建立亲密关系的方式，使得社交不再受地域限制，随时随地都可以进行。在移动陌生人交友 App 的时代，以照片、虚拟化身和视频为特征的社交形式成为主流，这也标志着第二代 CMC 的到来。以胡春阳（2017）为代表的学者用第二代 CMC 来指代以照片、虚拟化身和视频为特征的移动交友时代。然而，随着技术的不断发展，移动交友 App 所代表的社交形式已经超越了传统的 CMC 范畴。笔者认为，如若继续沿用 CMC 显然已不再合适，它们是基于手机这一便携设备展开的中介化传播，即手机中介传播（mobile phone mediated communication，MMC）。这种传播模式赋予了用户更多的灵活性和自主性，使社交变得更加个性化和即时化。因此，笔者接下来将用 MMC 指代移动陌生人社交时代的亲密关系。

MMC 模式使得沟通不再受时间和地点的限制。在 MMC 模式下，移动交友 App 创造了一个全新的网络空间。这种空间具有高度的灵活性，用户可以根据自己的需要随时加入或退出不同的社群。同时，由于手机的普及，这种社交形式也变得更加普遍。受访者均表示，沟通便利是人们使用移动交友App的一个重要原因。

交友软件是一种很简便很安全的接触了解渠道，你随时都可以联系，也不需要特意准备。现实中如果想认识一个人会很麻烦，需要花费很多心思，因为现实的朋友需要考虑对方方便社交的时间，但是网上交友就不用考虑那么多，只要有空闲时间，随时都可以交流。（A1）

可能是因为在现实生活中得不到我想要的，所以我会寄希望于网络。又或者是因为，在现实生活中，我一直觉得跟别人社交很麻烦很困难，所以就会依赖网络渠道。（B2）

以上两位受访者都提到了社交麻烦的问题，两位的分享反映了MMC模式的核心优势在于其即时性和便携性。随着传播科技的发展，人际沟通的方式和效果发生了显著的变化。我们可以从FTF、CMC到MMC的演变过程中，看到技术对人际沟通的影响。FTF情境下建立亲密关系往往需要频繁的现实接触，且受限于双方能够同时出现在同一地点的条件，需要提前安排和准备，这在某种程度上限制了社交的灵活性和便捷性。

随着CMC的兴起，人们开始通过计算机中介进行异步传播。这种传播方式为用户提供了更多思考和组织信息的时间，使得沟通内容更加丰富和深入。CMC虽然突破了社交地点的限制，但仍然无法做到随时随地开始沟通，因为它把人固定在了特定位置。异步传播也导致了信息交换的时间延迟，单靠语言文字的互动无法及时观察到对方的回馈，所能传递的信息非常有限，这在一定程度上影响了沟通的效果。因此，CMC的在线人际关系互动表现出不定时不定量的特点，这也导致了CMC在建立亲密关系方面通常需要更长的时间。

而现如今，移动交友App通过MMC模式，利用手机的便携性，克服了以往社交方式的这些缺点。手机作为便携设备，用户可以随时随地通过移动交友App与他人进行联系。这种即时性使社交不再受时间和地点的限制，人们可以在任何时刻、任何地点建立新的联系或维持现有关系，极大地提高了社交效率，也丰富了人们的社交体验。可以说，移动手机 MMC 社交模式不仅继承了面对面 FTF 传播和计算机中介化传播 CMC 的优点，更是对二者进行了优化整合。它既具有同步传播的功能，允许双方实时互动对话，如语音或视频通话，同时也具备异步传播的特点，允许用户根据自己的时间和心情灵活组织信息，进行文字沟通或留言。MMC 为人们提供了一个自主选择的选项，个体可以主动选择"在场"，也可以主动选择"离场"，这种灵活性使得 MMC 模式下的社交更加自然和舒适。

综上所述，在现代社会，对于许多年轻人来说，传统的社交圈子可能过于狭窄，无法满足他们对于结识新朋友、拓宽视野的渴望。在线陌生人交友 App 提供了一个打破地域限制、跨越行业壁垒的平台，人们可以通过这些 App 轻松地与来自不同背景、不同领域的人进行交流，结识新朋友，扩大社交圈，满足自己的社交需求。这种即时性和便携性极大地提高了沟通的效率，满足了人们在快节奏生活中的沟通需求。

第二节　情感性诉求：满足缺失

情感性诉求指的是用户希望通过平台寻找情感上的共鸣、支持和陪伴。这种诉求本质上属于感性诉求，通常源于人类天生在情感、直觉、经验等方面的需求，人们渴望与他人建立深层次的情感联系，分享自己的喜怒哀乐，以及在困难时得到安慰和帮助。交友 App 既是青年群体进行社会交往的参照点，又是其抒发情感、宣泄情绪、表达观点的主要工具。在交友 App 中，情感性诉求可能表现为用户倾向于寻找能够理解自己、与自己有共同语言和价值观的人。他们可能通过文字、语音、视频等多种方式与他人交流，以建立这种情感联系。

在现实生活中，人们可能由于各种原因感到孤独、寂寞、压力重重，而在线陌生人交友 App 提供了一个相对匿名、安全的空间，让他们可以敞开心扉，分享自己的情感和经历。通过与陌生人的交流，他们可能找到与自己有相似经历或共同兴趣的人，从而获得情感上的支持和共鸣。这种支持和共鸣有助于缓解他们的孤独感，从而得到情感上的支持和陪伴。

有时候也会觉得有些孤单，没有人和你聊天，所以才开始使用交友软件，也是想找一个寄托。（A2）

我想要认识新的人，比如说我因为失恋，所以想找一个新对象，或者是心灵伴侣，当我空虚无聊的时候可以有一个对象跟我聊天，我需要有一个抒发感情的对象。（B2）

我最开始使用 Soul 的原因是被其长长的标语所吸引——"不开心就来 Soul，来 Soul 遇见更懂你的人。"现实生活中的我们并不孤单，因为有效和无效的社交占据了每个人的大部分时间。有饭搭子，有逛街搭子，有聊天搭子，还有每天忙不完的工作和加不完的班，却还是发现内心依然是孤独的，快乐和知己好像是人生的奢侈品，所以来到这里想找个自认为同频的人相互诉说，引起共鸣，但真正懂你的人，哪怕只字不提，也胜过其他人的千言万语。（Soul 匿名参与观察文本）

我认为生命中的知音，只是可遇而不可求罢了。无论遇见的时间是对是错，还是遇见的人是对是错，缘来缘去会有回忆，不抹掉相遇，也不停留在过去，毕竟人终归要回归现实回归生活，而现实生活中的我们，面具戴久了，连自己也分不清。（Soul 匿名参与观察文本）

如今，Soul 开发了很多匿名社交功能，例如蒙面小酒馆、匿名瞬间等，精准把握用户的情感诉求。几位使用 Soul 的用户均谈到，交友软件的树洞功能是促使大家留下来的原因。

事实上，生活中开心的事可以发在微信里，但是伤心的事可以写在

Soul 里。因为微信里有家人、亲戚、朋友,而 Soul 除了自己就只有陌生人,不用担心谁会影响谁,可以尽情地抒发自己的情绪,在这里成为自己灵魂的摆渡人。(Soul 匿名参与观察文本)

大部分人喜欢在 Soul 还是因为觉得孤独,有心事没地方说。很多人嘴上说着不在这里找对象,就是来看论坛的,看到别人线下交往的时候,心里还是会希望能够遇到一个聊得来的人。因为你在受到委屈的时候,有一大堆心事的时候,你可能会找不到真心愿意倾听你诉说的人,抑或是害怕向朋友倾诉会受到嘲笑,所以很多人找我聊天都是把我当树洞来进行吐槽。(Soul 匿名参与观察文本)

在这种背景下,陌生交友软件的匿名性特点为人们提供了一个宣泄情感的出口。通过陌生交友软件,人们可以摆脱熟人社交圈的束缚和压力。在这里,人们可以放下面具和生活中的社会外界压力赋予的"应该我"角色,尽情释放率真基于生命个体原动力的"现实我"。分离的时空和缺失的线索反而能促使人们袒露真实的内心,自由地表达自己的情感和想法。这些软件中的树洞功能为人们提供了一个安全、私密的空间,让他们可以倾诉内心的烦恼和痛苦,寻求情感上的支持和安慰。也有很多网友把瞬间当作个人心情日记的记录,就像以前的博客一样,并不在意受众是谁,也不需要有人理睬,这种倾向于个性化的自我叙事与情感表露是树洞的另一种形式。树洞只会默默地倾听,不会对倾诉者的心声进行评价或给出建议,这可以让倾诉者感到更加舒适和放松。

此外,陌生人社交软件还可以逃避社交压力,缓解社交焦虑。正如 Horn Elizabeth 等(2017)所言:"当青年群体沉浸于网络媒介所建构的虚拟世界时,上网时间取代了人与人之间的互动,则对现实生活中的社会交往有种恐惧心理,从而逃避社会交往。"在移动互联的网络时代,沉浸在网络虚拟世界的年轻人容易患上"失语症"和"社交恐惧症",具体表现为口语交际能力逐渐退化,害怕当面社交。受访者表示,如果在现实生活中遇到感觉不错的异性,大多数情况是会担心给对方造成困扰,同时也担心自己的主动示好被拒绝而尴尬。因此，即使偶遇动心也不敢主动追求，而移动陌生交友 App 则像一个网络世界里的桃花源，让人们回避社交恐惧，逃离当面社交的压力。

我觉得交友软件还是不错的，在现实中直接认识女生压力很大，有的时候想交流一下，可能就得考虑是不是打扰到别人了，但是交友软件就把正好有需求的这些人聚集在一起了。（A1）

在网络上和在现实世界相比，在网络上我会更主动，现实生活中就不会，因为现实生活中我会害怕给别人造成困扰。比如，你逛街发现想要交流的女生，如果直接说"姑娘，我想认识你"，就会觉得很奇怪吧。我是觉得交友软件很舒适的一点是，在网络上你不需要立刻就给我答复。（C1）

我使用 App 的原因可能就是觉得我需要有感情生活，但是我不能看到很喜欢的男生，就去要电话，对方可能会觉得我很肤浅。在现实生活中，可能没有办法真的按照我心里所想的去做，但是在网络上会比较容易。（B2）

从受访者的分享可见，计算机中介的 CMC 和移动手机中介的 MMC 这两种中介化传播方式，突破了传统人际关系的发展模式和进程，绕过了社会渗透理论所强调的外部社会标签，更为直接地触及人们的内心世界，从而有助于促进情感上的亲密性。这种新型的社交方式无疑为现代社会的人际交往带来了新的可能性。尤其是对于那些在现实生活中可能表现得相对内向或腼腆的人来说，网络交友提供了一个理想的平台。他们可以通过计算机或手机，在中介化的社交环境中进行更为自如的交流。这种交流方式基于线索过滤机制，使得人们能够选择性地展示自我，选择最适合自己的交友软件，进而有效地避免社交焦虑，减少可能导致印象减分的因素，提升个人魅力。此外，中介化社交还能减少面对面交流时可能产生的恐惧感和自我意识的混乱。这种环境使人们更容易表达内心深处的思想感情，有助于在人与人之间建立更为亲近的关系。

第三节　功利性诉求：扩展社交

功利性诉求是指移动陌生人交友 App 用户在认知、逻辑和思考层面，以解决实际问题、实现目标为目的而进行的网络社交行为。传统的社交模式往往局限于地缘、业缘和血缘，这样的圈子虽然稳固，但往往难以满足青年人对新鲜感和多样性的追求。线上陌生人交友 App 则打破了这种局限性，为用户提供了一个更广阔的社交空间。无论是兴趣爱好、文化背景还是职业领域，年轻人都能在这些平台上找到与自己志同道合的伙伴，从而满足他们多样化的社交需求。

一、寻找异性伴侣，探索未知情缘

青年群体的情感焦虑是一个复杂的问题，它涉及多方面的因素。一方面，随着社会的发展和文化的变迁，传统的婚姻观念和家庭角色正在发生改变，青年人对于自由和个性化的追求越来越强烈，他们不再把婚姻视为人生必修课，更为注重内在精神的匹配和自我价值的实现，因此更希望顺其自然地发展感情，这导致了许多人迟迟未能走上婚姻的道路。另一方面，社会压力和家庭期望也加剧了青年群体的心理负担，导致了许多人对于婚姻感到焦虑和不安。他们面对家庭安排的传统式相亲展现出社交恐惧和消极抗拒心态，但由于生存压力大，工作繁重，根本没有邂逅缘分的机会。所以，他们只好通过网络渠道积极拓展社交圈子，增加结识新人的机会，试试看能否遇到心目中的理想伴侣。

在传统的交友方式中，人们往往受限于地域、社交圈子等因素，难以结识新朋友。而交友 App 的出现，实现了跨地区、跨时空交际，媒合与匹配在现实生活中一直苦苦寻觅却无缘认识的人，实现"有缘千里来相会"的交际目的，为人们提供了扩展爱的契机。从这个意义来说，交友 App 有助于启动人们在现实生活中可搭建但尚未启动的人际关系，为亲密关系破圈发展提供了可能性。探探推出了"擦肩而过"功能，用来制造陌生人之间的浪漫：系统为用户推荐在一天内与自己经过相同地点的人，彼此还可以看到曾经擦肩而过的地点与次数。次数越多，说明生活圈子越相近，重合度越高。在线社交时，一个距离你 500 米和距离你 500 千米的异性对你的吸引力是完全不同的。

现实中圈子比较固定，网络接触的会相对丰富一点，可能会遇到你平时根本就不可能有交集的人，因为现实中遇到的总是不能达到我理想的标准，所以我想拓宽一下社交渠道，试试多一些接触人的机会。（A1）

实体相亲一场最便宜也要一千元，一场可能只能看到十个女生，你大概率不喜欢那十个女生。再者，人家要喜欢你，你也要喜欢人家的概率又很低，可能是百分之一，甚至是万分之一。所以网络上交友的优点就在于方便、实时、多选择，而且成本低，你只需要下载并注册使用，其成功概率是远高于传统认识的。（C1）

在技术的赋能下，移动交友 App 不仅为现代人提供了便捷的社交方式，更在深层次上改变了人们对亲密关系的理解和追求。这一转变不仅体现在行为的便捷性上，更在于人们在观念层面对亲密关系态度的根本性变革，它帮助人们从"被动接受"到"主动追求"，提升了追求伴侣的主观能动性。研究发现，新时代的青年女性对性别平等的亲密关系怀有更高的期望和憧憬。交友软件通过平台赋权的方式，重新定义了两性交往的场域，极大地提升了女性在网络交往中的主体性和自主权，使青年女性在网络交友实践中越发重视自身的主体性。这一变化不仅体现了女性对平等、尊重和自主的追求，也展示了数字时代女性赋权的新路径。正如受访者所言：

我们生在这个时代是很幸运的，虽然生活很辛苦，但我们多了很多选择，我可以交往不同的人，以前爸妈帮你配对，那种时代就算我每天无忧无虑的生活，我也不会快乐，我觉得那不是我要的生活。（C1）

传统的社交观念中，人们往往倾向于被动地等待爱情的到来，认为缘分是天定的，无法主动寻求。然而，随着移动交友 App 的普及，这种观念正在被逐渐打破。这些平台通过算法匹配、实时互动等功能，使得个体能够更加积极地参与到寻找伴侣的过程中，从被动接受变为主动出击。这一转变的背后，是人类社会经济水平整体提升所带来的结果。随着物质生活的丰富，人们开始追求更高层次的精神和情感满足。因此，对于亲密关系的选择，人们也变得更加主动和挑剔。

移动交友 App 的出现，正是迎合了这种变化。它们通过提供各种功能和服务，帮助用户更加精确地定位自己的需求，从而找到与自己心灵契合的伴侣。在这个过程中，用户不再是被动的接受者，而是成为积极的参与者，能够主动表达自己的意愿和需求，与潜在的伴侣进行深入的交流和互动。这种从被动到主动的转变，不仅提升了人们追求伴侣的主观能动性，也使得亲密关系的构建变得更加高效和精准。移动交友 App 通过技术手段，帮助人们打破了地域、时间等限制，让更多的人有机会相遇、相识并最终走到一起。从更深远的角度来看，移动交友 App 的出现也为人类积极勇敢地探索亲密关系作出了贡献。它们鼓励人们勇敢地走出自己的舒适区，去尝试新的社交方式，去接触和了解不同的人。这种勇气和探索精神，正是构建健康、稳定的亲密关系所必需的。

二、搭子趣缘社交，扩展社交网络

2023 年，年轻人的社交话题中涌现出一股新的潮流——搭子社交。搭子社交的广泛流行，表明了年轻人对有趣、创意的社交活动的热爱。搭子社交，是指陌生人因某种共同需求或兴趣而结成的社交关系。"搭子"一词最早可追溯到 19 世纪末的德国柏林，彼时的城市中经常举办以共同兴趣为基础，以辩论、谈话为形式的小型沙龙，是"搭子社交"的原型。

在快节奏的互联网时代，搭子社交作为一种新型陪伴方式，正逐渐渗透年轻人的日常生活。无论是话搭子、饭搭子、旅游搭子还是运动搭子，这种基于共同兴趣和需求的社交形式，以其灵活、便捷的特点，受到了广大年轻人的喜爱。话搭子，就像是互联网时代的"灰姑娘"，总是在需要的时候准时出现。无论是闲聊娱乐八卦，还是深入探讨人生哲学，话搭子都能陪伴左右，让人们在忙碌的生活中找到一丝慰藉。当不需要时，他们又能迅速消失，不打扰彼此的生活节奏。饭搭子，是那些与你口味一致、合作默契的伙伴。一个简单的眼神交流，就能读懂对方内心的想法，迅速敲定今天的美食之旅。旅游搭子有共同的目的地偏好、相似的消费观、同等的脚力与体力，以及对旅游的热情，随时说走就走。与旅游搭子一起出发，不仅能避免独自旅行所带来的孤单和不便，还能在旅途中结交更多志同道合的朋友。运动搭子，是那些有着相同体力和锻炼目标的伙伴。他们与你一起挥洒汗水，相互鼓励、监督，让运动变得更加有趣和有效。与运动搭子一起锻炼，不仅能保持身体健康，还能在运动中收获友谊和快乐。

寻找旅游搭子，男女不限，希望最好是武汉的大学生。本人喜欢性价比拉满的特种兵旅游（有商量余地），最近的想法是去泰国或者日本穷游。本人女生，会化妆、拍照、修图、做旅游攻略，热爱社交，可以解决旅途中所有的沟通问题。（Soul 匿名参与观察文本）

这里是南京找搭子社交聚集地，成员有两千名以上，每周更新搭子信息和活动信息，探店、拍照、爬山、骑摩托车、游泳、学习、考研、吃饭等各种搭子都可以，成员男女比例基本对半，无须任何条件即可加入。（Soul 匿名参与观察文本）

应青年群体的社交需求，移动交友 App 提供了趣缘社交模式，大量青年用户成为其拥趸。趣缘社交模式通常表现为各种主题的聊天室、兴趣小组、话题讨论等。用户可以根据自己的兴趣和需求选择加入不同的社交圈子，这些 App 通常会提供各种社交工具和功能，如实时聊天、语音消息、动态发布等，以帮助用户更好地与他人进行交流和互动。这种多维度的趣味社交的优势在于快速媒合的能力，它能够让具有相同兴趣的用户快速聚集在一起。持续分化的社交应用深度地迎合了各个群体的内在要求，用户黏性在同一社交聚落的互动中得到显著增强。这种社交方式强调个体之间的互助和合作，通过共享资源、分摊成本等方式实现互利共赢。

当下，"搭子"被赋予另一种含义：一种新型垂直社交关系，浅于朋友，重于同事，主打垂直细分领域的精准陪伴。与上辈人的礼尚往来、人情世故不同，当下的搭子社交被视为一种无压力社交。聚时彼此陪伴，散时保持独立，让人有更多的自主选择权和自由空间。相较于传统的社会关系以地缘、血缘、业缘所建立的交往模式，趣缘交友打破了上述种种枷锁。由于亲缘、血缘关系都是无法选择的强社会关系，但并不一定产生强关系情感连接。而基于兴趣与爱好发展的关系却是互动性更强、更为稳固的强情感连接的关系。这种新型交往形态使得最初以强关系为主导的传统社交情景逐渐走向弱化。

我觉得搭子社交是一种不需要特意维系的实用性友谊。人就是非常矛盾的个体，我们渴望搭子、寻求搭子，需要陪伴，却又极力维系边界。想要获取愉悦，但又不想耗费过多心力。事实上，这背后是越来越多的人对亲密关系另一面的反思。人际关系越来越复杂、越来越黏稠，这也意味着边界感的模糊、个人空间的让渡。面对生活与工作的压力，如果情感更多地成为一种羁绊，甚至是一种消耗，也就不免让一些人总结出一些人与人的相处之道，就是既不能太近，也不能太远。（C5）

搭子社交的兴起，反映了年轻人对于社交的新需求和新期待。由于生活节奏快，生活压力大，他们渴望在忙碌的生活中找到一种轻松、自由的社交方式，与志同道合的人一起分享生活的点滴。搭子社交正好满足了这一需求，它能够在人们需要的时候找到陪伴，而在不需要的时候又能保持独立和自由。这种和陌生人建立起的现实"联结"，是基于共同需求的主动选择，且自带某种心照不宣的边界感。年轻人越来越钟爱搭子，其本质是一种人际关系的简化和提纯，在满足社交需求的同时，淡化了需要付出的时间和情感成本。与此同时，搭子社交也反映出年轻人对个性化和多元化的追求。他们不再满足于传统的、单一的社交方式，而是希望通过搭子社交来拓展自己的社交圈子，结识更多有趣的人。这种社交方式不仅能够帮助他们丰富自己的生活体验，还能够提升他们的社交能力和人际关系处理能力。

综上所述，当代青年选择在线陌生人交友 App 的动机是多样化的，既有社交需求的多元化、便捷高效的交友体验、寻找亲密关系等现实因素，也有寻求情感支持、缓解精神压力、探索未知世界以及追求自我展示和认同感等心理层面的需求，这些因素共同构成了他们在线交友的动力和期待。

本章小结

本章主要探讨了当代青年使用在线陌生人交友 App 的动机。通过对这一现象的深入分析，我们可以发现，当代青年选择陌生人社交软件的动机是复杂而多元的。

首先，扩大社交圈子是许多青年使用这些应用的核心驱动力。随着生活节奏的加快和工作压力的增加，青年们越来越难有机会在现实世界中扩大自己的社交范围。在线陌生人交友 App 的出现，打破了地域、职业、兴趣等方面的限制，让青年们可以随时随地接触到来自五湖四海的新朋友，从而极大地扩展了他们的社交圈子。

其次，便捷性和效率是青年们选择在线交友的重要因素。相比传统的社交方式，这些应用提供了更加便捷、高效的交友途径。青年群体只需在手机上轻轻一点，就可以与成千上万的人进行交流和互动，无需再为寻找合适的社交场合和人群而烦恼，进一步提高了交友效率。

最后，寻求情感支持和陪伴是年轻人选择在线交友的重要原因。在现代社会中，青年群体面临着来自学业、职业、家庭等多方面的压力和挑战。在线陌生人交友 App 为他们提供了一个可以倾诉心声、寻求情感支持和陪伴的平台。通过与他人分享自己的经历、感受和需求，青年们可以获得情感上的支持和安慰，减轻心理压力和孤独感。

第五章

颠覆与重塑:
移动陌生人交友App亲密关系变迁

第一节　传统面对面社交时代的亲密关系景观

家庭在中国社会中扮演着基本细胞的角色，它是社会结构的基础单位，承载着丰富的功能和意义。而亲密关系则是家庭稳定的核心要素，它关系到家庭成员之间的情感连接、相互支持和信任。以前，中国的家庭在社会结构中占据着举足轻重的地位，具有多元且丰富的功能。这一点在费孝通（2007）的《乡土中国》中得到了深刻的揭示。书中指出，在中国的传统社会中，家庭不仅是一个生育和抚养孩子的场所，更是一个承载了政治、经济等多重功能的综合组织。家庭在社会结构中占据着核心地位，是连接个人与社会、个体与集体的重要纽带。这种家庭功能的丰富性和多元性，体现了中国传统社会的独特性和复杂性。

首先，家庭作为生育和抚养孩子的场所，承载着传宗接代的重要使命。在传统观念中，孩子是家庭的未来和希望，通过生育和抚养，家庭得以延续和传承。其次，家庭在政治方面扮演着重要的角色。在传统的封建社会中，家庭是国家政治体系的基础。家长作为家庭的核心，不仅负责家庭内部的日常事务，还常常参与到乡村或社区的政治活动中，如参与地方治理、代表家庭参与选举等。家庭成为连接个人与国家之间的桥梁。最后，家庭在经济方面也发挥着重要的作用。在传统的农耕社会中，家庭是主要的生产单位。家庭成员共同劳动，共同分享劳动成果，形成了紧密的经济共同体。同时，家庭也是储蓄和消费的重要场所，家庭成员通过共同的努力和积累，为家庭的未来发展打下基础。

在中国的传统家庭中，家庭被赋予了丰富多样的功能，如同一个综合性的事业单位。在这样的家庭结构中，纪律和规矩起着至关重要的作用，以确保家庭各项事务的顺利进行。相比之下，感情在很多时候并不被视为首要因素，有时甚至需要为纪律和规矩让步。这种家庭模式，男女角色分工明确，且相对严格，导致家庭内部的主轴更多地集中在代际之间的互动。因此，在这种情境下，夫妻之间的感情并不是维持家庭稳定的主要力量。

然而，随着新中国的成立和社会制度的变革，中国人的价值观和生活方式发生了显著变化。个体开始从家族束缚中解脱出来，这一转变使人们在婚姻和爱情上获得了更多的自主权。与此同时，集体化劳动和妇女地位的提升也使得传统的男女有别的社会分工受到了挑战。男女共同参与劳动、学习、会议和各种社会活动，为社会交往提供了更广阔的空间，也为爱情的萌生和培养创造了条件。这种社会变革不仅在大户人家中有所体现，即便在乡村地区，夫妻之间的感情也逐渐受到重视。与过去相比，现代夫妻间的感情更加深厚，家庭关系的稳定性也在很大程度上依赖于夫妻之间的情感纽带，这一转变反映了中国社会在婚姻和家庭观念上的重大进步。

随着对集体的认同和对家族的分离，人们在选择伴侣时，开始更加注重对方的个人性格与素质，而非家庭的社会地位。这一转变使人们在社交中更加看重对方是否可靠，因为这意味着在交往中不需要花费过多的社交成本。在集体化生活中，许多原本由家庭承担的功能被集体所取代，使建立家庭的动机变得相对简单。尽管生产力的发展提高了物质生活水平，但由于社会阶层的扁平化和普遍的贫困，物质在衡量婚姻时并未占据至关重要的地位。这一系列的结构性变化共同促成了当时爱情的纯粹化。

可以说，在传统面对面社交的时代，人们秉持着一种较为纯朴的亲密关系观念，这种观念深受当时社会规范和道德标准的影响。这些社会规范和道德标准在很大程度上塑造了人们对亲密关系的理解和期待。例如，忠诚、诚实和尊重等价值观被视为维系亲密关系的重要基石。人们普遍认为忠诚是对伴侣的专一和坚守，诚实是在交流中的坦诚和真实，而尊重则是对对方意愿、需求和感受的重视。这些价值观在亲密关系的建立和维护中起到了至关重要的作用。

在那个朴素、慢节奏的时代，婚姻往往是由家庭安排和媒人介绍的，这种方式在很大程度上决定了人们的伴侣选择。在这种背景下，亲密关系的建立和发展往往伴随一系列的仪式和传统习俗，如相亲、订婚、结婚等，这些仪式和传统习俗在一定程度上增强了亲密关系的稳定性和严肃性。这种家庭和社会因素介入的亲密关系，虽然在一定程度上限制了个人自由选择的空间，但这样的相识方式使得双方在初次接触时就已经有了一定的了解和信任基础，也为人们提供了一种相对稳定的婚姻关系。

在相识之后，如果彼此符合眼缘，男女双方会通过面对面的沟通交流来进一步了解对方。这个过程往往需要花费相当长的时间，因为面对面的交流和互动是建立亲密关系的重要部分。与传统的在线交流或书信沟通相比，面对面的交流具有独特的优势，能够更直接、深入地传达情感和思想。通过直接观察对方的表情、动作和声音，人们可以更容易地判断对方的诚意和可靠性，从而建立起更坚实的信任基础。如果彼此互有好感，双方可能会开始每天固定约会，通过共同经历和深度交流来增进了解。深度对话和分享是亲密关系中至关重要的部分，深度对话和分享意味着双方愿意敞开心扉，诚实地表达自己的感受、需求和想法。在这个过程中，双方会逐渐发现彼此的喜好、习惯、价值观、人生目标等是否契合，从而决定是否要进一步发展亲密关系。在这种关系中，夫妻双方往往需要更加注重家庭的和谐和稳定，从而培养出一种更为深厚的亲密感。传统亲密关系的建立往往还需要一定的时间和共同经历。随着时间的推移，双方会共同经历许多事情，会建立起更为深厚的情感关系和信任基础，从而更加珍惜和维护这段亲密关系。这种共同成长的过程有助于增强双方的默契和亲密度。

此外，亲密关系在很大程度上受到家庭结构和社会习俗的影响。在传统社会中，这些社会网络不仅为人们提供了情感支持和社交联系，还在很大程度上影响了人们的价值观和行为方式。在处理亲密关系中的问题时，人们通常会遵循一定的社会规范和道德标准，这些规范和标准往往是由这些社会网络所塑造和传递的。

传统亲密关系的发展往往是一个相对缓慢而稳定的过程。这种缓慢而稳定的亲密关系发展方式，虽然在现代社会看来可能显得有些保守和过时，但在当时的社会背景下却是一种相对合理和可靠的方式。它有助于双方充分了解彼此，建立稳定的感情基础，从而为未来的婚姻生活打下坚实的基础。然而，传统面对面社交方式也存在一些限制。由于地理距离、时间限制和社会阶层等因素，人们建立亲密关系的范围极大受限。此外，面对面社交也可能会受到个人心理、情绪状态和沟通技能等因素的影响。总的来说，FTF时代的亲密关系景观具有面对面交流、情感表达和社会规范等特点。尽管存在一些限制，但这种方式仍然是人们建立亲密关系的重要途径。

第二节　计算机中介化社交时代的亲密关系景观

随着社会的快速发展和变革，人们的亲密关系观念也在逐渐发生变化。现代社会中，人们面临着更多的选择和挑战，亲密关系的发展方式变得更加多样化和快速化。网络交友、速配活动等新兴方式使人们可以更快地相识和了解彼此，但同时也带来了一定的风险和挑战。在这种情况下，如何在快速发展的亲密关系中保持真实、深入地了解和信任，成为人们需要面对的重要问题。

如前所述，在传统FTF中，亲密关系的发生场景受限于现实距离的影响，而且外表吸引力在初次相遇时起到了重要的作用，导致人们在现实交往中很难摆脱"以貌取人"的视觉限制。然而，在CMC的世界里，这些限制被打破了。CMC 不仅消除了现实的距离障碍，使人们可以跨越地理界限与世界各地的人建立联系，而且提供了一种相对匿名和去身体化的交流方式。这种视觉匿名性的交际语境使人们不再担心外表、服装等视觉因素，从而减轻了在面对面交往中可能存在的紧张、害羞等心理压力。这种环境对于那些在现实生活中不善于社交的人来说，确实带来了福音，他们可以在 CMC 环境中更加自如地表达自己，与他人建立联系（胡春阳，2015）。

互联网的匿名性、随意性、平等性等特点还让那些在现实生活中怯于社交的人更容易在网络中与人交往，建立属于自己的亲密关系（田媛，2012）。如果在现实生活中想认识一个人，索要对方手机号码或联络方式非常尴尬，然而在网络浪漫关系的形成阶段，这种方式反而要比面对面地交流更轻松（Fox，Warber and Makstaller，2013），减少了当面沟通时被人评估审视的忧虑感（Sproull and Kiesler，1991）。由此，在 CMC 的视觉匿名交际语境下，传统关系吸引的重要影响因子中的距离和外表吸引力退居其次，而灵魂内涵的作用更加凸显。因此，在 CMC 的线索缺失语境下，网络文字社交反而更促进自我袒露和浪漫的亲密关系发展，主要归因于以下几个方面。

一、时空跨越的浪漫演绎

从古至今，所有伟大的爱情故事都有一个亘古不变的定律：障碍。在古代那个通信极为不便的年代，鸿雁是传送书信的信使，人们把书信系在鸿雁的脚上，寄托遥远的情思，这在古诗词中遍寻可见：南朝乐府民歌《西洲曲》的"忆郎郎不至，仰首望飞鸿"是盼望书信；唐代温庭筠的"雁声远过潇湘去，十二楼中月自明"是盼望书信；宋代李清照的"云中谁寄锦书来，雁字回时，月满西楼"也是盼望书信。

等待与焦灼，似乎是那个年代的爱情主题。无论是"日日思君不见君,共饮长江水"的苦涩等待、"天长地久有时尽,此恨绵绵无绝期"的离愁哀怨,还是苏轼对亡妻"十年生死两茫茫"的悲情思念,亦或是《摸鱼儿·雁丘词》中"问世间情为何物,直教人生死相许"的爱情誓言,都蕴藏着一种源自内心深处的情真意切,流动着一股永不消逝的绵绵深情。李之仪的《卜算子·我住长江头》,即便是见不到面,词人也能找到"共在"的关联性自我安慰,可见思念含蓄委婉之深;白居易的《长恨歌》写的是唐玄宗与杨贵妃的爱情悲剧;在苏轼的《江城子·乙卯正月二十日夜记梦》中,这份阴阳相隔的生离死别,这份纵然重逢只能寄托在梦里也阻挡不住的思念,跨越了阴阳的界限,在辽远而无限的时空中得到了永存,怎能不让人为之动容。

让我们再细数那些著名的旷世爱恋,无论是《孔雀东南飞》《罗密欧与朱丽叶》,还是《泰坦尼克号》,这些动人的爱情故事的共同特性就是障碍。或是阶级差异巨大,或是家族恩怨情仇,或是生死离别之抉择,障碍反而为亲密关系中的浪漫和激情推波助澜。亲密关系的本质是推拉力量,当外在的阻力越大、距离越远时,两个人内在的凝聚力反而越强,越渴望亲密。反之,如果亲朋好友都非常支持,催促你和某人快速约会、安排相亲对象每天见面,外在的动力就变成了一种压力,会将个体的内在主观能动性消耗殆尽。

在现实生活中,由于地域、时间等因素的限制,人们可能难以与远方的朋友或陌生人建立联系。然而,网络文字沟通不受时间和地域的限制,人们可以通过网络平台与世界各地的人建立联系。这种跨越地域的联系方式为人们提供了更多的交友机会和可能性,也有助于千里姻缘一线牵。因此,在网络世界中,与屏幕那端的知己建立深厚的情感联系就成了一种无与伦比的体验。当两人隔着遥远的距离,仅仅通过文字互诉心声时,那种浪漫的感觉和想见面的冲动往往难以抑制。

文字作为一种沟通工具,在网络世界中扮演着至关重要的角色。它们不仅是信息的载体,更是情感的传递者。当两个人在文字中找到了共鸣，彼此的心灵产生了深深的连接，那种感觉就像是在茫茫人海中找到了彼此的灵魂伴侣。这种浪漫的感觉源于对彼此的深深理解和无言支持。在网络交流中，人们可以更加坦诚地表达自己，不用担心现实生活中的种种束缚和限制。这种自由和开放的环境让人们更容易展露内心，与对方分享自己的喜怒哀乐。同时，想见面的冲动也是这种情感联系的自然延伸。当与某人在网络上建立起深厚的情感纽带时，自然希望能够进一步了解对方，与对方在现实生活中建立更加紧密的联系。这种冲动是人之常情，也是情感发展的必然阶段。

二、文字媒介的深情编码

文字在网络空间中具有一种独特的魅力，能够唤醒人们内心强烈的情感和情绪反应。与面对面的交流相比，文字互动给予了人们更多的时间和空间来思考和组织自己的语言。这种深思熟虑的过程使得文字传达更加精确和富有深度，有助于加深彼此之间的理解和共鸣。在网络互动中，由于可以反思、修改和谨慎编辑（周逵、刘菁荆，2014），人们更加专注于文字的选择和表达。通过精心挑选的词汇和句子，人们可以更加准确地传达自己的情感和需求，这种专注于文字的互动方式使得情感传递更加细腻和深入。

在这种互动双方共同参与的想象和催化作用下，素未谋面的双方以一种去身体化的方式建立网络亲密关系。这种交流方式摒弃了现实生活中可能存在的各种物质和身体的束缚，让人们能够更加专注于精神层面的互动。因此，人们可以栖居在互联网建构的虚拟空间，享受着去身体化的精神交流。这种基于网络空间的亲密关系，由于缺乏现实生活中的直接身体接触和视觉形象，双方更加依赖于彼此的想象和理解来构建对方的形象。这种想象的空间为双方提供了更多的可能性和自由度，让他们能够在彼此的想象中找到一种理想化的亲密关系。

从某种程度上说，文字传情的方式甚至比面对面聊天更煽情，更让人心动，文字传情的基础实际上是一种想象的电子情人（郑智斌，2004）。这种网络空间中的亲密关系也有可能回归到柏拉图精神至上的爱情纯情年代。因为在网络空间中，人们可以摆脱现实生活中的各种功利和目的，更加专注于情感和精神层面的交流，没有社会真实身份的束缚，甚至不知道双方关系会走向何方，只有真实的自我袒露。这种纯粹的交流方式让人们能够更加真实地表达自己的情感和需求，从而建立起一种更加纯粹和有意义的亲密关系。

但是，这种网络亲密关系可能是虚拟互动双方的美好幻想，由于以纯文本沟通的中介化传播缺乏见面的丰富感知，人们在线沟通会夸大和美化虚拟对象，把自己所期待的美好特质和形象赋予对方。社会信息处理理论（Walther and Burgoon，1992）这样解释网络晕轮效应，认为面对面形成的印象更为具体和全面，但是 CMC 传播由于线索的部分缺失，形成的印象可能更为强烈和极端（Walther，1993），因为信息接收者在线索缺失的前提下，还是会自动脑补缺失信息的空白（胡春阳，2017），如果网络关系相遇初期的印象较好，那么人们就会将缺失的信息理想化。

因此，这种基于文字构建的网络亲密关系可能只是镜花水月。通过媒介呈现出的"现实"可能只是关于现实或脱离现实的虚拟镜像，甚至是感知者完全的想象（张放，2010）。但不管怎样，网络的发展给人们提供了启动一段亲密关系的新可能，CMC 匿名环境为关系建立创造了更多的机会（Sproull and Kiesler，1991）。

三、匿名保护的情感安全

在网络文字沟通中，人们通常可以选择保持匿名，这种匿名性为沟通者提供了一种安全感。

首先，匿名性降低了沟通者的社交压力。在现实生活中，人们可能会因为担心自己的身份、地位或形象而不敢真实地表达自己。或者，可能因为害怕被评判、被拒绝而不敢轻易展露自己的真实想法和情感。然而，在网络文字沟通中，由于匿名性的存在，人们可以更加自由地表达自己，不必担心被评价或批评。这种自由表达的环境有助于促进真实的自我袒露，从而加深彼此之间的了解和信任。这种自我袒露是建立亲密关系的重要一步。

其次，匿名性有助于建立平等的沟通关系。在传统的面对面沟通中，由于身份、地位等因素的差异，沟通者之间可能会存在不平等的关系。然而，在网络文字沟通中，匿名性使得所有沟通者处于相同的地位，可以更加平等地进行交流。这种平等的沟通关系有助于消除沟通障碍，促进更加深入的互动。

最后，匿名性还为人们提供了一种保护机制。在现实生活中，人们可能会因为担心隐私泄露或受到伤害而不敢随意与他人交流。然而，在网络文字沟通中，由于匿名性的存在，人们可以更加放心地与他人交流，不必担心自己的隐私被泄露或受到伤害。这种保护机制有助于促进更加开放和坦诚的沟通。因此在网络社交中，由于匿名性和距离感的存在，人们可能会感到更加自在和舒适，从而更容易地展露自己的内心。这种自我袒露有助于促进彼此之间的了解和信任，为建立亲密关系打下基础。

总体来说，在 CMC 的关系互动中，网络亲密关系是双方想象的共同体，文字是主要的沟通方式，真实的身体隐匿于计算机屏幕之后。尽管技术手段和社交平台为亲密关系的建立提供了全新的方式和场景，但亲密关系建立的核心本质并没有发生根本性的改变。人们建立亲密关系的初衷仍然是基于自然的、无设防的真实情绪自我袒露，并没有预设是否会见面，或者彼此关系会发展到何种阶段。

第三节　移动陌生人社交时代的亲密关系景观

在风云变幻、波谲云诡的时代语境之中，传播媒介与人类社会早已密不可分。5G、AI、大数据、云计算等传播科技在悄然之间重塑了人类社会的媒介图景。过去的年代，人们是无法想象智能手机对人类将产生怎样的巨大影响力的，用手机谈恋爱更是天方夜谭了。但如今，情况大不一样，移动陌生人交友 App 对亲密关系的构建产生了深刻的影响。它的出现颠覆了传统的交友文化景观，为个体寻觅伴侣提供了更多的选择和可能性。然而，这种变迁也带来了一些新的挑战和问题，需要我们持续关注和解决。让我们先来看一下当今社会的婚恋情况。

第一，结婚率逐年下降。

作为社会的基本细胞，家庭在维护社会秩序中扮演着至关重要的角色，而婚姻作为家庭形成的基础，对于社会的和谐稳定与良好运行具有举足轻重的意义。然而，近年来，社会经济文化的快速发展深刻地影响了青年的婚恋择偶观，传统观念中"男大当婚女大当嫁"的婚恋模式正逐渐淡化，取而代之的是更为多元和个性化的婚恋选择。在第二次人口转型的背景下，中国人的婚姻行为发生了显著的变化。初婚年龄的推迟成为一个不容忽视的趋势，许多年轻人面临择偶难、结婚难的困境。根据国家统计局编著出版的《中国统计年鉴2023》的数据显示，2022年我国初婚人数已降至1051.76万人，较2021年减少了106.04万人，降幅高达9.16%。这一数字不仅创下了多年来的新低，更是首次跌破1100万人的大关。从历年的数据变化来看，自2013年初婚人数达到2385.96万人的峰值后，我国初婚人数已经连续九年呈下降趋势，降幅更是高达

55.9%。这一趋势表明，年轻人的婚姻观念正在发生深刻的变化，他们更加注重个人成长和发展，对于婚姻的选择也更为谨慎和理性。初婚年龄的推迟和结婚率的逐年下降，不仅反映了青年群体婚姻观念的转变，也体现了社会对婚姻和家庭价值的重新评估。

这一趋势背后，反映出多重因素的交织影响。一方面，现代年轻人普遍更加追求个人独立和自由，他们更倾向于将精力和资源投入事业发展、个人兴趣等方面，而非早早地步入婚姻的殿堂。这种价值观的转变，使结婚不再是人生的必经之路，而是成了一种选择。另一方面，社会结构和经济压力也在一定程度上影响了年轻人的结婚意愿。随着房价、教育成本等生活成本的不断攀升，许多年轻人面临着巨大的经济压力，他们担心自己无法承担婚姻带来的经济负担，因此选择晚婚甚至不婚。此外，性别结构的失衡也是导致结婚率下降的一个重要因素。在一些地区，适婚男女性别比例失衡，使一部分男性难以找到合适的伴侣，从而影响了整体的结婚率。面对这一趋势，需要关注年轻人的婚姻需求和困境，为他们提供更加多元化和包容性的婚恋环境。

第二，陌生人社交软件成为新相亲场。

在当今数字化时代，陌生人交友软件已逐渐成为年轻人寻找伴侣、探索潜在婚恋对象的新平台。尽管传统的相亲方式，如家庭介绍、朋友引荐等仍占一定比例，但陌生人交友平台凭借其便捷性、广泛性和互动性，正逐渐受到年轻人的青睐。这些平台不仅突破了传统相亲的局限，还为年轻人带来了前所未有的交友体验，使交友过程更加高效、多元和有趣。根据极光大数据显示，近三分之一的网友已将线上交友融入日常生活，尤其在逢年过节、回家探亲之际，用户在线上的活跃度更是显著上升，平均每天使用相关 App 两次以上，线上交友正逐步被视为一种高效、可行的社交模式。这些交友软件打破了地域限制，让年轻人能够接触到来自不同城市、不同文化背景的异性，扩大了相亲的选择范围。通过浏览他人的个人资料，年轻人能够深入了解对方的兴趣爱好、职业背景、生活习惯等信息，从而筛选出与自己有共同话题和兴趣爱好的潜在伴侣。这种基于大数据和算法的匹配机制，极大地提高了相亲的效率和成功率。与传统的相亲方式相比，陌生人交友软件更加注重互动性和趣味性。年轻人可以通过文字聊天、语音通话、视频通话等多种方式与对方进行沟通交流，更加直观地了解对方，增加彼此的了解和信任。同时，这些平台还提供了丰富的社交功能，如动态发布、话题讨论等，让年轻人能够更加轻松地展示自己的个性和魅力，吸引更多异性的关注。互联网相亲的兴起，不仅为年轻人提供了更多的相亲选择，也让他们能够更加自主、便捷地寻找合适的伴侣。

这些显著的变革表明，随着移动陌生人交友软件的出现与蓬勃发展，传统的亲密关系观念正在经历一场前所未有的颠覆与重塑。诚然，这种新兴的社交方式为用户提供了更多的选择和机会，使亲密关系的建立与发展变得更为自主与便捷。但同时也要认识到，对于年轻一代而言，他们对亲密关系的认知与构建正在被这种软件深刻影响，从而催生出亲密关系形成与发展过程的全新景观。

一、像雾像雨又像风：当代青年亲密关系的流动性

"像雾像雨又像风"——这一充满诗意的描绘精准地映射出当代青年亲密关系的流动性特质。在这个瞬息万变的时代，青年人的亲密关系往往展现出多变与不稳定的特点。随着社会文化的快速变迁、科技的飞速进步以及个人价值观的悄然转变，他们的恋爱观念与行为模式已发生显著变化。当代青年更加注重个体的自由、独立与多样性，他们更倾向于追求自我实现与个人成长，而非传统的家庭角色与责任。这种价值观的转变使他们在亲密关系中更加追求个人的满足与幸福，而非传统的责任与承诺。他们渴望在关系中找寻共鸣，但又不愿被束缚，这种微妙的平衡使得他们的亲密关系呈现出一种独特的流动性。与此同时，社交媒体

和在线交友平台的普及进一步加剧了亲密关系的这种流动性。借助移动陌生人交友 App 这一平台，青年人能够轻易地与他人建立联系，但这种即时的、碎片化的交流方式也使得他们难以维系深度且持久的亲密关系。在这样的社交环境中，幽灵式社交（social ghosting）现象越发普遍。幽灵式社交是移动数字社交环境中一个引人关注的现象，它指的是在线交友过程中，双方关系看似正在稳步发展，但突然之间，一方毫无预兆地停止所有沟通，仿佛从社交圈中彻底消失。这种新型的社交现象，类似于现实生活中的失踪或蒸发，深刻揭示了当代青年在亲密关系中的不确定性和流动性。

有时候交友软件用久了真的会很空虚。我的自我感觉还是比较良好的，不至于是那种见光死的，但有时候真的很奇怪，可能因为对方很忙或者是什么原因，就是你不知道为什么对方消失了。不过我也不会好奇，因为有时候我也会这样。（C3）

其实我不太懂大部分人的想法，特别是 Soul 这个软件，还是说网络上认识的人大多都是这样。前段时间我失恋了，频繁发动态，很多人评论安慰也好，私聊安慰也好，好像大家的缘分只有那么几个小时，或者几句话，然后就变成了已读不回。举个例子，有个姐姐比我大不少，安慰了我很久，也很温暖，然后加了微信，可聊了一天就不回了，再过几天把我删了，我实在不懂这么温暖的人为什么最后也会这样。再比如另一个例子，有个很聊得来的女孩，感觉我们很多方面都很像，聊了有一周多吧，一开始聊得很好，也会有点暧昧称呼，然后我就感觉到肉眼可见的冷却，发消息也不回我，当我很疑惑地去询问她为什么时，答案就是她很忙，没有时间拿着手机总发消息，而且很气愤我为什么那么幼稚。我也想不明白，她一开始不工作不学习吗？她怎么不说忙呢？忙到一天都没空看一下手机吗？（A3）

在这个日抛型交友的世界里，你没有必要把所有人都看得太重。更多的只是新鲜感，来得快，去得也快。要说这里是树洞，不如称作发泄式寻

找安慰。经过一番热聊过后,就是渐渐接近收场,也许下一个更好。(B5)

这种现象的出现可能有多种原因。幽灵式社交是由社会的流动性造成的。美国早期著名社会学家查尔斯·库利(Charles Cooley)说过,人的社会生命起源于与他人的交流。人类作为社会化群居性动物,无法脱离社会独立存在,需要与他人建立感情连接,获得自我认同。"互赖"是评判彼此之间关系是否亲密的重要指标。然而,在全球化浪潮的冲击下,在这个快速而注重高效的流动性社会,彼此的互赖性降低。相较于过去,如今现代都市的人口流动性显著提升,人们外出务工求学、居无定所。胡春阳(2012)分析了中国当代人际传播与交往模式的变迁。她认为,工具理性是现代人类交际模式的表征,这种工具理性是由中国社会结构的变迁和社会流动造成的,社会流动方式的改变促成了人际传播模式和人际关系网络的重组。

如今,人际关系越来越多地变成了伦理本位与工具理性相掺杂的变体,尽管沟通的技术不再是障碍,但人与人之间"无法拥抱的遥远"和"交流的无奈"现象依然存在(胡春阳,2017)。更深入地讲,流动的社会现实环境和虚拟传播科技环境共同赋予了青年网民"流浪者"的体验,他们对亲密关系抱有一种好聚好散的态度,也更认同那些能够自由移动、随时缔结和终止的社会纽带(王斌,2017)。由于社会变革的速度过快导致人口的快速流动,人们居无定所,因此那些经常变更住所的人群需要结交朋友来降低内心的不确定感,以适应新环境,寻找稳定的生活。

都市社会的人口快速流动,使青年群体很难发展一段稳定的感情,高额的房价让青年人望尘莫及,终日忙碌工作,无暇顾及情感,就连身边的邻里社群关系也疲于维护。大都市和现代社会分工合作的形成,把人与人的关系降解到最小单位,无形中那些情感抚慰都被若即若离乃至更加疏远的联结吞噬了。这代年轻人已经逐渐失去与身边社会交集的能力,就算是一起合租的人,私下里的交集也非常少了,没有人愿意主动交流,大家默契地保持了距离,但年轻人内心深处又有一份对亲密关系的本能要求。

移动陌生人交友 App 的出现能够让人们在孤单的人群中暂时互相取暖，在流动的生活里寻找一丝安定的力量。但不幸的是，这种随时可以终止的习惯始终贯穿人类生活，导致了一种强烈的不安，有生活在别处之感。因此，在这种社会背景之下，催生了幽灵式社交现象。网络交友的匿名性和距离感可能使得一些人感到不必像在现实生活中那样对他人负责。他们可能觉得可以随意地开始和结束一段关系，而无须承担任何后果。

幽灵式社交现象是媒介可供性造成的。笔者经由观察使用发现，移动交友 MMC 的互动经常存在出现较长时间的延迟而异步。当个体遇到聊着很好却突然不回复的情况时，这样的时间延迟会让人感到情绪不安甚至愤怒，担心与害怕对方此时与其他人交谈，因此，较迟回复信息的那个人就会被指控为"控制谈话"。在交友 App 中，经常女生被男生指控高冷和不回复。用社会交换理论解释，亲密关系可以视为一场交易，由于个体所拥有资源的能力不同，在交换中那些占据优势或稀缺资源的个体在社会交换关系中占据主导地位。在交友 App 中，男性用户远多于女性用户。因此，女性作为移动交友软件中稀缺资源的提供者，她们就可以自由地选择想要交换的对象，当然也可以自由地选择是否断联。可见，社会交换价值的不对等也是造成幽灵式社交现象的原因之一。此外，由于在线沟通交流无法完全传达情感和意图，导致误解和沟通障碍，加之近乎零成本的海量匹配对象，也可能最终使得一方选择退出。

隔着屏幕隔着山海的喜欢终究会淡，抑或是从来不会深刻，甚至我感觉社交媒体上面的好感成了一种病态？所谓灵魂交友也许真的会让人产生好感，共鸣？也许是我太容易当真了，我不应该去相信社交媒体上子虚乌有的承诺。这几个月我真的变了，从最开始对感情有期待，不敢轻易让别人走进我的内心我的生活，拒绝所有异性，到现在好像挺无所谓，只要好好地保护自己就好了。Soul 上的故事就这些了，也许希望可以看

到的人永远也不会看到。把 Soul 当个树洞的初衷最终变了，还是回归现实，让自己变好。（Soul 匿名参与观察文本）

幽灵式社交是在没有任何解释的情况下突然人间蒸发。在 Soul 这类充满选择、快餐式社交的环境中尤其屡见不鲜。第一次被断联之后，我就陷入无尽的自我怀疑之中，思考自己究竟哪里做错了。而采取这种方式结束关系的人，往往出于以下原因：

1. 避免让自己不舒服的人或事（当然别人不舒服就与我无关了）。

2. 有了其他选择或是仅仅不愿再与你维系关系（你可有可无，没了更好）。

3. 报复，对亲密关系的消极抵抗。

确实，那次被断联之后，我执拗地寻求一个答案，结果发现对方有了别的选择，尽管得知真相难受，但无疑帮助我放下了。我不敢想象如果一直不知道原因我会怎么样，那种自我怀疑要到什么时候才会结束。后来习惯了没有人会一直在，也懂得了尊重自己的感受，阵痛越来越短，甚至我也在不经意间断联过别人。（Soul 匿名参与观察文本）

从受访者的分享可见，幽灵式社交现象对青年人个体情感和亲密关系观念会产生负面影响。这种经历不仅可能导致即时的情感创伤，如困惑、失望甚至受伤，还可能长期对个体的心理产生影响。毕竟，他们投入了时间和精力去建立这段看似正在发展的关系，却突然之间被对方的无故消失所打破。这种经历可能会对他们的自尊心和信任感造成打击，让他们对未来的交友产生不信任感。

通常情况下，当个体第一次遇到社交断联的时候，会陷入无限的自我怀疑中，感到深深的挫败感，但经过几次之后，会从向内归因的自我怀疑转向对外界的审视，更加尊重快餐时代亲密关系的现状，表现出对亲密关系无所谓的看淡和消极抵抗。这种转变实际上是一种心理防御机制，试图减轻内心的痛苦。在流动性和不确定性的背景下，导致人们可能更倾向于保护自己，减少对亲密关系的投入和期待，从向外寻求他爱转化为向内保持自爱。这种转变无疑对传统的亲密关系观念构成了挑战，也引发了人们对网络人际交往可靠性和深度的新思考。因此，MMC人际交往展现出了"任性社交"的利己性特质。在移动互联网时代，人们更加倾向于从自我出发来思考问题和发展关系。这种自我中心的倾向在一定程度上削弱了传统人际交往中的责任感和承诺感。这也解释了为什么在网络环境中，道歉成本和自我管控的程度都大大降低，因为人们更容易找到借口或理由来逃避责任和承诺。因此，幽灵式社交现象不仅是一个社交问题，更是一个深刻的心理和社会问题。它挑战了传统的亲密关系观念，引发了人们对网络人际交往的新思考，同时也对我们如何理解和应对现代社会中的不确定性和流动性提出了新的挑战。

二、缘来缘散缘如水：当代青年亲密关系的快餐性

过去，人们珍视并累积情感，是因为相见的难度极高，需要付出巨大的时间成本。然而，在今日的时代背景下，这些往昔的深情厚谊、儿女情长似乎已在这个移动传播的时代得到了前所未有的实现（胡春阳，2012）。在这个高速变化、充满压力的陌生人社会中，人们似乎被"即刻"的浪潮所裹挟了（应文，2021）。从一个时刻到下一个时刻，我们主动或被动地遗忘了享受过程的能力。基于此种影响，都市现代人因而表现出异常冷漠的特性，人们毫不费力、足不出户便可实现全世界范围内的"即刻沟通"。在空前重视效率和便捷的科技年代，一切都是"快"字当先。研究发现，在当今快节奏的社会环境中，年轻人的亲密关系呈现出一种"快餐化"的趋势，他们的亲密关系往往迅速升温又迅速降温，缺乏持久性和深度。这种现象主要体现在年轻人对亲密关系的态度和行为上，他们更倾向于迅速投入和快速满足，而缺乏深入的了解和持久的承诺。

我对快速了解别人的需求比较大，因为交友软件的失败率太高了，

所以就想快速了解，可能聊两三次觉得不行就不再聊了。我很善于让别人放松下来展现真实的自我，这方面我比较有经验。我觉得不一定非要见面才能了解得更快一点，网上聊天就是方便省事，免得见面再发现完全不合适的话就太耽误时间了。如果她觉得不行那就算了呗，反正就是早发现早淘汰，不管我淘汰对方还是对方淘汰我，省事高效比较实用。(A1)

我觉得爱情开始快餐化。我以前觉得爱情是慢慢的，可是现在好像就是要快，毕竟自己年纪也慢慢到了，就不想进行太久的试探了，不想浪费更多时间。(A2)

从媒合平台开始，因为你要在现实生活中开始太难了，你一定要靠网络，网络交友才会马上切入正题。你进行得快，等你走到现实会进行得更快，选择会更多，然后不好了马上换，毫不犹豫。(C1)

传统亲密关系的发展是一个缓慢的过程，而科技介入后的爱情，发生了本质的变化。从受访者的分享可见，相较于传统的亲密关系交往，移动交友应用的出现，使人们在建立亲密关系时更加迅速和直接，人们可以更快地筛选、了解和见面，这无疑缩短了亲密关系建立的时间。然而，这种快速建立亲密关系的方式也带来了一些问题。由于交友目的性过强，人们在交友过程中更容易抱着一种功利的心态，将潜在对象视为工具人，只关注对方对自己来说有趣、好玩的部分。这种心态可能导致人们在建立亲密关系时缺乏真诚和深度，使关系变得表面化和短暂。

我觉得网络中认识的人和现实生活中认识的人是很不一样的。比较传统的模式应该是互相先有好感，然后接触聊天，去做很多事情，慢慢了解对方之后，才决定要在一起。但是交友App就很直接，我很注重效率，如果纯粹他长得还不错，或者是我觉得对方的条件让我很想认识，那就可以很快地发展到我想要发展的阶段，反而会跳过事先了解的阶段。(B2)

可见，移动社交网络使人们能够迅速地建立联系，甚至可以在短时间内发展出深厚的感情。这种即时的、高效的互动方式，改变了年轻群体对于亲密关系的想象，消弭了亲密关系的信仰，他们可能更倾向于追求快速、直接的满足感，而不是传统的、长期稳定的亲密关系。这种亲密关系模式也可能影响他们的人际交往能力和未来婚姻关系的稳定性。虽然数字化生活是人们内心的希望之城，虽然技术充满了希望与理想，但是当代青年抱着"无所谓对方是谁""管你怎么想"的态度，沉浸在"社交工具人"的世界里，享受着随时开启和抽身而退的社交便利，这种关系趋势虽然能够满足人们短暂的情感需求，但可能会导致社交疲惫甚至失望，让人感到更加孤独和无助，因为他们无法真正与他人建立深入的联系。

我平时学习压力挺大的，就把 Soul 当个树洞，闲暇之余上来看看，随便找个陌生人聊几句，排解一下压力，我已经很累了，没有精力去照顾别人的情绪。可是网友不一样，不管我回不回复，都没有关系，过几天她还在那里。或者即使她不理我了，也可以再找别人，感觉上是轻松的，我其实需要的只是一个能聊聊天的人而已。（A1）

我觉得用交友软件很方便，很多时候我只是想随便找个人聊聊而已，至于内容是什么不重要。如果是和生活中的朋友交流，你还得照顾对方的情绪。这里反正大家都不认识，我可以看心情，可以已读不回，也可以不读不回。（A4）

我觉得在现实环境中可能你没有办法这么主动，或者是你会害怕被别人拒绝。网络中你不喜欢就算了，这个媒介能凸显人性最原本的东西，因为我不需要去介意别人对我是什么看法，我们可以随时终止关系。（B2）

正如麻省理工学院网络社会心理学教授雪莉·特克尔在《群体性孤独》一书中所言：如今的我们缺乏安全感，却又渴望亲密关系，因此才求助于科技，以寻找一种既可以让我们处于某种人际关系中又可以自我保护的方法（周逵、刘菁荆，2014）。换言之，在她看来，现代人在追求科技带来的便利的同时，也在无形中失去了与他人建立亲密关系的能力。我们渴望安全感，却又害怕受伤；我们渴望被理解，却又害怕被看透。因此，我们求助于科技，试图在虚拟的世界中找到一种既可以保护自己又可以与他人建立联系的方式。

这种"情感缺失"正是人们潜在的梦和无意识欲望的真实反应。也许亲密关系是一个锚，把我们存在过的证据固定在消散的过去里，这锚给人微弱却安定的力量，支撑我们走完一个又一个孤独的旅途。交友 App 就是当代青年情感的锚，因此，人们一边抱怨着交友 App 的无聊和孤独，一边仍然继续使用。人们之所以仍然把时间浪费在交友 App 上，是为了避免社交疼痛，还能满足自己对情感的需要。好像在任何时候，只要我需要，就可以找到人与自己交往。但遗憾的是，人和人之间的关系很松散，快速建立的好感也容易快速消散，发展一段长期的、有质感的关系似乎已是 20 世纪的怀旧想象。

有些人看到我的动态文字，会觉得这是一个悲观的人！其实我想说，也许很多人像我一样，或者只有我们是这样，觉得现实中的朋友有很多话是不能说的，在这里发一发动态，就当作是写日记了，又或者碰到一两个聊得来的，偶尔有一搭没一搭地说着，偶尔手机有一个消息提醒，或许会有莫名的小开心。

我不知道自己是在期待什么，也不知道在等待什么，每天上来都是把打招呼的次数用完。女生或许不理解，其实男生的号主动打招呼是有次数限制的。我之前的号最高的时候每天有 95 次，现在的号，只有可怜的 25 次，也就是说，每天我会遇到 25 个人。我打招呼的方式也很另类，只有简单的"聊聊"两个字。很多人回复我聊什么，或者你好，又或者只有简单的一个表情，这些我都没有再继续回复。偶尔我也会很热情地和别人开无伤大雅的玩笑，更多的时候是一言不发，只有一个打招呼的"聊聊"。

其实我也不知道聊什么，也不知道自己在期待对方回复什么，更不清楚聊聊的意义是什么。五年前第一次接触这个软件，在这期间注销又回来也很多次，可能只有在我很不开心时的某一阶段才会回来，把它当作记事本一样写着吧，我不知道会写到什么，也不知道都写了些什么，偶尔突发奇想，就随便写写吧。人生就是这样，就像 Soul 一样，每天遇到形形色色的人，有让你开心的，也有让你失落的，我会因为某人的频繁回复而有些许期待，又会因为她突然消失而失落片刻，是的，只有片刻！

几年以来，身边的人犹如过客一样归于人海，好像出现过，又没有半点痕迹。时间一直是奇怪的，它会定格在某一刻让你"思念""某人"，又会在不经意间让你"失去""某人"。次数多了以后，也就释然了，我们冥冥之中，本是过客！本来今天是想早点睡的，但是躺下的时候又犯了老毛病，还是失眠，脑子空空的，也不知道在想些什么，可能什么也没有想，残缺的画面并不能拼凑出我想要的景象，或许，记忆正在慢慢地消退吧！心！老了！（Soul 匿名参与观察文本）

笔者认为，这种快餐式的亲密关系可能源于多个方面的因素。当代社会强调个人自由和独立，年轻人更加注重个人感受和需求，社会节奏的加快和物质文化的膨胀也使得人们更加注重效率和即时满足。现代社会人类正在面临现实生活小区中"附近"的消失。过去的人们对生活圈的"附近"非常熟知，无论是邻里、自己居住的环境，还是这座城市的面貌。几年前，CCTV-1 公益广告《路灯篇》曾经拍摄过这样一个再寻常不过的朴素场景：冬日的深夜，一个独自骑着自行车的女孩在回家的路上和邻居老大爷互相问候，老大爷默默为她照亮了一盏灯。也许，老大爷算不上女孩的重要他人，但是正是这些由附近的人、事、物所建构的环境，随机出现在我们周围的世界，对我们的生活产生着影响，为我们的生活提供了在场证明，让我们在这个充满陌生人的社会中，仍然能够保留一份对彼此的信任、尊重和关爱，让"附近"始终流动着暖意。

而如今的年轻人，尤其是伴随着互联网时代出生、沉浸在网络虚拟小区的"00 后"，早已遭遇"附近"的消失。他们对周遭的环境并不感兴趣，儿时邻居小朋友呼朋引伴在一起开心地玩捉迷藏的游戏慢慢变成过去的传说，我们只能怀着普鲁斯特式的愁情以怀旧的视角去审视和回溯这段过去的美好。在虚拟小区和客观现实世界的对衬之下，现实世界反而显得不那么真实和安全，每个人独善其身，封闭在自己的小小世界中，已经丧失了对彼此相互信任的能力和勇气，导致传统人际关系的逐渐弱化和松散。可即便如此，在人们内心深处，仍然有灵魂皈依家园的现实需要。因此，在渴望亲密又害怕亲密这两种矛盾力量纠缠的挣扎之下，人们时常感到孤独，却又害怕被亲密关系所束缚。而在网络的虚拟空间中既不需要呈现出完全的自己，可以适当进行自我形象的整饰，又可以得到社会性的接触，进而满足自己建立与同侪间的亲密关系以及自身归属感的需求。这种文化背景下，年轻人可能更倾向于追求短暂而刺激的感情体验，而不是建立长期稳定的亲密关系。

在高速发展的社会中，年轻人正处于情感和心理发展的关键时期，他们渴望与他人建立联系和获得认同。然而，面对学业、职业和个人成长等多重压力，他们可能缺乏足够的时间和精力去深入了解和投入一段亲密关系，所以直截了当、快速催熟的人际交往成为当下的最优解。因此，他们可能更倾向于选择快餐式的亲密关系来满足暂时的情感需求。移动陌生人交友 App 为人们提供了史无前例的社交便利性，这种功能主义式的关系满足了人们即刻的需求。无须深度参与对方的人生，也无须发展成深刻的关系，这种关系具有浅层性和随时可抽身的特点，通过这种低成本且极具效率的人际交往，获得人生的暂时慰藉。任何人只要想从深刻关系中抽身，都可以实现，而不必背负来自他人、社会的道德期待与重负。这就让人际交往产生了不确定性，人们很难敞开心扉。但越是习惯于这种能够随时抽身的搭子关系，就越是在不断地迎来送往中加深自我的孤独感和无意义感。这种快餐式关系，既是人们对人际关系的渴求，又暴露出难以进入长久稳定关系的无力感。因此，我们需要重新审视自己对人际关系的理解和期望。建立健康、稳定的亲密关系需要时间和努力。在追求真情挚爱的道路上，我们需要保持理性和耐心，让关系在自然的氛围中逐渐成长，而不是过分追求速度或效率。

三、一场游戏一场梦：当代青年亲密关系的游戏性

（一）喜新厌旧：情感变迁的游戏逻辑

在当代社会，科技的飞速发展极大地拓宽了人们的社交圈子，使与世界各地的联系变得轻而易举。然而，这种海量、廉价的社交资源无形中催生了人们在感情上的不珍惜和易变性。由于结识新人的门槛降低，可替代性显著增强，一旦有更为理想的对象出现，人们往往毫不犹豫地放弃现有关系，转而追求更为理想的新关系。因此，互联网时代的人们永远在"筛选下一个"，而亲密关系也呈现出喜新厌旧的特点。在这种网络交友App的推动下，亲密关系有时被视作一场轻松、随意、不受拘束的游戏。

交友软件的缺点就是容易引发过度欲望，不管男生女生，只要你条件够好的话，你就不容易满足。当你可以认识很多人的时候，你就不会想要珍惜，因为它提供的选择太多，你会一直在比较、在不断挑选，这就是人性。(C1)

受访者C1的分享充分说明移动陌生人交友软件所建立的关系充满了未知与不确定性。同样，B2也表示，她最初是怀着寻找长期稳定的亲密关系的期望踏入交友App世界的，然而经过使用之后，她的观念却发生了转变。

使用这个App之后，对感情的态度和想法会发生改变，开始对感情不信任。因为就算我今天与一个看起来很真诚的男生交往了，可能也会担心他是用什么心态在跟我交往。但是在用交友软件之前，我可能根本不会有这种想法。大概是因为交友软件上的选择太多了，我觉得我根本没有办法猜中对方心思，我不知道他到底是不是认真的。(B2)

受访者均提到了网络交友时产生的不安,以及对潜在交往对象的不确定感。他(她)到底是不是我命中注定的伴侣?我可以相信他(她)吗?除了我之外,他(她)到底与多少人有联系?为何我们在网络交友时,会有如此深刻的不安全感呢?我们可以用"不确定性递减理论"来阐释这种现象。

自我不确定性是在陌生人交友 App 使用中需要面对的核心挑战之一。在这个信息爆炸的平台上,个体面对着数以万计的选择,往往难以确定自己真正追求的是什么。这种迷茫不仅源于对亲密关系的渴望,更源于对自我需求的模糊认知。人们既怀揣着寻找真挚情感的期待,又担忧可能不能承担起连带的责任,因此常常在犹豫不决中徘徊,宁愿选择避免开始,以规避潜在的失败和伤害。

伴侣不确定性是另一个显著问题。由于网络交友的匿名性和中介化特质,个体在判断对方真实态度和意图时面临重重困难。自我呈现和袒露往往带有修饰,使陌生人之间的真正了解变得异常艰难。在这种情境下,个体容易产生对对方的不信任感,进而阻碍关系的深入发展。借用 Festinger(1954)的"认知失调理论",当个体在高度不确定性的环境中感到不安时,他们往往会寻找与自我观念或行为一致的理由,以减少这种不确定性带来的焦虑。因此,用户可能出于自我保护的意识,默认对方并不认真,从而自己也不投入过多情感。这种心态逐渐催生了轻松、游戏化的在线交友氛围。

关系不确定性则进一步加剧了这种不安。在网络交友中,人们难以准确预测与对方的关系走向,这导致他们不敢轻易做出承诺或投入过多情感。在风险极高的环境下,人们倾向于保持开放的态度,不愿放弃其他的可能性。因此,在线亲密关系的建立往往带有试探性和摸索性,这种交往方式虽然在一定程度上保护了个体的利益,但也增加了建立稳定关系的难度。

在移动交友软件中,海量的陌生人提供了无数可替代的关系选项。

在这种技术的影响下，人们逐渐习惯了不断比较和寻找"更好的"选择。这种惯性思维使得他们难以专注于一段真正的亲密关系，而是不断在寻求更优的可能性。这种不确定性给人类社会亲密关系带来了严峻的挑战，让人们在面对海量选择时更容易动摇。同时，它也影响了年轻人对亲密关系的信任感，使亲密关系的建立过程变得更加保守。

（二）筛选机制：亲密关系的选择游戏

移动交友App的筛选机制在某种程度上将亲密关系"商品化"了。关于中介约会渠道建立亲密关系的探讨，早在约会网站时代就引起了学者的注意。Adelman（1987）认为，在计算机提供的约会配对服务中，如果当前的约会对象A让人感觉不尽如人意，那么大量的新约会对象B、C、D就很容易取代现在的这位，这会让人产生一种在消费市场采买的"购物效应"。因此，在交友App时代，人们在寻找伴侣的时候目的会更加明确。人们可能在第一次约会后就很快开始一段感情，但他们会很快遇到另一个更合他们意的人。这无疑是移动时代对传统两性亲密关系的最大威胁与挑战。

Adelman和Ahuvia（1991）探究了计算机中介渠道在促进恋爱匹配和约会过程中的成功与失败原因，认为在计算机中介作用的影响下，这些社交渠道影响了单身者对恋爱浪漫关系的理解。市场的三个基本功能是：搜索、匹配和交易（Williamson，1989）。搜索是交换所必需的获取信息的过程。在商业市场中，这些信息包括哪些产品可用，在哪里可以找到，以及成本为何。在恋爱网站市场上，这一信息包括寻找其他对婚恋感兴趣的单身人士，并评估自己的社会期望水平。匹配是指将潜在的交往对象聚集在一起的过程。交易是交换协议的谈判和实现。计算机中介寻找浪漫关系的方式更像是基于市场中介的一种交易，目的是提高工作效率。因此，通过约会网站寻找恋爱的方式更像是"讨价还价"或"审问"的商业互动。这种机制让人们误以为可以通过简单的点击和滑动来找到一个完美的伴侣，就像在电商平台上挑选商品一样。这种将人际关系简化为商品选择的过程，实际上忽略了建立亲密关系所需的复杂性和深度。

我觉得交友 App 和早年的网站交友，如 BBS 交友，还有现实中交朋友是很不一样的。早期的网络还是比较传统的，真的是想要认真交朋友。因为网络聊天天南地北的，对方也不是你生活当中认识的朋友，心理负担较少，你们会分享很多真实的心情，双方了解也是比较多的。但利用现在的交友软件，认识朋友方便，见面也方便，所以整个基础很薄弱，可能你对他一知半解，可能也没有从朋友开始做起，所以会变成很容易就可以开始，也很容易结束关系，没有负担。一旦当你发现对方有让你质疑的事情，你可能马上就选择不信任。但如果你们是现实生活中认识的朋友，那种感情基础可能会更深厚，你很可能愿意给他机会解释，不会那么轻易放弃。（B2）

交友软件一个比较现实的地方在于，它就像一个市场，很像你去卖场买东西、去水果摊挑水果一样，那些外表看起来脏脏的、有毛的水果，你会毫不留情地把它丢掉，你不会再去买它了。（B3）

亲密关系的发展分为关系确立期、关系磨合期、关系冲突期、关系平稳期四个阶段。亲密关系像是一条流动的河流，它需要时时更新和发展。关系从形成、发展，到冲突，最终到结束（结婚或分手），呈现一个线性的过程。亲密关系在细水长流的日常相处中，必然会经历一些冲突和摩擦，再通过化解冲突和共同经历提高彼此的默契和感情深度。可以说，争吵对亲密关系的建立有正向促进作用。在这个过程中，重要他人、社会网络支持对亲密关系的发展与维持有着重要影响。通过几位受访者的分享，我们知道，交友软件的这种"爱情点餐"的心态给人们亲密关系的观念造成负面影响。

第一，筛选机制可能导致人们对潜在伴侣的期望过高。在移动社交软件中，人们误以为自己可以像点菜一样选择一个"完美爱人"，这是科技给人的误导。由于媒介的匹配机制，让使用者误解有大量的潜在对象可以认识，从而随意匹配，使关系可替代性变高。由于可以轻易地浏览大量信息并选择符合自己标准的对象，人们可能会忽略那些可能并不完全符合标准，但有可能带来深刻情感体验的人。这种完美主义的心态可能导致人们在寻找爱情的过程中不断失望。其实，交友软件只能增加爱情发生的可能性，完美的爱人不是靠匹配，而是靠磨合。依靠大数据算法配对的爱情由于目的性过强，太过功利主义，本身也是对浪漫的一种消耗。

第二，过度依赖筛选机制可能降低人们在亲密关系中的投入和耐心。传统亲密关系的意义是：和同一个人经历不同的人生阶段，同甘共苦，历久弥新。而移动时代的亲密关系却更多地在和不同的人一直重复第一阶段，不停地认识，介绍自己，了解他人，这种重复性的自我呈现和自我袒露像是在寻找工作，而不是在寻找浪漫，所以很快会让人兴致全无。由于可以轻易地结束一段关系并转向下一个对象，人们可能不再愿意投入时间和精力去磨合和了解伴侣。这可能导致人们在感情中缺乏责任感和承诺，使亲密关系变得更加脆弱和不稳定。以往研究发现，当焦虑型和恐惧型依恋人格的人在浪漫关系破裂后，会表现出更强程度的不确定性（Fox et al., 2013）。因此，社交网站在一定程度上加剧了这类个体的焦虑。

此外，筛选机制还可能加剧人们在感情中的比较心态。由于可以轻易地接触到多个潜在伴侣的信息，移动互联时代的人们似乎更倾向于追求即时的满足和刺激，可能会不自觉地将当前伴侣与之前的或未来的对象进行比较，从而产生不满和失望。这种比较心态可能导致人们在感情中缺乏耐心和坚持，更容易被新的、更具吸引力的人或事物所吸引，进一步加剧亲密关系的不稳定性。

现代社会的症结之一，在于个体对爱情的矛盾态度。一方面，普遍存在着对爱情的怀疑与不信任，而另一方面，内心深处又怀揣着对爱情的渴望与憧憬。在人际交往成本日益上升的当下，年轻人越发不愿意投入精力去倾听、理解、感受与付出爱，却仍然期许能邂逅那份真挚而深沉的爱。初始的恋爱中，人们或许愿意毫不保留地付出，然而随着经历的伤痛增多，内心的疲惫与防备也随之累积，最终导致了主动付出的意愿逐渐消磨。这种恶性循环，已悄然成为这个时代的隐疾。在移动交友软件的浪潮中，用户们如同神农尝百草般，在无尽的虚拟海洋中探寻那份可能属于自己的缘分。每一次的相遇与别离，都像是爱情世界里的一场游戏一场梦。然而，在这场游戏中，人们往往忽视了真正深入交流的重要性，不愿停下脚步去倾听对方的声音，去体验那份青梅煮酒、红袖添香的浪漫情怀。

从这一视角审视，科技在带来便利的同时，也无形中加剧了人与人之间的疏离。亲密关系的商品化心态，已然成为社会的一大隐患。当人们在市场中以筛选商品的方式"搜索"亲密关系时，这种对象化的过程实际上已将爱情的主体物化为一种工具或资源。在这样的背景下，人们更多的时候只是渴望倾诉，而对于倾诉的对象，其真实身份与情感深度往往被忽视。这种快速发展的科技理性与人们日益增长的感性需求之间的不匹配，导致了人们内心世界的空虚与爱情信仰的逐渐崩塌。在追求高效与便捷的同时，我们不应忽视情感的深度与真挚。只有当我们重新审视并珍视人与人之间的情感交流，才能真正实现科技与情感的和谐共生，从而重塑对爱情的信仰与尊重。

本章小结

移动陌生人交友 App 为现代亲密关系带来了前所未有的变革，它让我们拥有了更多的选择和建立亲密关系的机会，技术手段实现了联络的便捷，却也造成了人际关系的流动性、离散性和游戏化。移动陌生人社交时代的亲密关系发生了异化，人们在既渴望亲密关系，又怀疑亲密关系的两种互相矛盾的心态中纠缠，"幽灵式社交""亲密关系快餐"现象成为移动交友时代病态亲密的表征，现代社会的罗曼蒂克正在日渐消亡。因此，在移动交友时代的亲密关系呈现出游戏化特点，要维持一段长期的、稳定的关系相对困难。

然而，这并不意味着完全否定科技对于亲密关系的影响。虽然传统面对面社交时代的亲密关系景观与现代社交媒体时代的亲密关系景观存在差异，但它们都有其存在的价值和意义。面对现代社交媒体时代的挑战，我们需要更好地理解和把握亲密关系的本质，并努力建立起真实、健康和有意义的亲密关系。这需要双方的耐心和坚持，而不是简单地通过筛选机制来寻找"完美"的伴侣。在这个恋爱空前自由的时代，我们或许应该更加注重这一点，珍惜那些愿意与我们共同成长和面对生活挑战的人，用心去经营和维护感情关系。只有这样，我们才能在这个数字化的世界中找到真正的幸福。

第六章

移动陌生人交友App亲密关系建立：
一场从陌生到亲密的奇妙旅程

我们生活在一个恋爱空前自由的时代，数字化技术为我们打开了通往世界各地的大门，只需动动手指，就能与世界上任何一个角落的人取得联系。随着科技的进步和社交媒体的普及，现代亲密关系正在经历一场根本性的变革。移动交友 App 作为这一变革的产物，为现代人提供了一个全新的社交平台。这些 App 不仅拓宽了我们的社交圈子，更改变了我们建立和维护亲密关系的方式。然而，联系不等于互动，互动也不等于建立亲密关系。在移动交友 App 里，建立一段真正的亲密关系是一项复杂的系统工程，其中的每一步都充满了挑战和不确定性。它不仅是一个简单的匹配过程，更是一场需要深度认知、情感投入和时间考验的冒险。

第一节　缘分初现：自我呈现决定线上关系的启动

在数字化时代，使用移动陌生人交友 App 的第一步，就是要在众多资料中进行筛选与匹配。通过浏览他人的个人资料和照片，可以初步判断对方是否符合自己的交友标准。在这样的环境中，有吸引力的自我展示显得尤为重要。在线自我呈现是陌生人在网络空间中形成初步印象的主要方式。人们通过发布内容、图片、视频等方式，展示自己的兴趣爱好、个性特点、生活状态等，这些信息构成了陌生人之间最初的认知基础。这些信息能够快速吸引他人的注意，也将成为他人判断是否与自己匹配的重要依据，为建立关系奠定基础。

Goffman（1959）在《日常生活的自我呈现》中提出"戏剧理论"这一概念。他认为，人生舞台就是一场展演，每个人都是人生舞台上的演员，与其被动地等待爱情的从天而降，不如在恋爱市场中积极地、战略性地推销自己。为给对方留下一个好印象，人们可以有意采取一些自我呈现的策略手段来进行印象管理，进而引发他人的注意力。"印象理论"是社会知觉效应的一种形式，指在人际知觉过程中最初形成的印象起着重要的影响作用，也就是先入为主带来的效果。虽然这些第一印象并非总是正确的，但是最鲜明、最牢固的，并决定着以后双方交往的进程。所以，在交友 App 中的用户应该懂得如何优化"在线自我呈现策略"，在真实的前提下进行有效的"印象管理"，才能在众多竞争对手中脱颖而出，获得与潜在对象联系的机会。

现在大家很忙，很多匹配中其实真的能聊天的太少了。你的照片决定了百分之八十，所以自我展示面很关键，你一定得有足够的吸引力，做出一个让人家想多了解你的一个漂亮页面，从这方面去精心打造。你内在美很好，你文笔很好，你很有才华，这些都没用。你得让别人能够通过交友软件看到你的照片、看到你的个人页面，甚至有的人会公开她的社交账号，你可以从那些内容判断，这个人到底想展现出什么形象，对你有没有吸引力，彼此真的在现实生活中碰面之前，这或多或少可以当作是一个参考的依据。（C1）

如果看到朋友圈很土的话，就不想聊了！或者别人不和我聊，那我就知道是嫌我丑，或者太傻，大家都活在朋友圈里。（B4）

这个判断对我来说很简单，从她说话聊天的过程，还有从她平常发的朋友圈，或者是 Soul 瞬间之类的，你基本上可以判断她是个什么样的人。首先看朋友圈的分享，如果这个人整天分享吃什么玩什么的话，我不是就绝对不找她了，但是最起码在我心中会打点折扣，因为不是我想要的，那样太普通了。（B1）

我每天都收到好多信息，我一般很少回复。其实大部分人都明白这个道理，可以秒回，可以已读不回，也可以不读不回。怎么回，全看你是谁。（C5）

如前所述，在线约会平台提供了海量的用户数据，但事实是，彼此的配对成功不代表就有机会进行对话。App 上受欢迎的男生或女生通常会收到海量用户发送的信息，但这些信息基本上会被淹没在汪洋大海之中，因为依次点开、回复是一件很难做到的事。通常用户看到信息的第一反应就是再看一遍对方的个人资料，如果觉得感兴趣，才会回复。现代社会整体快节奏，人们的时间和注意力空前稀缺，寻找高效的方式筛选潜在对象尤为重要，而"在线自我呈现"就是帮助用户筛选的最佳方式。

照片在在线约会中扮演至关重要的角色。相比纯文本信息，照片被认为是一种更可信的信息来源。这是因为，照片相对于文字更难被篡改或伪造。例如，如果一个约会网站的使用者能够提供一张自己攀岩的照片，这比起在文字介绍中简单地说自己爱好攀岩，会显得更加真实可信。照片提供了更加直观和具体的证据，使对方能够更准确地了解你的身份、爱好和兴趣。在线约会平台的用户也热衷于探索如何在虚拟世界中建立信任感。但事实上，在移动陌生人社交中，用户的在线自我呈现受多种因素的影响。用户的个人特征和动机对自我呈现方式有着重要影响。年轻用户可能更注重外貌和时尚感，而年长用户可能更注重内涵和品质。有些用户可能会选择突出自己的优点和特长，以吸引更多人的关注；有些用户则可能更注重真实性和可信度，通过分享真实的生活经历和感受来建立与陌生人的联系。

我曾经很认真地使用我的社交媒体，甚至会把生活、工作中的照片放上去。我有时候还会写日记，例如，针对某些事情的看法，我在做什么，等等。这样做的目的是，我想在交友软件上营造出我跟其他人不同的感觉。我想告诉别人，我是一个活生生的人，我有我的工作，我有我的生活。(B3)

B3通过真诚的态度，获得了异性的青睐。他的分享证明了在陌生人交友App中，一个有吸引力的、真实的自我呈现对于在线关系的重要性。它不仅能够吸引更多人的关注，还能够展现个人的独特魅力，为寻找志同道合的朋友和伴侣提供有力支持。在社交媒体平台上，那些精心设计的个人主页和有趣的内容分享，往往能够吸引更多的点赞、评论和私信，从而扩大社交圈层。举例而言，在网络交友 App 中，用户可以通过文字、图片和视频等多种方式展示自己。在主页照片，选择一张在海边日出时分拍摄的照片。那温暖而柔和的阳光洒在海面上，波光粼粼，仿佛能触及内心的最深处。这不仅仅是一张风景照，更显示出用户本人对生活态度的诠释——热爱自然，追求内心的平静与宁和。再如，用户可以在个人简介中，尽可能真实地展现自己的性格和兴趣，凸显个人的才华和幽默感。在动态分享里，时常更新自己的生活点滴。无论是参加朋友聚会时的欢乐时光，还是独自旅行时的所见所感，这种积极与大家分享的意愿能够让人感觉到真实可信，也方便别人找到与你共同的话题和兴趣点。这种自我展示的重要性在于，它能够快速吸引与自己有共同兴趣和价值观的人。当潜在的朋友或伴侣看到这样有吸引力的展示时，他们更有可能产生进一步了解的想法，从而建立深入的交流和联系。

通过陌生人社交软件相识的双方互动到一定程度后，交换熟人社交平台也是强化信任的一种方式。Ellison 等（2006）首次将"不确定性降低理论"应用于在线约会网站的印象管理研究，为我们提供了宝贵的观点。该理论最初用于研究基于文本的互动关系语境，但是最近这一理论更多地被应用于多模态的关系语境中，拓宽了该理论的适用范围。不确定性降低理论主张，在人际交往中，为了降低对对方不确定性的担忧，互动双方都会寻求更多的线下信息，从而建立更加稳定和深入的关系。而这种信息，往往能够增加彼此之间的信任感。其他在线约会研究者也支持该做法。他们认为，如果一个人被真实社交圈的人知道自己使用在线交友的人越多，那么他出现在线自我呈现偏差的可能性就越低。这是因为，当一个人被更多的人知道自己的在线交友行为时，他会更加受到社会舆论的监督和约束，从而减少自我呈现偏差的可能性。此外，当信息接收者能够接触到信息传播者生活圈中的其他成员时，他们更有可能相信这些信息是真实的，因为其他成员会对信息传播者起到监督作用，这样一来，信息接收者的安全感得到了保障，对信息传播者的信任度也随之提高。所以，通过交换熟人社交媒体的方式，用户不仅能够展示自己的真实生活，还能够让对方了解自己的社交圈子和好友类型。这些信息对降低不确定性和风险至关重要。其他用户还可以通过浏览过往的朋友圈、瞬间等分享内容，快速感知对方的真实生活状态，以轻松精准地开启聊天话题。这些都有助于关系启动阶段的破冰。

值得注意的是，多模态技术的加持使在线自我呈现策略变得更加丰富和复杂。在传统的 FTF 中，我们可能通过面对面的交流、观察对方的行为和表情等方式来降低不确定性。但是，在网络交友环境中，在缺乏面对面沟通的直接性和即时性反馈的情况下，用户可能会更加倾向于以自己偏好的方式构建自我展示的信息，展现自己理想化的一面，或者刻意隐藏某些不符合社交期望的特征，并且在传播过程中向有利于自己的方向引导。一些用户可能会故意提供不准确或误导性的信息，以塑造一个更加理想的自我形象，他们甚至完全虚构自己的身份和背景。因此，在数字化社交日益盛行的当下，如何有效地管理个人的在线形象，以及如何审慎评估他人的真实性，降低交往中的不确定性，成为不容忽视的重要议题。这要求每个用户在利用美颜滤镜等技术时，坚守真实与诚信的底线，避免过度包装和误导他人。为了维护陌生人社交环境的健康和真实性，迫切需要加强对在线自我呈现行为的监督和管理。这包括但不限于制定和执行相关规范，确保用户发布的内容真实可信，同时打击虚假信息和恶意欺诈行为。此外，提高用户的媒介素养和道德意识也至关重要。真实的自我呈现才能够建立稳定的关系。这不仅是对他人的尊重，也是维护网络社交环境健康稳定的基础。

第二节 破冰之旅：自我袒露开启亲密关系的话题

在移动交友软件中，当我们邂逅了心仪的对方，如何跨越陌生的界限，走向心灵的亲密？答案便在于那一次次真诚的"自我袒露"。在线的自我呈现，如同一张吸引人的名片，决定了能否与对方相识。然而，真正的相知却源于彼此间的自我袒露。

自我袒露，不仅是构筑亲密关系的基石，更是降低不确定性、增进信任感的巧妙手段。在虚拟世界中，陌生的关系如同迷雾中的旅途，充满了未知与疑惑。为了驱散迷雾，我们都在努力交换信息，通过自由的沟通会话，寻找对方真实性与可靠性的线索。

在移动社交的初始阶段，自我袒露不仅是分享个人的经历、想法和感受，更是一种信任的展现。当我们选择在网络上向他人敞开心扉，分享那些或许在现实生活中未曾提及的内心世界时，我们实际上是在邀请对方进入我们的生命，一同经历喜怒哀乐。这种分享不仅让我们感到被理解和被接纳，还能加深我们与对方之间的情感纽带。这一阶段，共同话题的探寻和初次交流的尴尬打破，都显得尤为重要。它们如同桥梁与纽带，连接着我们的心灵，让我们在相互了解与熟悉的过程中，渐渐拉近彼此的距离。

一、摇摆的信任：缺失的自我袒露

在移动社交的时代浪潮中，自我袒露无疑成为构筑深厚亲密关系不可或缺的桥梁。然而，不容忽视的是，在线自我袒露的缺失问题正悄然浮现，这成为关系深化和信任建立的一大障碍。

移动社交应用中的用户常常出于对个人隐私的严密保护，对自我袒露持谨慎态度。他们担心个人信息的泄露可能带来安全隐患，或是被别有用心的人利用。因此，在交友的旅途中，他们常常保持警觉和距离，不愿轻易敞开心扉。这种自我保护的本能无疑在一定程度上阻碍了双方建立更深层次的情感联系，使彼此间的了解变得困难重重。

因为这里面鱼龙混杂，什么人都有，我不敢暴露太多真实的自我信息，一方面是害怕遇到熟人尴尬，另一方面也害怕遇到骗子。但其实这样聊天也没什么意思，我感觉大多数人都和我有差不多的想法，都藏着掖着，一来二去几句话就觉得没什么意思了，慢慢也就不爱聊天了。（A3）

在线的自我袒露是一门艺术，人们在其中既渴望展现真实的自我，以获取他人的认同与共鸣，又时刻警惕网络空间对个人隐私安全的潜在威胁。平等的自我袒露，是建立和谐友好关系的重要开端。有受访者表达了对"查户口"式提问的强烈反感，这种急迫而强制的询问方式，无疑会对人际关系造成严重的损害。若我们真心想要深入了解对方，首先应以自我介绍为起点，随后再以礼貌而恰当的提问方式进行交流，这样既展现了我们的诚意，又让对方感受到被尊重与理解。

无论和谁成为网友，都不需要询问对方的年龄、籍贯、工作、婚姻状况、家庭情况。这些提问会让人觉得非常不适。网友只是网络里形形色色的符号而已，离开了这个平台，就什么也不是。千万不要高估自己在别人心里的地位，真正的安全感是用默契的陪伴经营出来的。寻找到一个有足够默契的人是非常困难的。人都是相互的，想要得到别人的尊重，首先自己就要尊重别人。人没有高低之分，素质和修养决定一个人的命运和前程。（Soul 匿名参与观察文本）

真正的自我袒露，应当是一种双方同步、同量、同深度的持续交流。若一方持续敞开心扉，而另一方却冷漠无应，这样的互动显然是不平衡的。对陌生人敞开心扉确实是一项挑战，这在很大程度上取决于个体的性格特征。拥有高安全感的人，更易于相信他人，并积极主动地展示自己；而安全感较低的人，则更倾向于自我防卫，对袒露自我持有审慎的态度。如下面这位受访者所言，对于低安全感的人来说，主动的自我展示往往伴随着不安与担忧，他们害怕优先展示自己会遭到他人的挑剔与评判，从而产生一种被窥探的不适感。因此，在网络空间中，我们更应尊重彼此的感受与界限，以更加细腻与体贴的方式，去倾听、去理解、去接纳。

正是因为在这个私密性很高的社交媒介上，往往优先选择展示真实自我的人，会被选择保守秘密的人排斥。例如，我写了很多介绍自己的信息，对方却一条也没有，他可以选择是否想要跟我聊天，或者直接已读不回。当我询问关于他的信息时，他会觉得我在盘问他，并且不想理会我。因此，往往主动的人因为受到冷漠对待而不再主动。（Soul 匿名参与观察文本）

随着时代的快速发展，移动交友 App 的精准定位功能极大地便利了双方的见面，但这也促使了亲密关系的迅速发展，可双方尚未充分了解彼此，因而造成了自我袒露的缺失。在与 C2 的对话中，他从传播媒介的发展变迁出发，详细对比了 FTF、CMC 以及 MMC 下亲密关系的发展过程。

Q：您的意思是，过去的网络聊天室在交流上是否较为深入和真挚？

A：是的。

Q：您认为产生转变的原因是科技的发展还是时代的变迁？

A：科技使得交友方式变了，让人们更容易包装自己。但也无形中显示了自己的欲望，因为人们对于交友软件，事先就有一个预期，有一个目的，有一个准备。光是"交友"两个字就已经限制了许多条件，在思考上已经产生了局限性。

Q：传统交友也是一对一的形式，那么是什么产生了限制呢？

A：传统的交友没有太多的局限性，也不会事先想要去交朋友。但是交友软件，一开始的目的就是要交朋友。

Q：“要”是"筛选"的意思吗？

A：是的，现实中我们不会过度筛选，有着更多的偶然性。交友在现实中就是这样的，只是偶然遇到，然后就成为朋友了。

Q：您觉得交友是随心随缘的事？

A：是的，应该说在没有这种交友软件之前，原本交友就是这样的模式。

Q：您觉得相比于网络聊天室的时代，现在的交友模式有改变吗？

A：有。交友软件帮助人们快速地用条件限制、筛选等功能去交友，造成了隐藏和包装，因为它一开始就叫作交友软件。

Q：您刚提到想"要"一个怎样的朋友，如果大家都抱着交到理想款的心态交友，人和人之间的磨合是不是就更少了？

A：是的，最大的差异就在这里。通常现实中我们都是与朋友磨合，而不是通过筛选来判定一切。

Q：会不会让人更憧憬于"正缘"？

A：会。我们会期待遇到对的人，同时对方也会想要包装成你认为对的人，这就属于一种隐藏。或者是对方也会把你想象成对的人，但是没有经过磨合就做出这样的判断，很容易产生问题。

Q：没错，关系应该是磨合才深厚。这样就导致关系很脆弱，一旦不合适就会换人，是不是？

A：是的，因为有便利的筛选，很容易让人这么想或者这么做。

通过 C2 分享的心得体会，我们可以看出，由于移动陌生人交友软件的目的性过强，以及地理定位技术的加持，用户对见面抱有高度的心理预期。这种心理预期在一定程度上限制了关系的发展，导致双方在互动中刻意隐藏和包装自己，从而影响了自我袒露的真实性。所以说，相较于 CMC 时代，移动交友软件中的自我袒露相对匮乏。由于缺乏真实的自我袒露，用户在移动交友 App 中建立亲密关系可能比 FTF 和 CMC 要花费更长的时间来建立信任和深入了解对方。

爱与被爱，作为人类情感的核心，其基础在于双方深入的相互理解和情感连接，而非单纯的属性或外貌吸引。在关系的发展中，对方是否优秀的属性吸引或许是起始阶段，但真正的关系建立，则需要双方的自我袒露，这是一个相互理解和深入连接的阶段。然而，移动交友软件往往使人们注重快速奔现，或者寻找搭子陪伴式社交，而忽略了至关重要的自我袒露环节。这种"快餐式"的关系构建，不仅难以持久，更增加了网络诈骗等风险。因此，在追求真实而持久的感情关系时，适度的自我袒露和坦诚的沟通是不可或缺的。如何在保持谨慎的同时，又能勇敢地迈出相互了解的第一步，成为当代单身男女在移动交友平台上需要面对的重要课题。

二、假面的告白：刻意的自我袒露

自我袒露在人际关系中扮演着重要的角色。适度的自我袒露有助于促进人与人之间的亲密感，加深彼此的了解和信任。但过度的、刻意的自我袒露可能会适得其反，对人际关系的健康发展产生负面影响。具体来说，用户在移动社交平台上往往会进行自我角色和会话行为的调试，以符合他们期望的交往对象和交往模式。这种调试可能涉及对个人信息的筛选、修饰甚至虚构，以及对交流方式和话题的选择。用户可能会刻意展现自己积极、有趣或吸引人的一面，而隐藏或忽略那些可能被认为不够理想或不够有吸引力的方面。这种刻意的自我袒露不仅增加了人际关系的不确定性，还可能导致双方对彼此的了解产生偏差或误解。

我在聊天的时候，知道哪些秘密使对方觉得很有趣。我会分享一些无关紧要的内容。（C3）

善于倾听是能力，但不能刻意，刻意了就是套路。我觉得那些善于倾听的人，其实是自我防御的表现。比如，不讲自己的事情，不介绍自己的情况，这样反而无法继续进行话题。还有那种只展示自己最好的一面，负面的事情全部不提，也是防御。（B4）

受访者 B4 的分享说明，倾听和自我袒露是一种基本的礼貌，但刻意的倾听和过度的自我袒露往往流露出一种防御的姿态，实际上也是一种防备心的体现。同时，过度的包装和隐藏也可能让关系变得表面化和肤浅，缺乏深度和实质性。两位通过交友 App 成功发展为亲密关系的受访者分享了他们的经验。

我们两个是异地，我在南方，她在北方，距离非常遥远。如果是纯粹地想找个人打发时间的话，我不会和她聊那么久。我觉得是无聊找个伴，还是认真地想认识某个人，这两种聊天方式是完全不一样的。如果只是找个人解闷，一般都会找附近的人，马上约出来见面，去吃饭或者看电影，不会在网上打字打那么久。我记得我和她在见面之前，我们每天通话至少五六个小时，我比较喜欢打电话，成长经历、生活琐事之类的，什么都聊。（B1）

我是个同情心比较强的人。每当我看到正在读博的或者郁闷的，我都会聊几句，鼓励一下。当时他没发照片，只有生活中的分享，那时候我记得他刚到美国，过得很痛苦。我当时刚从英国联培回来，我知道在国外读书很辛苦，我就每天都给他加油，慢慢就聊起来了。其实我们当时没想谈恋爱，我总以知心姐姐的身份安慰他。（C4）

如上两位分享了各自交友时亲密关系建立初期的情况，其共性就是当时他们与交往对象身处异地。受访者 B1 与女友相隔南北，却能够每天进行长达几个小时的语音通话。这种长时间的沟通为他们提供了更多了解对方的机会，也让他们的关系更加紧密。与此相比，那些寻找短期关系的人往往追求快速达到目的，不愿意花费太多时间和精力去了解对方。受访者 C4 通过 Soul 认识了在美国读博的爱人。他们在交往初期并没有想过要谈恋爱，而是从知心姐姐的角度为对方提供情绪支持。这些经验表明，尽管 CMC 时代的亲密关系和 FTF 时代的亲密关系在时空维度上经历了显著的变迁，但亲密关系的核心本质未曾改变。无论是通过 CMC 还是 FTF，亲密关系的形成往往源于一种自然而然的吸引力，而非刻意为之的追求结果。在传统的面对面亲密关系中，人际交往的轨迹常常呈现出非预设的特点，其未来的发展方向充满了未知与不确定性，这种不确定性不仅赋予了亲密关系独特的魅力，还激发了人们内心深处的情感共鸣。

可见，成功的亲密关系的建立并非一蹴而就，而是需要双方共同努力，逐步深入了解对方。这种纯粹的、不带目的性的交往方式更有助于双方建立起深厚的情感联系。匿名性的沟通语境能够促进自我袒露，让人感觉轻松自在。因为交错的时空、匿名和异地的距离感、关系发展的不确定性，所以交往的目的性降低。随着双方不断地交换信息与自我袒露，才能提升亲密感。在这个过程中，适度的、真实的自我袒露成为一种重要的催化剂。通过分享个人的想法、感受和经历，双方能够更好地理解彼此，建立起更加深厚的情感联系。

三、骤然的坦诚：过快的自我袒露

过快的自我袒露是指在建立亲密关系的初期，过早地、过度地分享个人的私人信息、感受和经历。这种过快的自我袒露可能导致一系列问题，包括信任危机、关系无法展开以及其他潜在的风险。

过快的自我袒露可能降低关系的信任度。在建立亲密关系的初期，双方需要逐渐建立信任。然而，情感如果还没达到一定程度，过早地分享过多的个人信息可能导致对方怀疑你的真实动机和意图，从而降低对你的信任感，反而不利于关系发展。

我戒心比较重，而且我比较理智。如果对方好像迫不及待地介绍自己，我就会有两种反应。一种可能就觉得这个人真的想要用心跟我交流，另

一种就觉得你要么很奇怪，要么就是有套路，并且我会觉得后者的可能性更大。（C3）

同时，自我袒露应是平等交流的过程，在对话中增进了解。在彼此还不熟悉的情况下，单方面过快的、过多的自我袒露也可能使对方感到不舒服或压力。比如，当某人在短时间内分享大量个人信息时，可能会让对方感到难以回应或处理这些信息，甚至产生逃避或退缩的想法，大大降低了交友吸引力，导致关系无法正常进行。

我遇到过那种初次交流就迫不及待地倾诉大量负面情绪的人，让我感到十分困扰。使用交友软件的初衷是为了放松，而不是变成情绪的垃圾桶。一般这种过度诉苦的，我会避免深入交流。我并非反对在交流中表达情感，适度的情感交流有助于增进彼此的了解。然而，过度的情感暴露，无论是优点还是缺点，都可能产生负面影响。过度展示优点可能使人感觉不真实或过于炫耀，而过度暴露缺点则可能让人产生轻视或不尊重的态度。（B4）

此外，过快的自我袒露还可能带来潜在的风险。在网络交友环境中，诈骗分子常常利用人们的渴望和期待来实施欺诈。由于时间紧，他们需要通过过快的自我袒露来锁定目标对象，骗取别人的信任，进而达到其不正当的目的。福柯（1999）的"规训理论"认为，在陌生人社交媒体上的互动行为都会被第三方"圆形监狱"监视，以规训使用者的行为。移动交友软件平台为了给用户提供一个安全、健康的交友环境，正在不断解决这一问题，比如，不断加强审核和管理，打击虚假信息和欺诈行为，进行关键词监控，等等。以Soul、探探为例，一旦涉及非法的字词，系统就会自动进行管制。但是，诈骗分子往往会转移到其他社交媒体平台以规避监管。

因此，为了维护关系的健康和稳定，我们需要警惕过快的自我袒露。在建立亲密关系的初期，我们应该保持一定的距离和谨慎，特别是对那些目的性过强、自我袒露不足或速度异常的个体。因为凡是抱着社交功利心理的个体，都非常在意回报率和时间成本。而在一段正常的良性关系中，自我袒露是一个循序渐进的过程，需要时间、信任和相互了解的积累，逐步了解对方并建立信任。这与传统生活中亲密关系的发展模式是一致的，我们要学会控制分享信息的节奏和数量，学会倾听和理解对方的反馈和感受。同时，我们也应该了解，地理定位技术的快速发展虽然为人们提供了更多的交友机会，但也促进了"奔现"现象的快速发生。这可能导致人们在尚未完全了解对方的情况下就建立了亲密关系，从而增加了关系的不稳定性和风险。用户需要认识到过快的自我袒露可能带来的风险，在交友过程中学会保护自己，避免受到网络诈骗等不法行为的侵害，谨慎对待对方的请求和信息，及时报告可疑行为。

第三节 情感升温：多模态社交方式持续互动交流

情感升温是一个循序渐进的过程。随着了解的加深，双方会在日常聊天中分享更多的生活点滴，无论喜怒哀乐，都会倾诉给对方。这种情感上的共鸣和依赖，让彼此的感情在无形中不断升温。在移动陌生人交友软件中，当两个人的心因在线"自我呈现"的怦然心动而相互吸引，并在深入的"自我袒露"中逐渐拉近了彼此的距离后，接下来的情感升温与关系维持便显得尤为重要。这不仅关乎双方在线上世界的情感交流，更是决定能否从虚拟走向现实的关键所在。

在数字化时代的浪潮中，移动交友软件提供的多模态交互方式正以其独特的魅力为情感升温提供有力支持。它不仅丰富了人们的沟通方式，更在情感互动层面实现了前所未有的深化与提升。在传统的社交方式中，人们可能因为时间、空间等因素的限制而无法保持持续的沟通。相较于传统 FTF 时代和 CMC 时代的社交方式，MMC 时代通过融合文字、声音、图片和视频等多种交互形式，为用户提供了持续的情感互动与支持的平台。在多模态社交中，无论身处何地，只要有网络和设备，人们就可以随时随地进行沟通。当一方遇到困难或挫折时，另一方可以及时给予关心和支持；当一方需要分享喜悦时，另一方也可以陪伴一起庆祝。这种即时性和便利性使得情感互动得以持续进行，为亲密关系的进一步发展奠定了坚实基础。同时，多模态社交中丰富的信息表达形式也有助于人们更深入地了解对方的情感和需求，进一步促进了情感互动的深度和广度。

社会临场感理论强调，个体在交往过程中，会依据接收到的信息线索来对他人形成判断和认知。这一理论在 MMC 的背景下显得尤为重要，因为传播媒介的技术演进直接影响了信息线索的丰富程度和传递效率，从而影响了用户的临场感体验。从传播媒介的技术演进逻辑来看，每一次技术的提升都为用户带来了更加丰富的临场感。在早期的文本聊天时代，用户主要依赖文字信息进行交流，虽然能够传递基本的意思，但缺乏直观性和生动性，用户的临场感相对较弱。随着技术的发展，图片、语音、视频等多媒体元素逐渐被引入社交媒介中。这些元素为用户提供了更多的信息线索，使得交流变得更加直观和生动。用户可以通过观察对方的表情、动作和声音来更好地理解对方的情绪和意图。

以移动交友 App 为例，这些应用通过整合多种媒介形式，为用户提供了更加丰富和立体的社交体验。在移动社交软件的多模态交互环境下，用户不仅可以通过文字聊天来了解对方的基本信息，还可以通过查看对方的照片、视频和动态来深入了解对方的生活状态和兴趣爱好。这种多媒体信息的综合呈现，使用户能够更全面地了解对方，从而更容易建立起深厚的社交关系。此外，技术的提升还使社交媒介的交互性显著增强。通过实时语音或视频通话感受对方的情感状态，通过图片和视频分享生活中的点滴，这种直观的信息传递方式使亲密关系更加真实、生动，从而减少了不确定性。这种真实的自我展示有助于增进彼此之间的了解和信任，为情感升温奠定了坚实的基础。

此外，多模态社交还为情感互动增添了更多的趣味性和创意性。人们可以通过各种创意性的方式来表达自己的情感，如制作视频、使用表情包等。这些方式不仅让沟通更生动，也增加了情感互动的新鲜感和趣味性。这种趣味性和创意性有助于激发人们的积极情绪，进一步推动情感升温。具体来说，不同媒介的社交方式随着双方关系的改变而有所不同。接下来，笔者将详述不同媒介特质与临场感的关系，即恋爱的沟通方式。

一、文字

文字是一维信息编码，在传播情绪信息方面存在一定的局限性，因此常被归类为"弱亲密关系"媒介。但在关系建立的初期阶段，双方往往还在试探和摸索彼此的性格和喜好，保持一定的谨慎和距离感是很重要的。所以，通常情况下，文字媒介在关系初期的使用尤为普遍，这主要得益于其"异步性"的传播特质。

文字的"异步性"允许双方在沟通时拥有更大的自由度和弹性。与实时语音或视频聊天相比，文字交流不受时间限制，用户可以在任何方便的时候回复信息。这种灵活性有助于减轻沟通压力，不必担心会打扰到对方，使双方能够更自然地展开对话。

假设我们今天坐地铁或公交车，看到一个很漂亮的女生或是很帅气的男生，你很心动，很想跟她/他认识，可就算给你电话号码了，然后呢？你不知道对方到底怎么样，所以我认为，其实道理都是一样的。通过网络，一开始认识了，可还得通过文字了解彼此，而且也不必担心给别人造成困扰，她会回复就说明她对我也是有兴趣的。（B3）

文字的编辑功能还允许用户在发送信息前进行反复修改，确保信息的准确性和合理性。文字媒介这种易于操纵和编辑的特点，也是其在关系建立初期受到青睐的原因之一。通过精心组织语言和措辞，用户可以更好地表达自己的意图和感受，同时避免因语言不当而引发的误解或冲突。

我最初和别人沟通都是打字，不会语音。有时候可能不熟悉，会害羞，感觉话讲出来又觉得讲错了，想的和说的不一样，但是已经不小心发出去了。（A2）

需要注意的是，虽然文字的异步性为用户提供了沟通上的自由与弹性，但与此同时，它也成了传递微妙信息的一种方式。在 MMC 中，用户经常通过对方回复的字数、回复的时间和频率来解读对方的态度和兴趣。

比如，回复的字数多少往往能够反映出对方的投入程度。如果对方总是用简短的话语回复，可能意味着对方对当前的话题不感兴趣或者不想深入交流；而详细的回复则可能表明对方对谈话内容很感兴趣，愿意投入更多的时间和精力。

再如，回复的时间和频率同样能够传递出丰富的信息。如果对方总是迅速回复信息，说明对方可能正在密切关注聊天内容，对与你的交流持积极态度；相反，长时间的延迟或不定期的回复可能意味着对方对你的信息并不那么在意，或者在生活中有其他更重要的事情需要处理。

对于延迟回复或者不回复的行为，很多用户表示了强烈的不满。这主要是因为这种行为可能被视为不尊重或不在乎对方的感受。在社交互动中，及时且恰当的回复被视为一种基本的礼貌和尊重。当用户感受到对方的冷漠或忽视时，自然会产生不满和失望的情绪，这也是为何在移动交友 App 中，经常出现不聊天或是幽灵式社交现象的原因。

沟通一定要及时，比如说我的消息发给对方，半个小时甚至一个小

时才收到回复，就算我原来想跟他交流，现在的热情也会被熄灭。(B1)

如果我今天早上给你发一条信息，你晚上才回，然后隔天发给你，还是要晚上才回，这就只是留言而已，这不叫聊天。(C3)

有没有感觉，主要看双方有没有继续对话的意愿，像那种一问一答式的，就知道对方没有兴趣。(B4)

此外，由于文字缺乏社会线索，无法感知对方的语气和表情，因此容易造成误会。针对这一点，受访者也感同身受。

文字没办法传递温度和幽默，也没办法传递喜怒哀乐等情绪，很容易让人误会。有一次我发了一条信息，对方居然以为我生气了！即便你用图片，但是还是没有语气，对方会以为你怎么会这样，突然就不高兴了。其实我根本没有，我就是微笑着在打字，她就误解了。(C1)

可见，作为一种弱亲密关系媒介，文字在关系建立初期发挥了重要作用。其异步性、易操纵和编辑性以及降低讲错话风险的特点，使文字媒介成为双方初步了解彼此的理想选择。然而，随着关系的深入发展，单一的文字交流可能无法满足双方对更亲密、更直接沟通的需求。因此，在关系发展的不同阶段，用户可能会根据需要选择不同的媒介形式来丰富和深化彼此的交流。

二、声音

随着关系熟络到一定程度，彼此会传递语音信息或者进行语音通话。声音是一种二维信息编码，属于中亲密关系媒介。声音媒介能提供更丰富的临场感，在语音通话中的自我袒露有助于降低不确定性，提高关系亲密度。受访者 B1 最初通过 Soul 语音与当时的女朋友互动聊天，每天的语音通话长达几个小时。

文字聊天就是很生硬的几个字，但是声音就不一样了，它可以表达出很多东西，可以听出来性格。你可以通过她的语气、说话的方式、语速等,去感觉这个人的性格。有些人打字的时候很利索,但是我觉得语音说话更能看出来这个人真实的样子。我记得我们第一次打电话的时候,她的声音特别好听,就像电台主持人一样,我就一下子更心动了,每天都忍不住给她打电话。(B1)

受访者 B3 向笔者回忆他第一次与交友 App 中认识的女友语音时的感受。他们最初用文字时相谈甚欢,可是进入语音阶段后却暴露出更多信息。这说明声音媒介的同步性更能够考察对方的反应能力,进而去再次验证是不是自己所期待的那个形象。

因为我自己对声音有点要求,声音不好听的,比如,有些女生的声音听起来就很撒娇、很装,甚至有的声音听了会觉得很刺耳,像这种就算外表很好,我也不想跟她相处,所以声音其实是很重要的。一开始我们一直是打字聊天,聊得特别开心,她的文字很温柔、有内容、有深度,我对她印象非常好,就忍不住好奇,想要更多地了解她,想通过语音知道她的声音。有一天,我和她语音通话了,但是没想到,电话一接起来,我发现她反应能力不太好,不像打字那么快,而且她经常卡壳,支支吾吾的,不知道该讲什么。(B3)

相较于文字媒介,声音媒介能够传递出更丰富的信息。这意味着在自我呈现的过程中,声音元素的使用同样重要。通过声音,用户可以更好地传达自己的情感、态度和个性,从而增强自我呈现的真实感和可信度。

我更喜欢深入沟通阶段的语音沟通。我一直相信声音可以传递很丰富的感情。文字毕竟可以编辑,也可以有时间思考,但声音的反馈非常真实,通过语气、语速都能听出来,而且声音和真实见面很接近。(C5)

因为打字的话了解起来还是比较慢的,毕竟输入文字需要很多时间,能交流的内容很少,而且文字反应的时间也很长,你更难以快速了解对方,所以我喜欢语音。(A1)

结合多位受访者的分享，我们可以洞察到声音媒介的独特魅力与优势。

（1）声音媒介临场感更强，让我们能够更深入地感知人际交流的微妙线索。通过语气、语速、音调的细微变化，声音能够传递出比文字更丰富、更生动的情感与信息。相较之下，文字虽明确，却难免显得生硬与单调，也容易造成沟通误会。

（2）声音媒介的可信度更高。作为一种同步传播媒介，声音媒介要求双方在时间上的同步共在，即使身处异地，也能在同一语境下实时沟通。这种即时性使声音沟通更真实，几乎没有修饰与掩饰的余地。而文字媒介的异步性则给予了双方更多的思考与编辑空间，因而可能掩盖了真实的自我。因此，声音媒介更容易赢得他人的信任。

（3）声音媒介的信息丰富度与传播效率更强。人们说话的速度远快于打字，这使语音通话在相同时间内能够交换更多的信息。这种高效的信息交流方式不仅加快了双方的了解速度，也提升了沟通的效率。

三、视频

视频作为一种强亲密关系的媒介，在人们感情逐渐深化的过程中扮演着重要角色。随着彼此感情的不断升温，人们可能会选择视频聊天。视频作为三维信息编码，能够传递更为丰富多元的信息。在双方沟通的过程中，可以更多地依赖非语言部分，如面部表情、肢体语言等，来做出更准确的判断，从而更方便彼此加深了解。然而，由于视频具有同步传播的特性，它需要双方提前安排时间进行沟通，这增加了前期准备的复杂性。同时，普通人面对镜头时常常会感到压力，这使得视频沟通相较于面对面的交流而言，可能带来更大的心理压力。因此，在关系建立的初期阶段，人们往往较少选择使用视频聊天。

在新一代移动技术赋能传播的驱动作用下，人际互动模式相较于

FTF 和 CMC 时代亲密关系的建立已经得到了极大扩展。声音、视觉社交的崛起，使媒介真正意义上成为"人的延伸"。在多模态数字化生存的网络时代，移动互联网的人际交往活动在一定程度上成为具有象征意义的符号表征。这些文字、语音、视频媒介的多模态沟通渠道成为网络对真实的虚拟镜像，通过穿越屏幕，串联起"客观现实"与"虚拟在场"的互通互联。

我们已经沟通过一段时间了，在语音通话之后不久，我就提议进行视频通话。我希望她能够确认我的真实形象是否与照片相符，因为动态的视频是一种很好的确认方法。（B3）

正如前文所提到的，使用交友软件的动机和目的可能会影响人们自我袒露的真实性。但是，随着沟通方式的深入和变化，这种印象会逐渐被验证。MMC 时代的多模态传播互动方式，为用户提供了更多检验方式。从文字到声音、视频沟通，人们在建立亲密关系的过程中，对于对方的认识经历了一个从主观感性认识到基于客观行为表现的认识的迁移。这种变化使认识的层次更加深入、关系更加真实，客观上为用户提供了保障。

笔者根据不同的沟通媒介元素，总结出移动互联网时代亲密关系发展阶段与媒介使用的影响：①文字是弱亲密关系媒介，在关系建立初期最常使用，文字可以传递临场感，降低不确定性，但由于线索缺失容易造成误会；②语音是中亲密关系媒介，能够传递更丰富的临场感，声音媒介的语气、停顿使人感觉更有温度、更有亲切感；③视频是强亲密关系媒介，在关系建立初期较少使用，通常用于见面之前，彼此确认长相。

随着 MMC 的崛起，沟通形式从单一的文字逐步丰富到视频等多媒体形式，极大地丰富了用户的交友选择，使得每个人都能找到最适合自己的社交方式。这种变化不仅提升了用户的社交体验，也进一步凸显了移动交友 App 的媒介可供性。这种以照片、虚拟化身和视频为特征的移动社交技术为人们提供了更强的在场感，个体能够选择最适合自己的表达方式来展现自我，充分地扬长避短。这种变化不仅提升了用户的个体自主权，也使得社交过程更加个性化和多元化。如果选择了适合自己的交友 App，也更有可能遇到志同道合的人。同时，这也要求用户了解不同媒介的特点和优势，例如，文字媒介可以详细阐述思想和观点，图像媒介可以直观展示事物和场景，声音媒介可以传递情感和语调，视频媒介则可以综合展现文字、图像和声音等多种元素。在选择媒介时，要充分了解各种媒介的特点和优势，以便选择最适合自己的媒介。

对那些更喜欢用传统文字来沟通的用户来说，移动交友 App 提供了丰富的文字聊天功能。通过文字交流，他们可以更加深入地探讨彼此的想法、观点和感受，建立起一种更为深入、细致的精神联系。对于颜控者来说，图像社交提供了一个直观、视觉化的交友平台。通过浏览对方的照片，他们可以迅速判断出对方的外貌是否符合自己的审美标准，从而决定是否继续深入交流。这种方式虽然有一定的主观性和片面性，但能迅速筛选出符合自己眼缘的潜在伴侣。声控者则可以在语音聊天社交中找到归属感。通过声音，他们可以感受到对方的情绪、气质和个性，从而建立起一种特殊的情感连接。语音聊天不仅方便快捷，还能在一定程度上避免文字沟通的误解和歧义，使得交流更加顺畅。对于那些疲于打字聊天的用户来说，远程视频社交无疑是一个更好的选择。通过视频聊天，他们可以更加直观地了解对方的言行举止、表情神态等细节，从而建立起更为真实、深入的交流。同时，视频社交也能带来更强的在场感，使得双方仿佛置身于同一个空间，进一步拉近了彼此的距离。

总的来说，移动 MMC 中介化社交通过赋能用户自主选择权，为用户提供了更多自由选择的机会，使得社交过程更加个性化和多元化。无论是语音聊天社交、图像社交、远程视频社交还是传统文字沟通，用户都可以根据自己的需求和偏好选择合适的交友方式和社交产品，使得社交变得更加多元、丰富和有趣，从而更容易找到与自己心灵契合的人。

本章小结

移动陌生人交友 App 无疑为我们开启了一扇通往丰富社交体验的大门，使得建立亲密关系的过程变得既便捷又多彩。在这个过程中，用户通过初步的在线自我呈现、真诚的自我袒露以及多模态社交方式的持续互动，逐渐建立起对彼此的了解和信任。

首先，初步的在线自我呈现是建立联系的第一步。用户会精心选择自己的照片、编写个人简介，甚至展示一些兴趣爱好和生活片段，以吸引潜在的朋友或伴侣。这个过程不仅是对自己的展示，也是对他人的筛选，因为人们往往会根据这些初步信息来判断是否愿意继续交流。

其次，真诚的自我袒露是深化关系的关键。在初步的交流中，双方会逐渐分享更多关于自己的信息，包括过去的经历、现在的感受以及未来的期望。这种真诚的交流有助于建立信任，让对方感受到自己的诚意和真实。

最后，多模态社交方式的持续互动是巩固关系的重要环节。移动陌生人交友 App 不仅提供文字聊天功能，还有语音通话、视频聊天等多种交流方式。这些多模态的社交方式使得双方能够更加直观地了解对方，增加互动的乐趣和深度。同时，持续的互动也能够加深彼此之间的了解和情感联系，为未来的见面打下基础。

虽然移动陌生人交友 App 为建立亲密关系提供了便捷的途径，但也需要用户保持警惕和理性。在交流过程中，要注意保护个人隐私和安全，避免泄露过多的个人信息。同时，也要保持对对方的了解和观察，确保双方的交流是建立在真诚和信任的基础上。只有这样，才能充分利用这些交友 App 带来的便利和乐趣，开启一段美好的社交体验。本章主要探讨了移动陌生人亲密关系的建立过程，即线下见面前的旅程，但我们必须明白，真正的亲密关系建立是一个长期且复杂的过程，需要双方持续的努力和投入。只有在相互信任、深刻理解与无条件支持的基础上，我们才能携手走过这段从陌生到亲密的奇妙旅程，共同创造属于我们的美好回忆。

第七章

移动陌生人交友App中的亲密关系实践

在移动陌生人交友 App 的世界里，开启一段亲密关系的实践并非易事，它充满了未知与挑战，但每一次的尝试都犹如一颗充满希望的种子，孕育着新的可能性。当我们踏入这个五彩斑斓、充满机遇的交友世界，追求真实、深入的亲密关系需要具备一些实用的技巧和策略。你可能会有种种困惑，比如：我该如何识别交友软件中的真伪信息，以防被骗？我该如何建立一个有魅力的个人档案，提升我的社交吸引力？当配对成功后，我又该如何与对方开启聊天话题呢？在这一章中，我们将深入探讨这些重要的技巧和策略，帮助你在这个虚拟平台上更好地识别真假信息、选择有吸引力的照片，以及与陌生人巧妙地开启聊天话题。让我们一起为建立真实、深入的亲密关系铺平道路，用真诚、谨慎和策略性的方式，开启一段美好的亲密关系实践吧！

第一节　交友软件中信息真伪的识别方法

随着移动交友 App 的兴起，人们的社交方式发生了革命性的变化。虽然现代社交媒体为人们提供了更多的交友机会，但也可能导致亲密关系的建立和发展缺乏足够的真实性和深度。社交媒体上的信息过量和虚假信息的存在也给亲密关系的建立带来了一定的风险和挑战，即我们如何确保他人的在线自我呈现是真实可信的。在这个信息爆炸的时代，我们需要学会辨别那些经过精心包装的虚假信息，以免陷入不必要的麻烦。因此，在移动虚拟交友的语境下，学会识别真假信息，有效地保护自己，是在交友软件上安全交友的第一步。针对这一问题，笔者提出了移动陌生人交友 MMC 时代的"在线自我呈现甄别理论"。该理论旨在帮助使用移动陌生人交友 App 的用户识别在线自我呈现的真伪，从而避免上当受骗。具体来说，这一理论包含以下四个甄别指标。

一、自我呈现的广度：媒介种类

自我呈现的广度，主要体现在媒介种类的多样性和多模态传播策略的灵活运用上。在数字时代，当在线用户采用更多元的媒介种类与自我呈现方式时，他们的可信度随之增强。反之，若用户仅依赖单一的媒介手段进行自我展示，其可信度可能会降低。

随着媒介技术的飞速发展与创新，自我呈现的方式正不断得到拓展和升级。在移动陌生人社交 App 时代，技术赋能下的自我呈现方式已超越了 CMC 时代的单一文字媒介，转变为文字、图像、声音、视频等多元素融合的综合体。这种多模态的传播方式为用户提供了更丰富、更立体的自我展现平台。通过多模态的社交方式，用户能够更全面地展示个人的特点和优势，不仅有助于提升个人形象的可信度，还能更有效地控制他人对自己的印象，实现自我呈现的目的。

自我呈现不再只是静态的文本或图片，而是可以通过多种模态（如文字、图片、音频、视频等）进行传播。不同的媒介和模态在自我呈现中具有不同的作用。文字可以传达思想和观点，图片可以展示形象和场景，音频和视频则可以提供更生动、更直观的体验。例如，在社交媒体平台上，用户可以通过发布文字、图片、视频等多种形式的内容来展示自己的生活、工作和兴趣，塑造自己的网络形象。这种多模态的传播方式使得信息更加生动、直观，能够更好地吸引他人的注意力。相较于单模态社交，多模态传播手段使用户能够更全面地了解潜在对象，降低对他人的不确定性，从而更加自信地进行自我预言和评判。

现在网络上骗子那么多，我就遇到过酒托，所以一定得全方位了解才敢见面，我们男人也怕被骗啊！我觉得需要通过对方的展示面，比如文字、声音、照片、视频等，综合去判断，去感觉她说的是实话还是假话。

你可以观察，如果她的瞬间图片、文字甚至碎碎念，开心的不开心的都有，基本上一定是真人。（B1）

随着媒介种类的增加，自我呈现的广度不仅在于媒介种类的多样性，还包括自我呈现内容的丰富性。除了基本的个人资料，还可以包括生活状态、情感表达、观点分享、专业知识展示等，从而更全面地展示个体的多面性和独特性。正如受访者B1所言，如果自我呈现的内容非常丰富，通常被视作一种可靠的标志。因为你可以从多样化的分享当中去感知到一个真实的人的情绪，包括喜怒哀乐。相较于单一的内容，多维度的自我呈现的可信度更高。

用户还可以关注对方是否在多个社交平台上进行自我呈现，如微博、微信、抖音等，实现跨平台的整合和互动。这种跨平台的整合不仅可以使个体能够更广泛地进行自我呈现，同时也有助于提升可信度。如果一个人希望和对方深入了解，不妨尝试交换多种社交渠道，彼此交换的社交渠道越多，关系越稳定。

二、自我呈现的深度：内容数量

在自我呈现的过程中，深度和广度是两个不容忽视的维度。自我呈现的深度是指自我呈现的数量，即个体在自我呈现中所展现的信息量。适量的信息可以帮助他人更全面地了解个体的特点、经历和价值观。数量的多少并非衡量自我呈现深度的唯一标准，但至少是一种交友态度的体现。受访者普遍表示，交往的认真与用心程度往往通过文字与照片的数量和质量得以体现。详尽的文字介绍往往传递出真诚与认真的态度。相反，若仅有几张出众的照片，而文字描述却显得简略，这样的自我介绍令人怀疑其真实性，存在机器人账号的可能性。如果主页介绍寥寥几笔带过，甚至没有文字，其实本身也代表着一种线索，隐喻这个人比较懒惰或者不用心，直接影响交友的可信度。

如果一个人的主页只有一张照片，我会直接放弃建立关系。我比较喜欢看对方生活的、出去玩的照片，并且不要只有一张，最好是四五种不同的风格，因为我自己喜欢旅游拍照、吃美食。（C1）

我会仔细看每个人的照片和自我介绍。很多人都非常有趣，或是写得很认真。（C3）

文字背后所传递的信息质量也是判断自我呈现深度的关键因素。内容，即个体在自我呈现中所展现的具体信息。内容的质量对于自我呈现的深度具有决定性的影响。优质的内容能够更好地展现个体的特点、经历和价值观。内容应该具有独特性和吸引力。

在评估网络自我介绍的可信度时，往往可以发现，含糊其词地表述和过度依赖形容词或评价性词语的描述会削弱其可信度，因为它们容易让人产生虚假或刻意塑造的印象。相反，那些明确、具体并使用实质性词汇的自我介绍，更可能赢得他人的信任。如果一个人试图只通过文字和一张高颜值照片来介绍自己，而且文本内容较为笼统，只提到了身高、体重、家乡和职业，抑或是使用了大量的主观评价性形容词，那么这个人就容易让人觉得不够真实。

相比之下，有的人能够提供更为丰富和具体的个人信息，不仅包括身高、体重、星座、学历等基本信息，还能分享自己的人生经历和兴趣爱好。这样的自我介绍不仅更加具体和真实，而且通过个性化的文字表述，让人们能够更好地了解文字背后的个人特质。这样的自我介绍更有可能吸引与自己有共同兴趣和经历的人，建立起更为真实和深入的联系。因此，自我呈现的深度不仅关乎所展示内容的数量，更在于其质量和真实性。一个真实、具体、个性化的自我介绍更能够赢得他人的信任和关注。在撰写自我介绍时，避免使用过于笼统和模糊的词汇，尽可能提供具体和实质性的信息。同时，注意语气和表达方式，展现出自己的诚意。

三、自我呈现的密度：时间跨度

自我呈现的密度是指个体在特定时间段内所展现的信息丰富度和深度。时间跨度是指这种展示所持续的时间长度。它可以是一天、一周、一个月，甚至更长时间。值得注意的是，时间跨度越长，历时性越久，可信度往往越高。当个体在较短的时间跨度内密集地呈现大量信息时，虽然能够迅速吸引他人的注意，但过度的信息量也可能因缺乏深度而导致可信度下降。这是因为，自我呈现是一个渐进且持续的过程，过于密集的信息呈现会让人感到困惑或怀疑其真实性。

然而，如果个体在较长的时间跨度内持续地、稳定地展示自己，那么这种自我呈现往往更具可信度。因为时间是检验真理的试金石，长时间的展示为用户提供了一个持续且稳定的视角，使人们能够更深入地了解个体的性格、价值观以及行为模式。长期稳定的在线自我呈现不仅要求个体不断更新信息和内容，以保持与他人的互动和联系，还需要积极回应他人的评论和反馈，以建立和维护良好的人际关系。这种持续的努力和投入使得个体在他人心中的形象更加稳固，从而增强了其可信度。

以交友软件为例，当双方关系进展顺利并交换微信时，微信朋友圈便成为真实记录和信用证明的重要来源。用户往往会通过浏览对方的朋友圈来快速形成某种印象，并据此评估和校正先前的认知。在这一过程中，朋友圈的时间跨度成为评估可信度的重要参考。如果对方的微信朋友圈仅设置为短期可见，或缺乏过往的分享，就可能引起用户的疑虑，甚至怀疑对方的真实性。相反，如果朋友圈的分享时间跨度足够长且内容丰富，那么其可信度将极大增强。因为诈骗分子倾向于设计短期的虚假自我呈现策略，这样的行为相对容易实施，但要在长达半年甚至一年之前就开始全面布局和铺垫，以构建一个看似真实且长期稳定的形象，则是极具挑战性的。

因此，在追求自我呈现的密度时，应寻找一个恰到好处的平衡点。既要确保在短暂的时间内能够吸引他人的注意，又要确保信息的准确性和可信度。同时，在较长的时间跨度内保持稳定的展示，以建立持久的信任感。这一原则同样适用于我们检验他人真实性的过程。

四、自我呈现的力度：正负比例

在移动社交的语境中，自我呈现的力度是指用户在展现自我时所采用的正负面信息的比例和分寸。过于刻意或过于完美的自我呈现可能让人产生怀疑，而自然、真实的展示方式更容易赢得他人的信任和好感。我们需要认识到，正常人有喜怒哀乐等多重情绪，一个真实的人不可能总是展现出完美的一面。因此，用户在自我呈现时，应该注重正负面信息的平衡，不要用力过度。这样不仅可以让他人更加全面地了解真实的你，也可以增加用户的真实感和可信度。根据笔者的观察，很多网友提到了对网络中"精英人设"的反感。

绝大部分 Soul 的使用者，翻看他的分享，就会发现他的内容主要聚焦在几个特定的方面，可以看出他希望营造什么样的人设。一开始我会关注一些人设是满腹经纶、自律上进的用户，但最后我总是会因为他一直输出过于同质化的内容而厌倦他扁平化的形象，迅速失去新鲜感。迄今为止，让我持续保持兴趣的用户，一般是真实地记录生活，并没有用力营造人设，而是从分享的点点滴滴中感觉到他的优秀品质。（Soul 匿名参与观察文本）

由此可见，自我呈现的内容质量固然能够体现品质，一个独特的个体形象能够让他人在众多信息中迅速记住你，但同质化的内容很快会造成审美疲劳，甚至让人怀疑其背后的目的。因此，真实的记录非常重要。分享多样化的内容更能让别人感觉到你的坦诚，感受到你富有张力和饱满的形象，从而赢得他人的信任和尊重。C1也向笔者分享了他的在线交友心得。

  像我现在的动态是不太好的，你知道为什么吗？因为我呈现得太美好了，都是单身的形象，而且永远都有别人在帮我拍照，这件事情非常扣分。如果是想跟我认真交往的女生，她肯定会觉得有问题，这个男生怎么可能这么多照片，她肯定不会选你。从数据来看，往往那些工作很好、长相很好、年薪很好、生活很好的人，反而是媒合率比较差的。人家会觉得这是假账号，或者你是出于流量还是别的目的，这样反而会错失掉一些人，那些真正想要认识你的人。尤其是那些秀跑车、秀名表名牌的男人，绝对是扣分的，会喜欢那样的女生也有，但那个女生肯定也有问题，她肯定是要骗你的钱。只要是正常女生，反而会对这种有种反感。（C1）

  在C1分享的观点中，谈到了"完美人设"的概念。用户在进行自我呈现时，要以自然的展示方式，构建真实有效的在线交友资料。同时，作为信息接收者，面对移动社交的复杂环境，也需要保持警惕与批判性思维，不仅要审视自己的在线呈现是否得当，也要学会识别他人的真实意图，避免被过于完美或过于负面的自我呈现所迷惑。

第二节 交友软件中图像吸引力的影响机制

  在交友App上，选择合适的图片是提升我们在交友软件上视觉形象吸引力的重要一环。一张真实、自然、能够展现个人特色的照片，往往能够让我们在众多用户中脱颖而出。正如马丁·海德格尔（Martin Heidegger）所说，我们的世界已被把握为图像了。视觉化是当前移动社交文化的重要标志，在视觉图像时代，视觉因素一跃成为当代文化的核心要素，成为创造、表征和传递意义的重要手段（周宪，2008）。

2012年，国外交友软件Tinder开创了"滑动照片"交友模式的先河。随后两年，探探也推出了滑动社交模式。左滑再见、右滑喜欢，图像社交正重塑人们的约会文化景观。根据最新的官方数据，过去六年，探探用户共上传的照片超11亿张，相当于每天上传超50万张。更让人瞩目的是，受全球新冠疫情"社交隔离"的影响，仅2020年上半年，用户平均每日新增照片超过100万张，是过去六年均值的2倍。可见，"晒照"已成为云端社交的刚需，人与人之间逐渐形成了以图像为中心建立的社会关系（Guy Debord，2016），社交方式的读图时代已经到来（米歇尔，2006）。

当亲密关系的建立最终回归到现实生活时，外表吸引力通常会在一定程度上发挥作用。尽管有些人可能会选择仅限于在互联网上展开网恋且永远不会见面，但大多数人还是希望将线上关系延伸到线下，并受到视觉吸引力的影响。胡梦齐（2019）的研究进一步证实了这一点，即使在虚拟空间中不会现实接触，被访者仍然希望自己的交往对象具有高外表吸引力。不同类型的交友App可能在外表吸引力方面的重视程度有所不同，但无论如何，外表吸引力都是关系吸引的重要因素之一。当双方希望通过线上关系建立线下真实的交往时，图像（即视觉吸引力）的重要性就凸显出来。它决定了双方是否能够顺利见面并进一步发展关系。通常，双方会先通过文字等其他自我展现的方式不断地进行自我袒露，最后互相分享照片。如果双方都满意对方的照片，他们才会选择线下约会。如果一方不满意，那么在线亲密关系可能会立刻结束。

在以文本互动为主的单模态社交中，由于缺乏视觉元素，纯文本互动的社交想象也可能导致个体主观地过度信息加工与理想美化，因为人们在没有视觉信息的情况下更容易根据自己的想象来塑造对方的形象，但这种印象往往带有很强的主观性和想象性，与真实的情况大相径庭。因此，纯文字聊天的"见光死"的风险较高，当双方在现实中见面时，可能会因为外表吸引力不符合预期而导致关系破裂。

这也充分说明，身体形象吸引力作为社会交往的重要符号，在线上交友中发挥着重要作用（Hefner and Kahn，2014）。在手机交友App中，用户首先选择个人资料照片进行印象管理，别人也是通过观看照片来进行潜在的对象匹配（Ward，2016）。每天数以百万计的人使用在线交友网站，他们通过扫描流水般的人脸图像来寻找有吸引力的伴侣（Taubert et al.，2016）。许多研究表明，一张有吸引力的图片是关键的评估因素（Strubel and Petrie，2017）。男性和女性都更倾向于查看有照片的约会资料，且资料有照片的联系频率是没有照片的七倍（Hum et al.，2011）。网上的约会资料图片提供了重要的信息，外表不仅影响社交吸引力，还可以让用户推断出对方的整体可信度（Appel et al.，2023）。那些被感知到的个人资料图片越有吸引力，越值得信赖，让人越有意愿线下约会（McGloin and Denes，2018）。

Kress和Leeuwen（1996）提出了著名的视觉语法理论，为人们深度解读图像提供了宝贵的理论基础。他们将图像视为社会符号，在韩礼德系统功能语言学的基础上提出了视觉语法理论，并指出图像建构的三大意义：概念意义、人际意义和构图意义。视觉语法理论是多模态符号学的重要研究成果。接下来，笔者将视觉语法理论的三大后设功能作为研究框架，详细介绍如何构建一张有吸引力的图像。

一、概念意义

在视觉语法理论的框架下，概念意义是视觉图像所表达的内容或主题的表征。它分为叙事再现和概念再现两大类别。视觉图像通过视觉语言对事物进行有意义的建构，这种建构不仅局限于对具体动作的再现，更侧重于静态的、具有象征性意义的叙述过程。这一理论强调，任何社会符号语言的主要概念在于意象，图像能够真实客观地复制现实世界，但更重要的是，它呈现了图像中各个符号之间的交际关系。在交友App

的多模态语篇中，概念意义尤为显著，因为它不仅表现为图像人物的身份和地位，还展现了传受双方之间的情感和社会互动方式。

在交友 App 的多模态语篇中，用户通过选择具有象征意义的视觉符号来隐喻自己的概念意义。这些视觉符号可能是个人照片、生活场景、兴趣爱好等，它们共同构成了用户的个人资料页面。通过视觉要素的累积和象征性赋予，观看者能够形成对用户态度的认知和判断。

具体来说，用户在选择照片时会考虑其代表性和象征性。例如，一张穿着正式服装的照片可能象征着用户的职业身份和专业素养；一张在户外运动的照片则可能暗示着用户的健康生活方式和冒险精神。同样，用户在展示生活场景时也会注重其象征意义。一个整洁有序的家居环境可能象征着用户的自律和责任心；一个充满艺术气息的客厅则可能反映出用户的审美追求和文化素养。

照片可以了解到对方的身份，之前认识的一个网友是空姐，她在主页上传了一张穿着制服在机场工作的照片，我感觉就很真实。（A2）

在探讨移动交友 App 多模态语篇时，几位受访者均强调了照片中场景的重要象征价值，这些场景能够传递丰富的社交信号。在这样一个数字化的社交环境中，图像不仅是简单的视觉展示，更是成为传达人物身份和属性、双方之间情感和社会互动方式，以及使用者个性化视觉符号选择的重要媒介。这些视觉选择蕴含着巨大的社交价值，通过累积的视觉信息和象征性的表达方式，为观看者提供判断他人态度和特质的线索。因为观看者往往依赖于照片中的符号来判断和感知对方是否与自己有共同话题和生活经验，进而决定是否继续深入交流。

我可以通过照片了解对方的生活，比如，观察对方拍照的地点在哪里，经常活动的场所在哪里。（A3）

当然第一眼是看她的穿搭，并不是说一定要看到名牌，我在意的是整体感，看她在哪里吃喝玩乐，这可以让你了解她的生活模式和成长经历，比如，她出现的地方、感兴趣的东西，我觉得这已经定了百分之

七八十。(C1)

希望照片不是大头贴,也未经加工过。若是她自然的模样,再加上笑容的话,那就更棒了!(C3)

我觉得最好放上和朋友玩得很开心,或是做自己喜欢的事情时的照片。这样可以看到对方最好的一面。(C5)

因此,在移动交友软件多模态语篇中,图像制作者需要精心选择能够构建叙事象征价值的符号来表达图像背后的概念意义。这些符号可以是具体的场景、物品、表情等,它们共同构建出一个完整的故事背景,使观看者能够根据照片中传达的细节要素形成整体印象。通过精心挑选和布局的符号,观看者可以推断出对方的身份、地位、性格、爱好、审美等特质,这些信息对于建立初步的社交关系至关重要。这种多模态的语篇方式使媒介真正成为人的延伸,帮助人们在虚拟世界中建立真实、有意义的连接。

虽然符号的象征意义在在线交友中具有重要作用,但它们的呈现方式应该自然、真实。过于刻意的符号选择可能会让观看者产生不信任感,影响社交关系的建立。在交友软件中不乏很多刻意展示汽车标志、衣服品牌或者肌肉的照片,这些照片不仅不会增加社交吸引力,反而容易引起别人的反感。因此,在制作个人展示照片时,应该注重真实性和自然性,让符号在图像中自然呈现,以展现真实的自我。研究发现,随意、真实的照片在在线交友中具有重要意义。它们能够更好地展现个人的生活状态、兴趣爱好和性格特点,使观看者更容易产生共鸣和信任感。

我经常刷到一些晒豪车标志、秀名牌手表的,关键是你炫耀就算了,那么大一张图片,专门来一个标志特写,真的非常低端,这种人我是肯定不会交流的。(A4)

我觉得阳光、轻松、随意,是在线交友最好的形象。戴着酷酷的墨镜、头抬高仰望天空,我觉得有喜欢这样的,但不会是主流,主流是让人觉得你很正面、阳光、轻松、可爱,我们后台数据看得很清楚。(C1)

如果照片中有晒高级名牌的人，一看就是想炫耀，这种人在物质观方面肯定是跟我不合适的。（C4）

Howard Gardner 和 Katie Davies（2013）提到，如今年轻人的生活中到处都是 App 的身影，他们懂得如何通过技术赋能来呈现一个深度美化的自我。照片作为一种可编辑的媒体，自我呈现的过程因技术的发展而变得更加复杂。如今，美颜、滤镜技术为有选择的自我展示提供了机会，媒介可供性促使人们通过中介环境进行策略性包装，由此精心控制和编排自我呈现（Walther，1992）。由于用户在社交媒体中可以轻松凭借技术塑造自我形象，无论是文字的遣词造句，还是图片的美化，包括视频的编辑，因此用户传播的信息是极具可操作性的，这导致了传播者可以有意识地进行策略性的自我呈现。研究发现，在社交平台上的自我呈现中，不乏一些虚假的自我包装策略。很多受访者表示，在移动交友软件中经常遇到同质化、同场景的照片。例如，在飞机上迎着太阳比剪刀手的照片，在某仓库前的照片。有趣的是，这些照片连姿势构图都几乎雷同。

平台上有很多晒自己冲浪、跳伞、打高尔夫的机器人，而且照片都一模一样，这种基本是诈骗账号。（A4）

另外还需注意的是，在社交平台上进行自我呈现时，用户通常会上传多张照片来展示不同的方面。在这个过程中，图像意义的建构至关重要。第一，图像之间的风格应该协调统一，避免给观看者造成混乱或不一致的印象。第二，图像之间的概念意义不能互相矛盾，否则容易让观看者产生认知失调，对用户的真实性和可信度产生怀疑。因此，为了建立真正的社交关系和线下联结，用户应该注重在社交平台上展示真实的自我。这并不意味着要完全摒弃美颜工具或避免展示美好的一面，而是要在保持真实性的基础上进行适当的修饰，让符号在图像中自然呈现，以建立真实、有意义的社交关系。

二、人际意义

人际意义是指图像制作者与图像观看者之间的关系,以及融入文本的态度和立场,包括接触、距离、视角。任何符号语言系统都能隐喻图像制作者、观看者,以及被表现事物之间的特定社会关系。这种互动意义是通过接触、距离和视角三个层面来构建的,它们共同影响了观看者对图像中再现内容的理解和所持的态度。

(一)接触

接触是指图像中的人物与观看者之间通过目光接触建立的视觉联系。目光接触可以分为"提供"和"索取"两种类型。图像人物与观看者通过"目光矢量"产生互动,通过目光接触才能建构互动意义,因此,眼睛的凝视对构建意义非常重要。当图像中的人物通过目光直视观看者时,这种图像就属于"索取"类图像,即图像中的人物向观看者提供信息或情感交流。这种目光接触能够建立一种与观看者的想象关系,从而增强互动交流感。

在水平视角中,正面视角(即图像中的人物正视镜头)属于主观视角,它体现了图像制作者渴望与观看者进行互动的态度。这种视角使得观看者能够感受到图像中人物的直接交流和情感传递,从而增强观看者的参与感和共鸣。例如,在一张正面视角的照片中,人物正面微笑看着镜头,眼神直视观看者,这种目光接触使得观看者能够感受到人物的自信和温暖,从而拉近观看者与图像中人物之间的距离。这种有眼神接触的照片能够展现出人物的亲和力,让人感到友善和亲切,同时也让照片看起来非常自然和愉快。在拍照时,可以让自己正面大方地看着镜头,保持微笑,注意眼神要自信而明亮,以便与观看者建立更好的互动关系。

从受访者 B3 的反馈中，我们可以明显感受到正面视角和真实情感表达的重要性。

> 她是比较活泼的，照片都是那种笑嘻嘻的，看起来阳光、有朝气。她的照片很清楚。我最喜欢她的眼睛，笑起来弯弯的，像月牙，感觉好像在对着我笑，非常亲切，没有一点距离感。笑容可以体现出人品，看了她的笑容，我觉得很安心。（B3）

在水平视角中，侧面视角（即图像中的人物没有正视镜头）属于客观视角，这类图像属于"提供"类图像。虽然这种照片的互动性可能较弱，但它能够营造一种神秘感和期待感，引发观看者的好奇心和想象力。同时，侧面视角的照片也能够展现出一种自然、从容的美感。

拉康（Lacan）的镜像理论认为，特定的观看方式会潜移默化地影响一个人的自我意识，进而影响其自我形象的建构。社交媒体上亲密关系的展示和想象，最终影响传受双方形成某种特定的思维模式。在网络社交平台，人们存在着彼此物化（objectification）的风险，因为人们是通过一种特殊的凝视（gaze）和被凝视（be gazed）的关系确立彼此。也就是说，当人们在上传照片展示自己形象的同时，也在以观看者的身份想象他人在观看照片时的感觉和体验。这种上传照片的行为本身就是一种与"想象的无实体"受众进行对话与互动的过程。

在这个过程中，图像中的人物和观看者之间的互文性凝视模式起到了关键作用。正面视角的主观照片能够引发观看者的认同和移情，产生强烈的沉浸感；而侧面视角的照片则能够将观看者代入画面的叙事故事中，引发他们的想象力和思考。因此，在社交媒体上构建亲密互动关系时，需要关注照片的视觉元素和呈现方式。通过多样化的照片、真实的情感表达和适当的视角选择，可以更好地与观看者建立联系，增强照片的互动性和吸引力。

（二）距离

视觉语法理论认为，景别对人际意义的构建也非常重要。它不仅是画面的视觉元素，更深刻地隐喻着人际的社会距离。根据 Kress 和 Leeuwen（2006）的理论，当画面中的拍摄距离被拉近，这种近距离的取景方式能够迅速拉近观看者与图像内容之间的心理距离，似乎图像制作者正试图与观看者建立一种更为紧密的个人关系，更能让观看者产生亲密感。相反，当画面中的拍摄距离被推远，尤其是当镜头聚焦于腰部以上的远景时，这种距离感便转化为一种社会上的疏离，图像制作者似乎有意与观看者保持一种更为疏远的关系。近景拍摄的社交距离最近，人际互动性最好，便于精准地刻画出每一个细节，使得画面内容更加生动、真实，从而更容易唤起观看者内心深处的情感共鸣。而相较之下，远景拍摄由于社交距离过远，使得人际互动性较弱，但其魅力在于它能够巧妙地营造出一种特定的氛围感，让观看者沉浸其中。笔者经由观察发现，在交友软件中，有相当多的男性把握不好拍摄距离。受访者 A4 就直言不讳地表达了对近景拍摄的厌倦，认为这种"怼着脸拍"的方式缺乏美感和深度，甚至让人产生不适。

我不喜欢怼着脸拍的照片，这种照片毫无意义，也不好看。（A4）

这种近距离的个人自拍照片显然缺乏视觉美感，因为它几乎未能向观看者传递任何实质性的社交信息，从而大大削弱了其社交吸引力，自然无法获得异性的青睐。笔者还注意到一个现象，不少男性用户偏爱上传对着镜子的自拍照片。

在厕所里面自拍，感觉有点恶心。（A5）

不给人清楚看到脸的人，总觉得有点不老实。可以清楚看见对方脸的话，心里会感觉比较踏实。但照片的脸太近的话，又会有种对方贸然靠得很近的感觉，不是很喜欢。（C5）

研究发现，很多用户上传的照片中，脸部被遮盖了大半部分，同时画质相当模糊。这种处理方式不仅显得随意，还给人一种过于自我陶醉的感觉，似乎更侧重于展现拍摄者个人的视角而非与观众建立联系。从社交互动的角度来看，这样的照片缺乏吸引力，难以引起观者的兴趣和共鸣。因此，在社交媒体上分享照片时，应该选择恰当的拍摄角度进行构图和拍摄，保持画面清晰和人物的完整性，将有助于提升照片的整体质量，从而更容易获得他人的青睐。

此外，需要注意的是，在线用户应该进行多景别、多视角的自我呈现。根据不同景别以及相同距离的正面、侧面照片，全方位地进行自我呈现。B4 和 B5 的评论提出了关于照片多样性和真实性的建议。过度美化或只有单一角度的照片可能会让观者感到不真实或缺乏兴趣。相反，多样化的照片，尤其是那些大方展示正脸的照片，更容易获得观者的好感和认同。

照片不宜过度修饰，避免仅展示背影或遮掩面容，大方展示几张正面照会更显真诚与魅力。同时，建议不要仅限于单一照片，提供三至四张不同角度的照片更为理想，其中既包括远景以展现环境氛围，如旅行地点等背景，也不乏近距离特写，清晰呈现个人面貌，毕竟直观了解长相还是相当关键的。(B4)

如果主照片是脸部照、备份照片是全身照的话，就可以清楚看出对方的整体形象和气质，有利于加深印象。(B5)

总之，在运用视觉语法理论构建图像时，需要综合考虑拍摄距离、视角选择以及照片的真实性和多样性，以确保最终呈现出的作品既能够传达出图像制作者的意图，又能够吸引并打动观者的心，以提高社交吸引力。

（三）视角

在视觉语法理论中，视角扮演着重要的角色。它不仅决定了图像的呈现方式，还隐含着丰富的象征意义。其中，垂直视角和水平视角分别隐含着不同的权力关系和融入程度。

垂直视角主要反映了权力尊卑的关系。当图像中人物的视线高于观看者时，这种构图方式往往隐喻图像中的人物拥有高于观看者的权力或地位。这种视角给人一种仰望和尊重的感觉，强调了图像中人物的权威和尊贵。相反，当图像中人物的视线低于观看者时，则隐喻观看者的权力高于图像中的人物。这种视角给人一种俯视和优越的感觉，可能暗示着观看者具有更高的社会地位或更强的控制力。

水平视角则更多地反映了融入程度。当图像中的人物以正脸面对镜头时，这种视角体现了积极的融入态度。它表明图像中的人物愿意与观看者建立联系，分享自己的情感和经历。这种视角给人一种亲切和开放的感觉，有助于拉近图像与观看者之间的距离。当图像中的人物以侧脸或不看镜头的姿态呈现时，则体现了疏离感。这种视角可能意味着图像中的人物想要保持一定的距离，不愿过多地暴露自己的内心世界。这种疏离感可能会让观看者感到难以接近和理解。

因此，在分析和解读图像时，视角的选择和运用是一个重要的考虑因素。它不仅能够揭示图像背后的权力关系和融入程度，还能够影响观众对图像的理解和感受。

米歇尔·福柯的权力理论指出，图像本身就是权力的规训和展演。研究发现，平视构图在人际互动中的效果尤为显著，它隐喻图像中的人物与观者权力平等，如同一位亲切的朋友，传递出积极交友的诉求。相比之下，仰视视角则隐喻制图者权力高于观者，营造出一种孤高清冷、不易接近的氛围；而俯视视角则赋予观者更高的权力，突显图像中人物的弱势和孤单，激发观者的保护欲。

在交友 App 中，有不少女性受访者反映，部分男性用户上传的脸部仰拍特写镜头，配以狰狞的表情，缺乏构图美感，给观者带来强烈的视觉压迫感，令人不忍直视。这一现象不仅反映了一些男性在审美和自我展示能力上的不足，更凸显了新媒体时代在线视觉设计研究的重要性。

总结而言，个人近距离照片能够有效拉近与观看者的心理距离，水平主观视角有助于构建亲密的互动关系。远景能够营造氛围、构建语境，而特写镜头则能展现更多细节，唤起观看者的情感共鸣。因此，我们发现在移动交友 App 的图像设置中，往往更受欢迎的人会在主页展示面上传近镜头正面照片，以迅速吸引视线，使互动对象产生沉浸感。同时，结合不同的景别、视角、光线和色彩进行全面自我展示，使观看者能够更深入地融入图像所构建的叙事情境之中。

三、构图意义

图文关系一直是多模态符号学研究的焦点。图像和文字作为两种静态的表达媒介，各自拥有独特的意义表达潜力，同时也在符号层面上展现出互补的特性。这种互补性使得它们能够通过联合构造的方式，跨越不同模态的界限，进而实现概念意义的丰富和增值。在视觉设计中，构图意义是指通过特定的方式和手段将文本组织起来，并与图片语境保持和谐一致。这种意义不仅体现在信息的传递上，还涉及信息的价值、显著性和框架的构建。空间视角在视觉设计中扮演着重要角色，它常常隐喻着权力关系。

在移动交友 App 多模态语篇中，视觉符号的序列组合、图文的排版布局都是吸引力的重要手段。然而，当我们在研究用户如何设计他们的交友软件资料时，一个有趣的现象引起了我们的注意：相当数量的用户仅选择上传照片，而未添加任何文字描述。

我倒是不太在意文字，主要还是看照片合不合眼缘，但是文字写得很多，会感觉比较可信。(C5)

我记得当时她的自我介绍打了很多字，感觉是真的在认真交朋友。(A2)

通过受访者的反馈，我们不难发现，在线交友中，图像占举足轻重的地位，然而文字的重要性依然不可忽视。尽管图像在直观展示上超越文字，但文字介绍隐喻着交友的诚恳态度，并能够体现个人的审美情趣和品质。正如法国著名符号学家 Roland Barthes（1977）所言，图像可能蕴含多种解读，部分读者甚至需要文字说明来准确理解图像的意义，因为图像和文字之间存在着相互补充、相互影响的关系。因此，在移动交友 App 中，文字同样承载着重要的功能。用户应以图像作为主要交际手段，同时辅以文字介绍，以确保自我介绍的文字内容与图像的意义相互补充，信息的连贯性和一致性得以保障。

当今屏幕的构图逻辑正在重塑新的屏幕编排顺序。屏幕中的文字应从属于图像的逻辑（胡壮麟，2007）。新媒体时代图像的展现方式、观看方式正深刻地影响和规范着现代人的思维指向与逻辑形式（高燕，2009）。特别是在"手机"这一特定竖屏框架语境中，图像的传播格式必然要符合"框架"的特点。相较横屏，竖屏构图的图像能够充满整个手机屏幕，使观看者在手持过程中更能产生沉浸感。此外，鉴于不同交友 App 对图像尺寸的要求各异，因此用户在上传图像时，还需考虑符合不同交友平台提供的具体图像框架，选择适合比例的照片进行自我呈现，以确保最佳的视觉呈现效果。

关于新媒体时代图文的视觉设计，视觉语法理论为我们提供了一个更为灵活和适用的图文分析框架。在这个框架中，版面布局被分为"融合"与"互补"两种排版方式。"融合"排版方式强调文字与图像的紧密结合，文字不再是单纯的叙述者，而是成为图像的一部分，二者相互融合、相辅相成。这种排版方式能够增强图文之间的内在联系，使观看者更容易理解和接收信息。"互补"排版方式则注重图像和文字各自独立的空间和符号意义。图像通过视觉元素传达直观的信息，而文字则负责解释、说明和深化图像的内涵。这种排版方式能够保持图文之间的相对独立性，同时又能通过互补关系增强整体的视觉效果和信息传达效果。

鉴于绝大多数交友 App 的界面已将图像和文字部分明确区隔，这种布局方式自然归属于"互补"的类型。个性签名作为文字表达的重要元素，应当作为图片的辅助，用以深化和强化整体的概念意义。在图文配置方面，文字的视觉美感同样关键，可以借鉴诗歌的短行格式进行布局，避免冗长段落的堆积，以免造成视觉上的混乱。当文字过长，导致无法一次性完整阅读时，不仅破坏了语义的完整性，更可能割裂图文关系。观看者若无法迅速从图像中捕捉到有意义、吸引人的视觉信息，很可能将其简单地归结为缺乏内涵，从而失去进一步了解的兴趣。因此，交友 App 中的文字应当与图像的意义相互补充，通过图像与文字的联动作用，共同构建并传达出深层次的概念意义，引导观看者去解读并欣赏其中的隐喻与内涵。

综上所述，笔者总结出移动交友 App 的视觉图像吸引力构建策略。

第一，选择能够构建叙事象征价值的符号隐喻图像概念意义。可以是一张你在户外活动的照片，展示你的运动才能；可以是一张你在厨房忙碌的照片，展现你的厨艺；可以是一张你在旅行途中的照片，分享你的冒险精神。这样的照片能够让其他用户更好地了解你的生活方式和兴趣爱好。

第二，选择有正脸的、眼神交流的照片构建亲密互动关系。远景可以营造氛围，构建语境；近距离可以拉近与观者的心理距离，唤起情感共鸣。要选择真实且高质量的照片，确保照片中的你清晰可见，避免使用模糊、光线不佳或过度美化的照片。

第三，选择照片要符合手机竖屏框架的特点，优化图文配置和版面布局。图像的意义建构要注意风格的协调统一，保证信息的连贯性和一致性，在图像和文字联动作用下共建概念意义，以充分彰显个人魅力，达到最佳吸睛效果。

第三节　交友软件中聊天话题的开启技巧

在移动陌生人交友 App 的陪伴下，线上交流如同细水长流，渐渐汇成深厚的情感纽带。当彼此的言谈举止、兴趣爱好、价值观念在字里行间得以展现，当心灵深处的共鸣在每一次指尖的互动中越发强烈，人们便会渐渐迈向亲密的彼岸。然而，与陌生人开启聊天话题，这一建立亲密关系的关键步骤，却让不少网友感到困惑和焦虑。他们尝试了各种打招呼的方式，却常常遭遇"已读不回"的尴尬。如今，社交软件似乎陷入了"不社交"的怪圈，让人们在追求真挚交流的路上倍感迷茫。针对这一普遍现象，笔者总结了一些建议，希望能够帮助网友更自然地与陌生人开启对话。

一、有内容的开场白，引起对方兴趣

在前文中，我们已深入探讨过，当面对海量匹配与留言时，一个独特且引人注目的开场白是吸引对方注意、成功开启对话的关键。与陌生人交流，真诚是开启心扉的钥匙。避免使用诸如你好、在吗、吃了吗等缺乏针对性的问候，这些问候不仅容易给人留下敷衍、缺乏诚意的印象，更难以在快节奏的生活中抓住对方的注意力。

在问候对方之前，认真浏览对方的个人资料是一项基本的社交礼仪。这不仅能帮助你找到共同话题，还能让对方感受到尊重和受重视。从对方的照片、职业背景、兴趣爱好等细节中寻找切入点，用一句简单而真挚的问候或赞美开启对话，比如：你的照片很有意境，看来你是个懂得

享受生活的人。这样一句简单的话语，如同陌生人聊天中的润滑剂，能够迅速打破僵局，让对方感受到你的友善与真诚，为接下来的交流奠定良好的基础。

在网络聊天中，一个内容丰富的开场白对开启话题和建立有效的沟通至关重要。极具吸引力的开场白往往能够精准地捕捉到对方的喜好和兴趣点，从而引导出更多深入的话题。这样的交流方式，不仅能够增进双方的了解和信任，还能让对话更加有趣和有意义。相反，如果开场白过于简单、空洞或缺乏针对性，那么很可能导致对方忽视或厌倦你的信息，进而失去继续交流的兴趣。

因此，在网络聊天中，应该注重开场白的设计。通过浏览对方的个人资料、社交动态等信息，寻找共同的话题和兴趣点，然后以此作为切入点，展开一段有意义的对话。如果对方喜欢旅行，你可以询问他最喜欢的旅行目的地和经历；如果对方热爱音乐，你可以分享最近发现的一首好歌。通过找到共同点，你们可以迅速拉近彼此的距离。这样，人们就能够更好地与他人建立联系，享受愉快的交流过程。

二、寻找共同话题，逐渐增加好感

亲密关系离不开互动双方的自我袒露。在建立网络人际关系的初期，寻找共同话题是增加好感的关键。要尽量使用开放式的问题，避免使用可以简单用"是"或"否"来回答的问题。例如，不要问"你喜欢看电影吗？"，而是问"你最喜欢的电影是哪一部？为什么？"。这样做的好处是可以激发对方的思考和分享欲，鼓励对方分享更多的想法和经历。笔者发现，有些网友的聊天方式显得非常简洁，甚至可以说是惜字如金。这样的交流方式往往难以引起对方的兴趣，也无法为对话创造足够的动力。在这样的对话中，双方很难找到共同话题，更难以深入交流。

在社会渗透理论的启发下，可以借鉴其"洋葱模型"用于网络人际初期的互动聊天之中。在人际关系的初始阶段，建议采取循序渐进的交流方式，从较为表面且不触及敏感话题的信息开始，以确保对话的舒适性和安全性。起初，可以分享一些轻松、普遍的话题，随着关系的逐渐升温，再逐步深入更为敏感和核心的话题，如个人价值观、家庭背景等。

近年来，探探、Soul 等社交平台深谙此道，通过精心设计的问答环节，为用户提供了多样化的话题选择。这些问题从浅尝辄止到渐入佳境，既包含兴趣爱好、消费观念、娱乐方式等轻松话题，如"最近在追的剧是什么？""有没有一首歌，陪伴了你多年？""最想去哪个城市生活？"等，帮助用户迅速找到共同话题，构建安全而有趣的聊天氛围；同时，也不乏一些触及心灵深处的问题，如"什么样的异性最吸引你？""如果拥有一种超能力，你希望是什么？"等，这些问题能够引导对话逐渐深入，促进双方心灵的贴近与了解。

《纽约时报》曾有一篇情感专栏文章《只要你这么做，想爱上任何人都可以》，这篇文章因其深刻的见解和实用的建议，高居当周点击量榜首。文章的作者是一位来自温哥华的大学教授，她分享了与一个刚刚相识的陌生男子如何仿照美国心理学家 Arthur Aron 在 1997 年所做的实验，迅速增进人际亲密感的经历。这一经历再次验证了社会渗透理论在建立亲密关系中的有效性。

下面这 31 道精心设计的题目，深入探索了价值观、生活经历和未来期待等多个层面，仿佛是一场跳过预热直接切入核心的心灵对话。在普通的相处中，要达到这种深入了解的程度，往往需要一个月甚至更长的时间，而且很多时候，关系可能还未到达这样的深度就已停滞不前。相对于松散的交流，这种高频度的双向交流会给予彼此更高的关注度，这些都有利于关系的进展。更重要的是，这些题目要求答题者进行真诚的自我袒露，从个人的喜好到内心深处的态度，甚至触碰那些曾经让人心痛的经历。每一次的回答都是一次心灵的敞开，一个逐渐放下内心防御的过程。正如社会心理学家所指出的，当我们向一个人倾诉得越多，就越容易对他产生信赖和喜欢。这 31 道题目正是通过这样的设计，一步步引导我们放下防备，彼此信任，深入了解。

陌生人31个问题

1. 假如可以选择世界上任何人，你希望邀请谁共进晚餐？

2. 你希望成名吗？在哪一方面？

3. 拨打电话前，你会先练习要说的话吗？为什么？

4. 对你来说，怎样才算是"完美"的一天？

5. 上一次唱歌给自己听是什么时候？唱歌给别人听又是什么时候呢？

6. 假如你能够活到 90 岁，并且你可以选择让你的心智或身体在后 60 年一直停留在 30 岁，你会选择哪一个？

7. 列举 3 个你和对方共同拥有的特质。

8. 你的人生中最感恩的事情是什么？

9. 假如可以改变你成长过程中的任何事，你希望有哪些改变？

10. 用 4 分钟的时间，尽可能详细地向对方讲述你的人生故事。

11. 假如明天早上起床后能获得任何一种能力或特质，你希望是什么？

12. 假如有颗水晶球能告诉你关于自己、人生或未来的一切真相，你想知道什么？

13. 有什么事想做很久了？还没去做的原因是什么？

14. 你人生最大的成就是什么？

15. 友情中你最重视哪部分？

16. 你最珍贵的回忆是什么？

17. 你最糟糕的回忆是什么？

18. 友情对你而言意味着什么？

19. 爱和感情在你生命里扮演什么样的角色？

20. 轮流分享你认为对方拥有的比较好的性格特点。各自提5点。

21. 你的家庭关系亲密温暖吗？你是否觉得自己的童年比大部分人快乐？

22. 你与母亲的关系如何？

23. 说出3个含有"我们"并且符合实际情况的句子，比如"我们现在都在这个房间里"。

24. 完成这个句子：我希望可以跟某个人分享……。

25. 如果你要成为对方的密友，有什么事是他或她需要知道的？

26. 和对方分享你人生中尴尬的时刻。

27. 上次在别人面前哭是什么时候？自己哭又是什么时候？

28. 告诉对方，你现在喜欢他或她什么地方。

29. 有什么事是绝对不能开玩笑的？

30. 你的房子起火了，你所有的东西都在里面。在救出所爱的人和宠物后，你还有时间可以安全地抢救出最后一件东西。你会拿什么？为什么？

31. 分享你人生中的一个问题，问对方遇到这样的问题会怎么做。

三、幽默化的表达，展现个人魅力

由于文字是弱亲密关系最常采取的沟通方式，因此文字仍然显著影响网络亲密关系的构建，文字的表达能力与感知能力成为影响网络亲密关系的重要线索，作为在屏幕那端的人们用于分析和想象对象的重要依据。研究发现，在建立网络亲密关系时，保持话题的轻松有趣和营造愉悦的会话空间显得尤为关键。超人际传播理论认为，虽然社交线索缺失，但人们仍然可以用一些创意、有趣的方式在数字世界中展现独特的自我。Paula R. Pietromonaco（1998）的研究深入探讨了虚拟空间中亲密关系的吸引力因素。她发现，高达80%的参与者认为共同的兴趣爱好有助于促进亲密关系的发展，84%的人认为语言文字风格能够体现个人的性格特质，对在线亲密关系的发展起中等至极端重要的作用。更为显著的是，高达96%的参与者认为幽默感对在线亲密关系的发展具有中等或极端的重要性。这些研究结果表明，在网络环境中，文字不仅是沟通的媒介，更是连接人心、建立情感纽带的桥梁。

我记得一开始是跟她打招呼，很普通地打招呼，然后她跟我说她要去游泳。我说好啊，你先去游，我在岸上等你。我其实就是随便开玩笑的几句话，那碰巧她也觉得有趣，愿意跟我展开更多话题，然后就开始越聊越多。从这点也可以看得出来，其实通过网络认识的人们，他们的语言能力也是不错的，懂得表达自己的感受、想法，这也是一种不错的方式。（B3）

随着聊天的深入，气氛越发不同，加上搞笑贴图的点缀，我们的对话充满了情绪色彩，仿佛能直接听到对方的语调上扬。然而，在纯文本的交流中，语气词就显得尤为重要了。因为听不到对方的声音，我们无法准确判断其情绪，这时，"啊哈哈"或句尾的波浪号等小细节就成了传递情感的关键。这种细微的努力，正是在乎对方的表现。我认为，这与和语文水平较好的人交流的经历息息相关，他们更擅长在文字中细腻地表达情感。（A2）

在以文本为主要交流的媒介中，文字的互动可以使人印象深刻，在网络中那些善于表达、见解独到的人甚至比外表英俊的人更能吸引他人的关注。那些在文字表达上更自信的人，本身就有一种很强的感染力（Brand et al., 2012）。如果个体用幽默的语言来参与网络虚拟身份的构建并创造社会临场感（Gunawardena, 1997），则非常有利于在线开展关系。

在基特勒的《留声机 电影 打字机》中，阐明了不同技术媒体在人类信息感知和思维模式转变中发挥的作用。而蔡智恒的《第一次的亲密接触》在不经意间记录了媒介终端技术发展对网络兴起时期人际交流方式的改变，这本小说开创了网络图语聊天的先河。通过《第一次的亲密接触》中的网络聊天对话，我们也能看出，即便在纯文本语境中，用户也可以通过省略文字、加标点、大写某些字母等方式，来表达仿真的语气。人们对《第一次的亲密接触》津津乐道，不仅学习他的语言表达风格，还学习他的语气。在痞子蔡和轻舞飞扬的网络聊天中，充满了大量的表情符号和图语。从这一角度来说，《第一次的亲密接触》具有里程碑的意义，它不仅展示了网络语言的多样性，还开创了图文字、emoji 等媒介符号的跨文化流行的先河。在网络交流时，双方看不到彼此的样貌，需将注意力集中在文字和符号上。文字抽象表意，虽能激发丰富联想，却需要思索和寻味。相比较之下，直观快捷的表情包和符号语言更适合网上聊天即时应对的场景。活泼的表情符号传达着不同的情绪与意趣，为抽象的语言配上生动形象的表情符号，对方的个性顿时可亲可感。

例如，我们可以把想强调的话大写或是重复字母和标点（Darics，2010；Herring，2001），使用者可以发挥想象力创造出许多属于网络空间的网络语言及图释。这些创造性的语言变体展现了人们的幽默，提高了信息的质量，为展开在线互动营造了良好的气氛。同时，在交流过程中，真诚与友善的态度至关重要，这不仅体现在内容的选择上，更体现在语气和态度上。建议以轻松、自然的语气开启对话，让对方感受到你的尊重和兴趣。避免使用冒犯性或质问的语气，特别是在对方没有及时回复时，切勿急躁或发出压力性的问句，如人呢或连续的问号，这样做不仅无法推动对话的进行，还可能让对方觉得不适和反感，阻碍双方关系的健康发展。

总之，在网络中与陌生人开启聊天话题时，我们需要学会用真诚、友善和有趣的方式接近对方，寻找共同的话题和兴趣点。通过分享自己的经历、观点和感受，可以引导对方敞开心扉，分享更多关于自己的故事。同时，要尊重对方的意愿和节奏，不要过于强求或逼迫对方与自己交流。通过轻松、自然的对话方式，可以逐渐建立良好的交流关系并享受愉快的聊天体验。

本章小结

在移动陌生人交友 App 的旅程中，追求真实而深入的亲密关系需要勇气、智慧和策略。本章通过提供实用的技巧和策略，帮助用户更好地进行网络交友。首先，让我们以开放的心态迎接每一次的相遇。在这个数字化的平台上，每个人都有机会遇见来自五湖四海的朋友，甚至可能是你未来的伴侣。我们强调了构建一个有魅力的个人档案的重要性，这不仅是为了吸引潜在的交友对象，更是为了展现真实的自我，为建立深厚的情感连接奠定基础。同时，我们也要保持一份谨慎。在初次接触时，要学会识别交友平台上的真伪信息，避免被误导或欺骗。其次，在这个过程中，策略性地使用交友 App 的功能和工具也是非常重要的。要学会在真实的基础上展现最好的自己，提升交友的吸引力和匹配率。最后，当成功匹配后，指导用户如何巧妙地开启聊天话题，使对话自然流畅，为双方关系的进一步发展创造机会。通过真诚、谨慎和策略性的方式，鼓励用户在移动交友平台上勇敢迈出建立亲密关系的步伐，让每一次的尝试都成为一颗充满希望的种子，孕育着新的可能性和美好的未来。

第八章

结 论

第一节　研究总结

在当前的时代背景下，传播媒介与人类社会早已不再是泾渭分明的两个领域，传播技术早已潜移默化地深深嵌入我们生活的每一个角落。步入新媒体时代，传播媒介与人类社会紧密相连，数字科技的飞速发展深刻地改变着人类的交往模式。近年来，陌生人社交软件迅速崛起，并成为年轻人婚恋交友的重要平台，这已然成为一股不可逆转的时代潮流。众多新颖的社交软件为青年群体提供了广阔的社交空间。陌生人社交软件的盛行，既是一种鲜明的文化现象，也深刻反映了当代青年的社会心理需求。它为青年们提供了实现人际交往、情感交流、寻觅伴侣的便捷途径，更成为他们展现自我、实现价值、寻求认同的重要舞台。

青年们通过陌生人社交软件，能够跨越地域界限，拓展社交圈子，实现人际关系的广泛建立，寻找真正与自己精神契合的伴侣，满足内心的情感需求。这些软件为他们提供了一个展示自我、交流思想的平台，让他们能够在互动中感受到被认同和尊重，进而实现自我价值的提升和个体意义的构建。从政策层面来看，单身男女鹊桥的建立反映了社会对多元化婚恋观念的尊重与包容。陌生人社交软件可以为那些由于各种原因而难以投入恋爱的年轻人提供了更多可能性，为国家解决当代青年婚恋难题开辟了新的途径。

随着5G、AI、大数据、云计算等新一代传播科技的突飞猛进，陌生人社交软件不仅革新了社交方式，使之更为便捷和广泛，更在深层次上触动了亲密关系的构建与演变。首先，这些前沿技术极大地简化了陌生人之间的社交流程，提升了效率。用户能基于地理位置、兴趣、职业等多重维度，轻松找到志同道合的伙伴。这种高效的匹配机制无疑为建立新的社交关系提供了前所未有的机遇。其次，新一代传播科技还赋予了社交活动更为丰富的互动形式。通过视频通话、虚拟现实、增强现实等技术，人们能更真切地体验社交过程，增强了沉浸感和真实感。相较于CMC，移动陌生人社交时代的深度互动体验进一步促进了情感共鸣，为亲密关系的培养与深化提供了更多技术支持。最后，大数据和AI技术的应用使得社交软件能精准推荐和匹配潜在的社交对象。基于用户的社交行为、兴趣爱好、语言习惯等数据，社交软件能为用户推荐更加符合其需求和期望的社交对象。这种个性化推荐不仅提升了社交效率，也让人们在茫茫人海中更易找到心灵的归宿。

然而，技术的"双刃剑"效应在陌生人社交软件领域尤为显著。一方面，它们为亲密关系的发展提供了便利；另一方面，也带来了前所未有的挑战和问题。无限量的配对机制降低了约会成本，但过度的选择和匹配也削弱了亲密关系的忠诚度，使之趋于快餐化、商品化、游戏化。MMC正在悄然改变青年群体对待亲密关系的态度与方式。互联网时代的年轻人面临着一种特殊的矛盾。他们渴望独立自主，追求个性与自由。同时，他们又渴望建立亲密关系，寻求情感上的支持与共鸣。这种矛盾的背后，反映了现代社会心理趋势的复杂变化。现代社会经济的高速发展加剧了人们对效率的渴望，而人口的流动性则进一步推动了亲密关系的流动性。在这样的社会背景下，移动陌生人交友App逐渐盛行，其工具理性心态越发明显，人们逐渐失去耐心去细心培育一段感情。这些社交App的用户，往往带着明确的目的性加入其中，这种强烈的目标导向使得他们对于关系的发展有了特定的心理预期。这种预期不仅影响了他们在社交中的自我呈现，还影响了他们真实的自我袒露。这种变化打破了传统亲密关系循序渐进的发展模式。因此，在定位技术和海量配对筛选机制的推动下，移动时代的亲密关系展现出了新的特征：激情往往先于承诺和亲密。这种快速、直接的交往方式给传统的亲密关系理论带来挑战，使亲密关系变得更为表面化，从而在一定程度上增加了人际交往的不确定性。

更需警惕的是，网络陌生人交友带来了一系列的安全隐患和乱象问题。这些软件的匿名性和虚拟性为虚假身份和信息的滋生提供了土壤，极大地增加了社交的风险与不确定性。近年来，网络诈骗事件屡见不鲜，一些不法分子利用大龄单身群体对家庭的渴望心理，通过虚构身份、编造故事等手段，骗取他人的信任和财物。这种行为不仅损害了受害人的利益，也破坏了网络交友的生态环境。因此，这一问题亟待全社会、社交平台及用户三方共同携手，共同应对。

政府部门在应对网络陌生人交友现象时，首要任务是加强网络安全教育和宣传，提升广大青年的网络安全意识和自我防范能力。为此，应建立健全的法律法规体系，对网络诈骗等违法行为予以严厉打击，确保网络环境的安全。同时，对陌生人交友软件的管理和监督同样不容忽视。对于违反社会道德和风俗的交友软件，政府部门应果断行动，责令平台立即下架，并对网络诈骗等乱象进行严肃整治，以维护网络空间的健康与和谐。在严格审核交友软件注册资料方面，必须确保用户实名制的有效落实。这是保障用户权益、防止虚假信息和诈骗行为的重要措施。然而，在加大管控力度的同时，我们也应理解青年群体因工作忙碌等，确实有通过交友软件寻找伴侣的现实需求。因此，在治理过程中，政府部门应辩证地看待网络交友现象，避免"一刀切"。我们需要深入了解青年群体的真实需求，柔性引导青年群体，帮助他们树立健康的恋爱观，自觉抵御不良诱惑，树立崇高理想。这样的管理方式不仅体现了对青年群体的关怀和尊重，也为网络陌生人交友的健康发展提供了有力的保障。

对于交友软件的研发者来说，技术匹配只是手段，真正的挑战在于如何帮助用户建立有意义、高质量的社交关系。如何规避技术可能带来的"负效应"，打造一个真实、健康、积极的网络社交空间，是研发团队需要深思的问题。情感的稳定是社会和谐安宁的基石。作为情感交流的媒介，交友软件开发者应承担起引导社会情感的责任，加强自律和监管，结合技术手段和人性洞察，为用户提供更优质、更安全的社交体验。

对于交友软件的用户而言，应理性面对新媒体对亲密关系的影响。在享受科技带来的便利的同时，保持警惕和理性至关重要。在社交过程中，应注重真实性和诚信度，避免虚假信息和虚假身份。面对新兴传播媒介，我们应保持审慎的乐观态度，更加清晰地认识自己的需求和期望，并学会在虚拟世界中保护自己。用户应明白，科技只能拓宽人们相遇的渠道，但终究无法定制完美爱人。真正的亲密关系需要双方共同的努力，任何一段亲密关系都不可能一帆风顺，我们要保留朴素年代的耐心、理解和关爱。在移动陌生人交友 App 的世界里，我们同样会面临各种挑战和变化，或许是因为双方的摩擦和误解，或许是因为外界因素的干扰和影响，亲密关系有时会陷入困境。但正是在这些挑战和变化中，我们学会了坚守与成长。我们坚守着对彼此的信任和承诺，用爱和勇气去面对每一个困难。最终，我们会发现，正是这些经历让我们更加成熟和坚强，也让我们更加珍惜和感恩这段来之不易的亲密关系。

第二节　研究限制

在新的人类历史时期，深入探讨科技、社会与人之间的关系，特别是情感层面的交织，已成为一项至关重要且极具挑战性的时代课题。然而，本课题在推进过程中不可避免地遇到了一些研究限制，其中最为显著的是受访对象的有限性和代表性样本的选取问题。

第一，受访对象的有限性极大地限制了研究的广度和深度。由于时间、资源以及研究方法的局限，笔者无法涵盖所有可能的群体和个人。

这导致研究结果可能无法全面反映社会各界的观点和体验。特别是在探讨情感问题时，由于涉及个人隐私和敏感话题，特殊群体的声音往往难以被有效收集。在寻求采访对象的过程中，研究也遭遇了巨大的挑战。起初，公开招募的方法并未成功吸引足够数量的参与者。这一困境不仅考验了笔者的耐心与策略，也对研究的顺利进行构成了挑战。在网络环境中寻找合适的采访对象本身就是一种亲密关系的构建过程，涉及复杂的人际互动和信任建立。这需要笔者投入大量的时间，在互动过程中谨慎筛选，通过观察对方的在线呈现、自我袒露等，评估其可信度，确保在充分降低不确定性后才进行采访。但在云端采访时，由于非社交线索的过滤，更增加了判断对方真实身份和在线呈现可信度的难度。这导致在确定深度访谈对象的选择方面，需要笔者在网络上进行较长时间的观察与互动，花费较大时间、较多精力去寻找具有代表性的采访与研究对象，使得前期的准备工作难度较大，耗费精力较多。

第二，选取代表性样本也是一项艰巨的任务。鉴于人类情感的复杂性和亲密关系建立的多元影响因素，在寻找具有代表性样本的过程中，笔者需要确保样本在多个维度上（如年龄、性别、职业、教育程度等）具有广泛的代表性，并充分考虑地域、文化和社会背景的多样性。然而，在实际操作中，这些因素的平衡往往难以达到。在网络虚拟空间中，尽管用户类型丰富多样，但受大数据和算法的影响，笔者能够接触到的用户类型仍然相对有限。这在一定程度上限制了研究的全面性。为了弥补这一不足，笔者采用了参与式观察法，以尽可能获取准确和丰富的数据。

综上所述，受访对象的有限性和代表性样本的选取是本书面临的主要限制。在未来的研究中，我们需要不断努力克服这些限制，以更深入地探讨科技、社会与人之间的复杂关系，为人类的未来发展提供更为全面和深入的见解。

第三节 未来展望

在移动陌生人社交时代,亲密关系的建立正经历着前所未有的变革。展望未来,我们预见到了一个更加开放、多元且高效的亲密关系构建模式。随着科技的进步、社会的发展和单身青年数量的增加,社会对移动陌生人社交软件的包容度和接受度将会逐渐提升,陌生人社交App将在促成单身男女鹊桥相会、助力解决婚恋难题方面扮演着越发关键的角色。

如今,许多单身青年由于工作忙碌、社交圈子有限等原因,难以在传统的社交场合中结识到合适的伴侣。而移动陌生人社交软件以其便捷性、即时性和广泛的用户基础,为这些青年提供了一个全新的交友平台。通过精确的算法匹配和丰富的互动功能性,这些软件能够帮助用户快速找到与自己兴趣相投、价值观相近的潜在伴侣。随着社会对移动陌生人社交软件的认知度不断提高,人们开始更加接纳和信任这种新型的婚恋方式。越来越多的单身男女开始尝试通过社交平台来寻找自己的另一半,而不仅仅依靠传统的相亲或朋友介绍。这种变化不仅拓宽了人们的交友渠道,也提高了婚恋成功的可能性。可以预见,网络中介平台在婚恋领域的影响力将日益显著。它们不仅汇聚了庞大的用户资源和精准的匹配系统,更通过线上线下的多元互动,促进用户间的深入交流与了解。这种全方位的服务能够帮助单身男女更轻松地找到心灵相通的伴侣,从而解决婚恋问题。

当前,我们已经身处一个高度互联、信息爆炸的时代。我们应该以开放的心态拥抱这一变革,并积极探索智能技术如何更好地服务于人类的情感生活。社交应用的普及和移动互联网的便捷性,使人们能够随时随地与陌生人建立联系。这种即时性和便利性是前所未有的，它为亲密关系的建立提供了更多可能性。然而，也正因为这种即时性，人们在建立关系时往往更加注重表面和外在的吸引力，而忽视了深入的情感交流。我们预见到未来的亲密关系将更加注重情感的真实性和深度。在移动陌生人社交时代，人们可以通过各种社交应用快速建立联系，但真正的亲密关系需要时间和情感的投入。因此，未来的社交应用将更加注重引导用户进行深入的交流和互动，帮助他们建立更加真实、深刻的情感联系。这种情感的真实性和深度将成为未来亲密关系的重要特征。

同时，虚拟现实和增强现实等前沿技术将在亲密关系的建立中发挥重要作用。通过沉浸式的社交体验，人们可以在虚拟空间中更真实地感受与他人的互动，突破地域和时间的限制，采用更加自由、灵活的社交方式。这种新型的社交模式将使人们更容易建立起深厚的情感联系，为亲密关系的建立提供更多可能性。现如今，AI伴侣作为一种通过智能技术模拟人类情感和互动的虚拟伴侣，已经开始崭露头角，这一现象值得关注。在快节奏、高压力的现代社会中，AI聊天伴侣的兴起，不仅展现了科技与人类情感交融的无限可能，更体现了现代社会对亲密关系与情感支持的渴望。通过关注用户发布的瞬间和动态，AI机器人得以深入理解用户性格，并开启定制化的聊天模式，这背后反映了对个体差异的尊重和对情感需求的精准把握。声音技术为AI机器人注入了有温度的灵魂，使其在与用户的交流中更加生动、自然。随着信息交换的持续深入，AI还能透露更详细的专属信息，为用户提供更加贴心、个性化的伴侣服务。这种高度定制化的体验，使很多用户难以分辨与其交流的是真人还是机器人，进一步证明了AI技术在情感交流领域的巨大潜力。

此外，未来的社交应用将更加注重隐私保护和用户安全。在当前信息泄露和网络欺诈频发的环境下，用户对社交应用的信任度逐渐降低。随着网络安全意识的提高，人们越来越关注个人信息和隐私的保护。因此，未来的社交应用将采用更加先进的安全技术，确保用户数据的安全性和隐私性。同时，它们还将建立更加完善的举报和投诉机制，及时处理不良信息和行为，为用户营造一个安全、健康的社交环境。

网络亲密关系的研究应是一个全局性的统筹概念。作为人际传播学者，应该有全局眼光，按照亲密关系发展的不同阶段，做具体的、阶段性的分析，包括关系的建立、关系的发展与维持，以及关系的结束。遗憾的是，由于课题条件限制，本书主要聚焦于移动陌生人亲密关系的建立阶段，即线下见面前的互动过程。然而，这一关系的后续发展及其所带来的问题，同样值得深入探究。

假若线下见面顺利，这段网络亲密关系便踏入了稳定发展的全新阶段。此时，双方需审慎思考如何妥善管理交友软件这一媒介。一方面，它可能是双方情感交流的起点和见证者；另一方面，它也可能成为干扰现实关系的潜在因素。那么，是否应减少使用频率，避免其成为干扰现实关系的因素？又或是将其作为情感交流的补充工具，继续记录美好瞬间？这些问题值得我们深入探讨。另外，这种经由网络渠道建立的关系，在忠诚与信任的构建上，与传统时代建立的亲密关系有何不同？我们需要深入探讨这种新型关系中的信任机制和忠诚表现，以更好地理解其运作方式。尤其是，当这段网络亲密关系面临矛盾与挑战时，双方又该如何应对？未来，笔者期待通过更多的研究和实践，为网络亲密关系的健康发展提供有益的指导和建议。

最后，笔者想说的是：亲密关系不会消失，它始终在，不仅连接着我们的过去、现在，也将持续影响我们的未来。

参考文献

一、中文文献

[1] 阿德勒，普罗科特.沟通的艺术：看入人里，看出人外［M］.黄素菲，译.北京：世界图书北京出版公司，2010.

[2] 阿兰·图海纳.我们能否共同生存？［M］.狄玉明，李平沤，译.北京：商务印书馆，2003.

[3] 艾莉森·艾特莉尔，克里斯·富尔伍德.网络心理学：探寻线上行为的心理动因［M］.杨海波，刘冰，译.北京：人民邮电出版社，2018.

[4] 安东尼·吉登斯.社会的构成［M］.李康，李猛，译.北京：生活·读书·新知三联书店，1998.

[5] 安东尼·吉登斯.现代性的后果［M］.田禾，译.南京：译林出版社，2000.

[6] 安东尼·吉登斯.现代性与社会认同［M］.赵旭东，方文，译.北京：生活·读书·新知三联书店，1998.

[7] 安虎森.空间接近与不确定性的降低——经济活动聚集与分散的一种解释［J］.南开经济研究，2001（3）：51-56.

[8] 安若辰，许莹琪.缘分的媒介化：移动相亲中的选择实践与自主性协商［J］.现代传播（中国传媒大学学报），2023，45（7）：37-44.

[9] 班涛，徐睿可.婚姻策略视角下城市白领青年的择偶观念研究——以Y相亲角为例［J］.四川轻化工大学学报（社会科学版），2023，38（4）：13-24.

[10] 保虎.从"巢空"到"心实"：新时代我国"空巢青年"问题再探讨［J］.中国青年研究，2018（4）：40-46.

[11] 彼得斯.交流的无奈［M］.何道宽，译.北京：华夏出版社，

2003.

[12] 卜玉梅.网络民族志的田野工作析论及反思[J].民族研究，2020（2）：69-85.

[13] 布莱恩·特纳.身体与社会[M].马海良，赵国新，译.沈阳：春风文艺出版社，2000.

[14] 蔡智恒.第一次的亲密接触[M].北京：知识出版社，1999.

[15] 曹晋，孔宇，徐璐.互联网民族志：媒介化的日常生活研究[J].新闻大学，2018（2）：18-27.

[16] 曾庆香，郭磊.图像化生存：规训与展演——论图像作为符号[J].国际新闻界，2011，33（2）：43-49.

[17] 曾远力，闫红红.国内青年婚恋研究的现状与解读[J].青年探索，2021（2）：78-88.

[18] 曾远力.当代中国青年的婚姻实践[J].青年探索，2019（6）：30-40.

[19] 查尔斯·霍顿·库利.人类本性与社会秩序[M].包凡一，王源，译.北京：华夏出版社，1989.

[20] 查尔斯·泰勒.现代社会想象[M].林曼红，译.南京：译林出版社，2014.

[21] 查尔斯·泰勒.自我的根源[M].韩震，王成兵，乔春霞，等译.南京：译林出版社，2001.

[22] 柴颖瑞.匹配类陌生人社交的形成和互动模式研究[D].广州：暨南大学，2017.

[23] 常进锋."空巢青年"缘何"空巢"——一个时空社会学的解读[J].中国青年研究，2017（5）：79-83.

[24] 陈柏霖.身体与心灵的延伸：社交媒体中的人际交往与信息传播[M].北京：中国广播影视出版社，2018.

[25] 陈贝茹，罗艳，陈绍芬.陌生人社交软件青年用户的使用行为

动机研究［J］.商业经济，2016（11）：36-39.

［26］陈斌斌.演化心理学视角下的亲情、友情和爱情［M］.上海：复旦大学出版社，2016.

［27］陈风华，弗朗西斯科·韦洛索.多模态话语研究的过去、现在与未来——基于国内与国际核心期刊的可视化分析［J］.西南民族大学学报（人文社科版），2018，39（2）：233-240.

［28］陈福平，李荣誉，陈敏璇.孤独地在一起？——互联网发展中的在线情感支持问题［J］.社会科学，2018（7）：77-88.

［29］陈律言.图片社交与网络陌生人的凝视互动研究［D］.广州：暨南大学，2015.

［30］陈通钲.数字恋爱：媒介化视域下亲密关系的新异化［J］.东南传播，2023（12）：113-116.

［31］陈月华.传播：从身体的界面到界面的身体［J］.自然辩证法研究，2005（3）：23-27.

［32］成倩.聚而不群：社交媒体时代青年"孤独社交"的现象透视与形成逻辑［J］.当代青年研究，2023（5）：74-84.

［33］程瑞兰，张德禄.多模态话语分析在中国研究的现状、特点和发展趋势——以期刊成果为例［J］.中国外语，2017，14（3）：36-44.

［34］大卫·理斯曼.孤独的人群［M］.王崑，朱虹，译.南京：南京大学出版社，2002.

［35］代树兰.多模态话语研究的缘起与进展［J］.外语学刊，2013（2）：17-23.

［36］戴维·弗里斯比.现代性的碎片［M］.卢晖临，译.北京：商务印书馆，2003.

［37］戴维·迈尔斯.社会心理学［M］.张智勇，乐国安，侯玉波，译.北京：人民邮电出版社，2006.

［38］戴维·莫利，凯文·罗宾斯.认同的空间［M］.司艳，译.南

京：南京大学出版社，2001.

[39] 德斯蒙德·莫利斯. 亲密行为 [M]. 何道宽, 译. 上海：译文出版社, 2021.

[40] 翟学伟. 爱情与姻缘：两种亲密关系的模式比较——关系向度上的理想型解释 [J]. 社会学研究, 2017, 32 (2): 128-149.

[41] 董晨宇, 丁依然. 社交媒介中的"液态监视"与隐私让渡 [J]. 新闻与写作, 2019 (4): 51-56.

[42] 董晨宇, 段采薏. 传播技术如何改变亲密关系——社交媒体时代的爱情 [J]. 新闻与写作, 2018 (11): 48-52.

[43] 董晨宇, 段采薏. 我的手机哪里去了 手机失联焦虑症的两种研究取向 [J]. 新闻与写作, 2018 (3): 40-44.

[44] 董晨宇, 张恬. 反思"孤独社交"：社交媒体真的让我们更加疏离吗 [J]. 新闻与写作, 2019 (6): 48-52.

[45] 豆小红. "空巢青年"社会心理问题与应对 [J]. 中国青年研究, 2018 (2): 89-95.

[46] 杜永潇, 董浩. 城乡融合视角下中国婚姻匹配模式的差异与长期趋势：1960～2018 [J]. 人口研究, 2023, 47 (4): 98-113.

[47] 范明林, 吴军. 质性研究 [M]. 上海：格致出版社, 2009.

[48] 范伟达, 范冰. 社会调查研究方法 [M]. 上海：复旦大学出版社, 2007.

[49] 费雷德·特纳. 数字乌托邦 从反主流文化到赛博文化 [M]. 张行舟, 王芳, 叶富华, 译. 北京：电子工业出版社, 2013.

[50] 费孝通. 乡土中国 [M]. 上海：上海人民出版社, 2007.

[51] 冯德正, 赵秀凤. 多模态转喻与图像语篇意义建构 [J]. 外语学刊, 2017 (6): 8-13.

[52] 冯文博, 舒光仕. 当代青年"搭子社交"：成因、功能与引导 [J]. 新东方, 2024 (2): 44-49.

［53］傅正科，严梦思.网络化个人主义在中国的崛起：社会网络、自我传播网络与孤独感［M］.杭州：浙江大学出版社，2019.

［54］甘春梅，梁栩彬，李婷婷.使用与满足视角下社交网络用户行为研究综述：基于国外54篇实证研究文献的内容分析［J］.图书情报工作，2018，62（7）：134-143.

［55］高寒凝，邵燕君.罗曼蒂克2.0 女性向网络文化中的亲密关系［M］.北京：中国文联出版社，2022.

［56］高寒凝.数码复制时代的亲密关系：从网络直播到ChatGPT［J］.广州大学学报（社会科学版），2023，22（5）：60-69.

［57］高燕.视觉隐喻与空间转向：思想史视野中的当代视觉文化［M］.上海：复旦大学出版社，2009.

［58］高艺.量化"喜欢"：交友平台中的感知异化与亲密流动［J］.中国网络传播研究，2022（2）：99-118.

［59］高艺，吴梦瑶，陈旭，等."可见性"何以成为生意？——交友类App会员制的监视可供性研究［J］.国际新闻界，2022，44（1）：137-155.

［60］郭涛，黄正鹏，吴奇星典，等.从"知己"APP分析陌生人社交软件发展［J］.电脑知识与技术，2019，15（6）：54-55.

［61］郭馨菜.当手机成为传递亲密的工具：亲密与手机沟通研究［C］//中华传播学会.中华传播学会2011年年会，2011.

［62］郝恩河，谷传华，张菲菲，等.大学生社交退缩、社交效能感对网络关系成瘾的影响［J］.中国健康心理学杂志，2014，22（3）：449-451.

［63］何明升，白淑英.网络互动 从技术幻境到生活世界［M］.北京：中国社会科学出版社，2008.

［64］何绍辉."空巢青年"群体的多维解读［J］.中国青年社会科学，2017，36（3）：40-45.

［65］贺嘉乐."Z 世代"社交网络中搭子文化的情感需求研究［J］.新闻世界，2024（3）：28-30.

［66］贺武华，雷姝."空巢青年"的特征、成因及其"实心"化引导［J］.江西社会科学，2020，40（6）：225-232.

［67］洪东方.陌生人交友软件对大学生婚前性行为的态度与行为影响研究［J］.新闻传播，2019（5）：68-69.

［68］胡百精.交往革命与人的现代化［J］.新闻记者，2023（1）：3-6.

［69］胡春阳，姚玉河.移动·传播·第二现代——手机传播的形而上学解释［J］.学术月刊，2012，44（4）：28-32.

［70］胡春阳.超人际传播：人际关系发展的未来形态［J］.人民论坛·学术前沿，2017（23）：21-31.

［71］胡春阳.寂静的喧嚣 永恒的联系：手机传播与人际互动［M］.上海：上海三联书店，2012.

［72］胡春阳.经由社交媒体的人际传播研究述评——以 EBSCO 传播学全文数据库相关文献为样本［J］.新闻与传播研究，2015，22（11）：96-108.

［73］胡春阳.手机传播与人际亲密关系的变革［J］.新闻大学，2012（5）：91-100.

［74］胡梦齐.网络浪漫关系中"数字化身体"的交往与互动［D］.合肥：安徽大学，2019.

［75］胡奇."触不到的恋人"：新媒体时代青年群体的云端恋爱研究［J］.山东青年政治学院学报，2024，40（1）：65-71.

［76］胡玉宁，祁彬斌，朱学芳.从"空巢"心态到"集群"行为："空巢青年"现象透视与网络映射［J］.中国青年研究，2017（8）：36-43.

［77］胡壮麟.社会符号学研究中的多模态化［J］.语言教学与研究，

2007（1）：1-10.

[78] 黄厚铭，曹家荣."流动的"手机：液态现代性的时空架构与群己关系[J].新闻学研究，2015（124）：117-154.

[79] 黄厚铭.网络人际关系的亲疏远近[J].台大社会学刊，2000（28）：117-154.

[80] 黄渝峰.陌生人社交软件 Soul 上大学生群体的人际互动研究[D].兰州：甘肃政法大学，2023.

[81] 黄振鹏.符号互动论视域下青年搭子社交中积极自我的建构[J].青年学报，2024（2）：103-111.

[82] 贾志科，王思嘉.当代青年婚恋研究述评与展望（1985—2018）[J].青年探索，2019（6）：5-16.

[83] 江爱栋.社交网络中的自我呈现及其策略的影响因素[D].南京：南京大学，2013.

[84] 蒋建国.网络化生存、网络孤独症蔓延与心理危机[J].探索与争鸣，2013（10）：81-85.

[85] 蒋索，邹泓，胡茜.国外自我表露研究述评[J].心理科学进展，2008（1）：114-123.

[86] 蒋晓丽，王迪.回看网络学术社区：传播关系、网络、权力下的使用动机与使用行为研究——以中文网络学术社区小木虫论坛为例[J].西南民族大学学报（人文社科版），2020，41（10）：145-151.

[87] 居伊·德波.景观社会[M].张新木，译.南京：南京大学出版社，2017.

[88] 凯瑟琳·海勒.我们何以成为后人类：文学、信息科学和控制论中的虚拟身体[M].刘宇清，译.北京：北京大学出版社，2017.

[89] 康慧琳，孙凤.择偶方式与青年婚姻匹配[J].青年研究，2022（4）：81-93.

[90] 匡文波，武晓立.基于微信公众号的健康传播效果评价指标体

系研究［J］.国际新闻界，2019，41（1）：153-176.

［91］兰德尔·柯林斯.互动仪式链［M］.林聚任，王鹏，宋丽君，译.北京：商务印书馆，2012.

［92］黎梓欣，吴清宇，邝钰童，等.社交Ghosting，青年群体网络交友行为——以社交软件"积目"App为例［J］.数字技术与应用，2022，40（2）：60-62.

［93］李勃.当代青年网络社交流变特点分析［J］.中国青年研究，2023（11）：23-30.

［94］李春玲，马峰."空巢青年"：游走在"生存"与"梦想"间的群体［J］.人民论坛，2017（4）：118-119.

［95］李林.交友软件用户的自我呈现研究［D］.大连：东北财经大学，2023.

［96］李容芳.不完全逆群体性："空巢青年"的社会关联［J］.当代青年研究，2018（1）：85-91.

［97］李升，王晓宣.代际关系视角下的子代婚姻满意感影响因素研究［J］.人口与社会，2023，39（4）：89-102.

［98］李晓凤，佘双好.质性研究方法［M］.武汉：武汉大学出版社，2006.

［99］李新.陌生人声音社交产品用户使用意愿的影响因素研究［D］.广州：华南理工大学，2021.

［100］李雪，郑涌.美的就是好的？外貌吸引力在亲密关系中的作用［J］.心理科学进展，2019，27（10）：1743-1757.

［101］李煜，陆新超.择偶配对的同质性与变迁——自致性与先赋性的匹配［J］.青年研究，2008（6）：27-33.

［102］李煜.婚姻匹配的变迁：社会开放性的视角［J］.社会学研究，2011，26（4）：122-136.

［103］李战子，陆丹云.多模态符号学：理论基础、研究途径与发展

前景［J］.外语研究，2012（2）：1-8.

［104］理查德·塞勒·林.习以为常：手机传播的社会嵌入［M］.刘君，郑奕，译.上海：复旦大学出版社，2020.

［105］廉思."搭子社交"：青年社交模式的新表征［J］.人民论坛，2024（9）：96-100.

［106］林滨，江虹."群体性孤独"的审思：我们在一起的"独处"［J］.中国青年研究，2019（4）：40-45.

［107］林福岳.阅听人地理学——以"民族志法"进行阅听人研究之缘起与发展［J］.新闻学研究，1996（52）：167-186.

［108］刘聪颖，邹泓.国外爱情观研究综述［J］.国外社会科学，2009（6）：102-107.

［109］刘丹鹤.赛博空间与网际互动——从网络技术到人的生活世界［M］.长沙：湖南人民出版社，2007.

［110］刘东锋，张琪.网络青年亚文化现象梳理与特点探析［J］.学校党建与思想教育，2020（10）：19-21.

［111］刘芳，吕鹏.情感、空间与身体：元宇宙视域下青年群体情感危机的消解［J］.中国青年研究，2023（2）：15-22.

［112］刘海龙.媒介技术与人际关系的异化［J］.全球传媒学刊，2023，10（6）：1-2.

［113］刘海平.亲密关系商品化和约会程式化——以深圳PUA公司的调研为例［J］.中国青年研究，2021（6）：54-60.

［114］刘航.现代性视域下当代青年的碎片化社交行动研究——以"找搭子"为例［J］.中国青年研究，2023（11）：5-14.

［115］刘华芹.天涯虚拟社区：互联网上基于文本的社会互动研究［M］.北京：民族出版社，2005.

［116］刘华芹.网络人类学：网络空间与人类学的互动［J］.广西民族学院学报（哲学社会科学版），2004（2）：64-68.

［117］刘丽群，刘玺辰.表情符号使用动机及其在不同人际关系中对使用行为的影响——基于混合研究方法［J］.现代传播（中国传媒大学学报），2020，42（8）：88-94.

［118］刘文，毛晶晶.青少年浪漫关系研究的现状与展望［J］.心理科学进展，2011，19（7）：1011-1019.

［119］刘晓鹏.陌生人社交场景下用户自我呈现行为研究［D］.重庆：重庆大学，2022.

［120］刘晓鹏.陌生人社交场景构建与用户关系连接研究［J］.新闻论坛，2022，36（2）：54-55.

［121］刘元嵩，朱俊松.以声交友："群聊派对"使用动机研究［J］.全媒体探索，2023（8）：129-131.

［122］刘子曦，马璐.从"云端爱情"到"严肃相亲"：互联网婚恋平台的数字空间管理与交往模式营造［J］.妇女研究论丛，2024（1）：61-74.

［123］卢春天，张志坚，张琦琪.缺场交往中青年的形象自我管理［J］.中国青年研究，2016（3）：89-95.

［124］陆士桢，凌伟强.对当代青年婚恋话语的考察与分析［J］.广东青年研究，2023，37（4）：59-69.

［125］陆峥，刘梦琴.青年择偶观现状研究［J］.当代青年研究，2016（5）：86-91.

［126］逯改.城市化视域下"空巢青年"的归因分析与理性审视［J］.当代青年研究，2021（4）：84-89.

［127］罗伯特·J.斯腾伯格，凯利·斯腾伯格.爱情心理学［M］.李朝旭，译.北京：世界图书出版社，2010.

［128］罗兰·米勒.亲密关系［M］.王伟平，译.北京：人民邮电出版社，2015.

［129］罗逸琳，罗昊，黄静，等.流水线式相亲：微信相亲平台中的

择偶观念与社会交往研究［J］.传媒观察，2022（4）：73-79.

［130］吕红梅.构建亲密：互联网情感劳动研究［D］.北京：北京外国语大学，2024.

［131］吕宇翔，纪开元.流动的身份展演——重访社交媒体演进史［J］.现代传播（中国传媒大学学报），2021，43（5）：7-13.

［132］马克·L.耐普，约翰·A.戴利.人际传播研究手册［M］.胡春阳，黄红宇，译.上海：复旦大学出版社，2015.

［133］马克·波斯特.第二媒介时代［M］.范静哗，译.南京：南京大学出版社，2000.

［134］马磊.同类婚还是异质婚？——当前中国婚姻匹配模式的分析［J］.人口与发展，2015，21（3）：29-36.

［135］马向阳.纯粹关系：网络分享时代的社会交往［M］.北京：清华大学出版社，2015.

［136］马忠君.Cybersex：新媒体建构的新亲密关系［C］//复旦大学信息与传播研究中心."传播与中国·复旦论坛"（2008）：传播媒介与社会空间论文集.中国传媒大学电视与新闻学院，2008：7.

［137］玛丽·艾肯.网络心理学：隐藏在现象背后的行为设计真相［M］.门群，译.北京：中信出版社，2018.

［138］迈克·费瑟斯通.消费文化与后现代主义［M］.刘精明，译.南京：译林出版社，2000.

［139］麦克卢汉.理解媒介——人的延伸［M］.何道宽，译.北京：商务印书馆，2000.

［140］孟庆东，王争艳.网络亲密关系的性质与成因［J］.心理科学进展，2009，17（2）：396-402.

［141］孟威.网络匿名社交的文化探因［J］.人民论坛，2024（7）：90-93.

［142］米歇尔·德鲁因.数字化孤独：社交媒体时代的亲密关系

[M].周逖,颜冰璇,译.北京:人民文学出版社,2023.

[143] 米歇尔·福柯.规训与惩罚[M].刘北成,杨远婴,译.北京:生活·读书·新知三联书店,1999.

[144] 莫妮卡·T.惠蒂,阿德里安·N.卡尔.网络爱情:在线关系心理学[M].何玉蓉,周昊天,译.北京:商务印书馆,2010.

[145] 牟光君.中国婚介简史[M].北京:中国戏剧出版社,2011.

[146] 南希·K.拜厄姆.交往在云端:数字时代的人际关系[M].董晨宇,唐悦哲,译.北京:中国人民大学出版社,2020.

[147] 尼古拉·尼葛洛庞蒂.数字化生存[M].胡泳,范海燕,译.海口:海南出版社,1997.

[148] 尼古拉斯·卡尔.数字乌托邦:一部数字时代的尖锐反思史[M].姜忠伟,译.北京:中信出版社,2018.

[149] 聂伟,风笑天.空巢又空心?——"空巢青年"的生存状态分析与对策[J].中国青年研究,2017(8):57-63.

[150] 牛璐,雷雳,谢笑春.社交网站在浪漫关系进程中的作用[J].心理科学进展,2016,24(12):1926-1933.

[151] 欧文·戈夫曼.日常生活中的自我呈现[M].冯钢,译.北京:北京大学出版社,2008.

[152] 欧贞延.GO TO CYBERLOVE——从网络看亲密关系的转变[D].衡阳:南华大学,2004.

[153] 潘泽泉.网络"陌生人社交"行为的心理与本质[J].人民论坛,2020(30):78-81.

[154] 齐格蒙特·鲍曼.个体化社会[M].范祥涛,译.上海:上海三联书店,2002.

[155] 齐格蒙特·鲍曼.流动的现代性[M].欧阳景根,译.北京:中国人民大学出版社,2018.

[156] 齐亚强,牛建林.新中国成立以来我国婚姻匹配模式的变迁

[J].社会学研究,2012,27(1):106-129.

[157]乔舒亚·梅罗维茨.消失的地域:电子媒介对社会行为的影响[M].肖志军,译.北京:清华大学出版社,2002.

[158]乔治·赫伯特·米德.心灵、自我与社会[M].霍桂桓,译.北京:华夏出版社,1999.

[159]秦晨."边际人"及其"中国式相亲"——转型期中国青年的婚恋观与择偶行为[J].中国青年研究,2017(7):5-10.

[160]屈勇.去角色互动:赛博空间中陌生人互动的研究[D].南京:南京大学,2011.

[161]莎伦·布雷姆.亲密关系[M].郭辉,肖斌,译.北京:人民邮电出版社,2005.

[162]单波,叶琼.阅读《在一起孤独》:网络社交自我的不确定性与可能性[J].新闻大学,2019(1):45-59.

[163]石磊.社会阶层、代际流动与婚姻匹配[J].中央民族大学学报(哲学社会科学版),2020,47(6):74-81.

[164]舒红跃.技术与生活世界[M].北京:中国社会科学出版社,2006.

[165]孙皓玥.陌生人社交平台的用户互动研究[D].乌鲁木齐:新疆大学,2020.

[166]孙萍,李宜桐,于小童."中介化爱情"之困:理解线上交友平台的媒介化与性别化[J].妇女研究论丛,2023(1):117-128.

[167]孙寿涛,张晓芳.断裂与弥合:数智时代Z世代"轻社交"行为分析[J].中国青年研究,2023(11):15-22.

[168]孙晓军,牛更枫,周宗奎,等.大学生的人际归因倾向、网络交往动机与网络人际关系成瘾的关系研究[J].心理科学,2014,37(6):1397-1403.

[169]谭天,张子俊.我国社交媒体的现状、发展与趋势[J].编辑

之友，2017（1）：20-25.

［170］唐嘉仪，莫维雅，陈滢.移动互联网时代用户在线社交变迁及动因分析［J］.新媒体研究，2016，2（20）：8-12.

［171］陶志欢.青年群体性孤独的技术逻辑及其规制［J］.当代青年研究，2020（2）：75-81.

［172］田丰，李夏青.网络时代青年社会交往的关系类型演进及表现形式［J］.中国青年研究，2021（3）：28-37.

［173］田林楠.在自由与安全之间：社交媒体中介下的亲密关系［J］.社会发展研究，2021，8（2）：38-53.

［174］万立良.陌生人社交应用的青年用户使用行为影响因素研究［D］.成都：电子科技大学，2022.

［175］万希平.论网络婚恋及其对当代青年现实婚恋的负面影响［J］.青年探索，2007（2）：55-58.

［176］汪民安.手机：身体与社会［J］.文艺研究，2009（7）：100-105.

［177］王斌.网络"约文化"与流动亲密关系的形成［J］.中国青年社会科学，2017，36（2）：71-77.

［178］王红.社交媒体中的自我呈现困境［J］.传媒，2019（18）：88-90.

［179］王简.婚恋观对网络陌生人社交平台的影响研究［D］.北京：北京服装学院，2021.

［180］王静雯，杨译淞.陌生人社交环境下的集体匿名行为——以小红书平台的momo大军为例［J］.科技传播，2023，15（17）：114-117.

［181］王蕾，叶钰湾.以"数字亲密"重构信任：技术具身下青年异地恋的媒介实践［J］.传媒观察，2024（3）：81-93.

［182］王敏芝.媒介化时代"云交往"的场景重构与伦理新困［J］.暨南学报（哲学社会科学版），2021，43（9）：13-23.

［183］王琴，吴思哲.重构两性交往场域：平台赋权机制下的女性交友——以交友软件"橙"为例［J］.中华女子学院学报，2023，35（3）：61-67.

［184］王琼瑶.陌生人社交平台中女性用户的表演框架研究［D］.泉州：华侨大学，2022.

［185］王伟.社交网络：虚拟社会中的人际心理学［M］.北京：北京师范大学出版社，2023.

［186］王禧.大学生建立亲密关系的过程研究［J］.中国青年研究，2014（4）：85-92.

［187］王昕迪，胡鹏辉.搭子社交：当代社会青年新型社交趋势与形成逻辑［J］.中国青年研究，2023（8）：90-95.

［188］王月，高再红.从独处的孤独到"脱域"的孤独：社交媒体中的孤独话语实践研究［J］.传媒论坛，2022，5（17）：33-35.

［189］翁堂梅.公私分离与青年流动人口的个体化困境——基于S市流入青年的个案分析［J］.中国青年研究，2019（9）：80-87.

［190］吴伯凡.孤独的狂欢——数字时代的交往［M］.北京：中国人民大学出版社，1998.

［191］吴健锋.陌生人社交软件使用与孤独现象研究［D］.宁波：宁波大学，2023.

［192］吴一夫，吴兵."泛社交"时代媒介文化形态的重塑［J］.南京政治学院学报，2016，32（6）：150.

［193］吴银涛.社会转型期青年网恋行为的缘起、发生及结果研究［J］.青年研究，2009（4）：12-23.

［194］吴志远，杜骏飞.海德格尔技术哲学对新媒介研究的现实意义［J］.当代传播，2016（6）：78-80.

［195］吴孜彧.陌生人社交平台用户人际初始信任形成机制研究［D］.武汉：华中科技大学，2022.

［196］伍慷.青年群体治愈系文化流行现象透析［J］.青年探索，2017（5）：94-100.

［197］武双.Z世代陌生人社交的群体性孤独现象探析［D］.福州：福建师范大学，2022.

［198］西莉亚·卢瑞.消费文化［M］.张萍，译.南京：南京大学出版社，2003.

［199］谢舒心."理想爱情"与"爱情理想"之间："一周CP"的女性使用行为研究［J］.东南传播，2019（10）：107-111.

［200］谢宇，刘雯.社会流动、社会地位与婚姻交换［J］.北京大学学报（哲学社会科学版），2023，60（5）：120-129.

［201］邢海燕，邸涵.大城市独居青年的时空边界重塑［J］.青年探索，2022（6）：62-73.

［202］徐超男.出逃与再建：基于匿名社交媒体的青年用户交往实践研究［D］.济南：山东大学，2024.

［203］徐晨."空巢青年"的陌生人社交软件使用动机、行为及其对线上社会资本的影响研究［D］.重庆：重庆大学，2022.

［204］许德娅，刘亭亭.强势弱关系与熟络陌生人：基于移动应用的社交研究［J］.新闻大学，2021（3）：49-61.

［205］许琪，潘修明.美貌与地位：中国人婚姻中的匹配与交换［J］.社会，2021，41（6）：203-235.

［206］许同文.新陌生人社会的自我呈现与社交逻辑［J］.岭南师范学院学报，2016，37（2）：157-162.

［207］薛深，吴小芳.仓位流变：青年群体搭子社交的实践考察［J］.中国青年研究，2024（5）：88-93.

［208］雪莉·特克尔.群体性孤独：为什么我们对科技期待更多，对彼此却不能更亲密？［M］.周逵，刘菁荆，译.杭州：浙江人民出版社，2014.

[209] 亚当·乔伊森. 网络行为心理学：虚拟世界与真实生活 [M]. 任衍具, 魏玲, 译. 北京：商务印书馆, 2010.

[210] 严珍妮. 社交媒体时代的群体性孤独——基于微信用户的研究 [J]. 青年记者, 2018 (11)：17-18.

[211] 阎云翔. 私人生活的变革：一个中国村庄里的爱情、家庭与亲密关系 [M]. 上海：上海书店出版社, 2006.

[212] 晏青. 爱情：一种媒介考古 [M]. 北京：经济日报出版社, 2019.

[213] 杨洸. "数字原生代"与社交网络国外研究综述 [J]. 新闻大学, 2015 (6)：108-113.

[214] 杨立雄. 赛博人类学：关于学科的争论、研究方法和研究内容 [J]. 自然辩证法研究, 2003 (4)：68-72.

[215] 杨时佳, 莫晓莹, 杨卓山. "搭子社交"：年轻人社交新方式 [J]. 文化产业, 2024 (11)：136-138.

[216] 杨一婕. "灵魂社交"中陌生人的互动与交往 [D]. 昆明：云南大学, 2021.

[217] 姚本先, 李雪玉. 距离如何影响亲密关系？异地恋大学生情感体验的研究 [C] // 中国心理学会. 第十七届全国心理学学术会议论文摘要集, 2014：3.

[218] 叶凤云, 徐孝娟. 青少年移动社交媒体使用动机与沉迷：错失焦虑的中介作用 [J]. 情报理论与实践, 2020, 43 (10)：108-114.

[219] 叶精宝. 手机约会、关系传播与少数群体压力 [D]. 厦门：厦门大学, 2021.

[220] 叶韦明, 侯忻妤. 亲密关系的麦当劳化与游戏化：情感学习社群的网络民族志研究 [J]. 浙江学刊, 2021 (3)：143-152.

[221] 殷文, 彭正. "在场"即"交流"：孤独连接与想象在一起——以 Soul App "无声连麦"社交为中心 [J]. 现代传播（中国传媒

大学学报），2023，45（11）：11-19.

［222］尹超.媒介可供性视角下的陌生人社交平台交友研究［D］.苏州：苏州大学，2023.

［223］尤尔根·哈贝马斯.交往行为理论［M］.曹卫东，译.上海：上海人民出版社，2018.

［224］于语和，周欢.青年"搭子型"浅社交的心理透视与现实审思——基于哈贝马斯的交往行为理论［J］.理论导刊，2023（10）：96-103.

［225］喻国明，刘淼.媒介动机如何影响人们的媒介使用——基于"全民媒介使用与媒介观调查"的描述与分析［J］.新闻爱好者，2020（6）：10-15.

［226］喻国明，朱烊枢，张曼琦，等.网络交往中的弱关系研究：控制模式与路径效能——以陌生人社交APP的考察与探究为例［J］.西南民族大学学报（人文社科版），2019，40（9）：141-146.

［227］袁磊.图书馆空间服务的新型模式探究［J］.河南图书馆学刊，2022，42（9）：112-113.

［228］约翰·奥尼尔.身体形态——现代社会的五种身体［M］.张旭春，译.沈阳：春风文艺出版社，1999.

［229］约翰·杜翰姆·彼得斯.对空言说：传播的观念史［M］.邓建国，译.上海：上海译文出版社，1999.

［230］约斯·德·穆尔.赛博空间的奥德赛［M］.麦永雄，译.桂林：广西师范大学出版社，2007.

［231］战令琦.智媒时代社交场景中用户的自我建构与符号传播［J］.传媒，2022（18）：91-93.

［232］张放.虚幻与真实：网络人际传播中的印象形成研究［M］.北京：中国社会科学出版社，2010.

［233］张杰，付迪.在场而不交流？移动网时代的人际交往新情境建

构［J］.国际新闻界，2017，39（12）：154-170.

［234］张杰.通过陌生性去沟通：陌生人与移动网时代的网络身份/认同——基于"个体化社会"的视角［J］.国际新闻界，2016，38（1）：102-119.

［235］张婧妍，周惠懋.群体性孤独：针对掌媒使用依赖的中日比较研究［J］.新闻界，2013（15）：69-74.

［236］张军锐.颠覆与重构——数字交往时代的主体性研究［D］.上海：上海大学，2016.

［237］张萌.液态社会中社交隐私管理的模式与规范［J］.青年记者，2022（19）：89-91.

［238］张娜.熟悉的陌生人：青年群体网络人际关系的一种类型［J］.中国青年研究，2015（4）：64-68.

［239］张楠楠.完美游戏：理解"云相亲"青年的情感"麦当劳化"［J］.中国青年研究，2024（1）：86-93.

［240］张睿，许友君.亲密为何遇冷：青年网络相亲中的情感逻辑及困境剖析［J］.中国青年研究，2023（12）：86-94.

［241］张戌，汤泗甜.隐匿即显露：青年匿名社交的平台、动因及展演［J］.中国青年研究，2024（4）：43-51.

［242］张娅，廖锦熙.算法背景下青年新型社交关系的情感补偿——基于小红书"找搭子"的实践解析［J］.新媒体研究，2024，10（4）：67-70.

［243］赵德华，王晓霞.网络人际交往动机探析［J］.社会科学，2005（11）：119-124.

［244］赵建国.身体在场与不在场的传播意义［J］.现代传播（中国传媒大学学报），2015，37（8）：58-62.

［245］赵婧.移动互联网时代社交化阅读的经济学分析［J］.中国集体经济，2022（18）：122-124.

[246] 赵梦琳. 近距离陌生人社交软件使用动机与行为对大学生线上社会资本的影响研究 [D]. 厦门：厦门大学, 2019.

[247] 赵瑜佩. "世纪潮一代"的网络社会资本重构：对比在英流寓华人 Facebook 和微信的数字化融入 [J]. 国际新闻界, 2018, 40 (3): 40-62.

[248] 郑伟. 观看者的解读——米克·巴尔的视觉叙事理论 [J]. 外语学刊, 2018 (6): 122-126.

[249] 郑智斌. 飘在网海：网络人际传播论 [M]. 北京：中国国际广播音像出版社, 2004.

[250] 周海宁. 数字化生存：技术图像时代的传播图景 [M]. 北京：中国社会科学出版社, 2023.

[251] 周敏. 匿名社交 App 用户使用动机的实证研究 [D]. 广州：暨南大学, 2016.

[252] 周宪. 视觉文化的转向 [M]. 北京：北京大学出版社, 2008.

[253] 周详. "空巢青年"新画像及新特征 [J]. 人民论坛, 2020 (3): 114-116.

[254] 庄耀嘉. 择偶条件与性心理之性别差异 [J]. 中华心理学刊, 2002 (1): 75-93.

[255] 邹盈, 史媛媛. "搭子"：青年新型社交方式的实践观察与理论透析 [J]. 新生代, 2024 (1): 64-69.

二、英文文献

[1] ADELMAN M B, AHUVIA A C. Mediated channels for mate seeking: A solution to involuntary singlehood? [J]. *Critical Studies in Media Communication*, 1991, 8 (3): 273-289.

[2] ADELMAN M, AHUVIA A C. Matchmakers as urban agents:

A multimethod study [C] //Annual Conference of the International Communications Association, Chicago, IL. 1991.

[3] ADELMAN M. Love's urban agent: Social support and the matchmaker [C] //Paper presented at the Iowa Conference on Personal Relationship, Iowa City, IA. 1987.

[4] AGTHE M, SPÖRRLE M, MANER J K. Don't hate me because I'm beautiful: Anti-attractiveness bias in organizational evaluation and decision making [J]. *Journal of Experimental Social Psychology*, 2010, 46 (6): 1151-1154.

[5] ALTMAN I, TAYLOR D A. *Social penetration: The development of interpersonal relationships* [M]. Holt: Rinehart & Winston, 1973.

[6] ANDERSEN S M, BAUM A. Transference in interpersonal relations: Inferences and affect based on significant-other representations [J]. *Journal of Personality*, 1994, 62 (4): 459-497.

[7] ANTHEUNIS M L, SCHOUTEN A P, VALKENBURG P M, et al. Interactive uncertainty reduction strategies and verbal affection in computer-mediated communication [J]. *Communication Research*, 2012, 39 (6): 757-780.

[8] ATTRILL A, JALIL R. Revealing only the superficial me: Exploring categorical self-disclosure online [J]. *Computers in Human Behavior*, 2011, 27 (5): 1634-1642.

[9] BANDINELLI C, GANDINI A. Dating apps: The uncertainty of marketised love [J]. *Cultural Sociology*, 2022, 16 (3): 423-441.

[10] BARON N S. Computer-mediated communication as a force in language change [J]. *Visible Language*, 1984, 18 (2): 118.

[11] BARON N S. Letters by phone or speech by other means: The linguistics of email [J]. *Language & Communication*, 1998, 18 (2): 133-170.

［12］BARTHES R. *Rhetoric of the image. Image, music, text*［M］. New York: Hill and Wang, 1977.

［13］BARTHOLOMEW K, HOROWITZ L M. Attachment styles among young adults: a test of a four-category model［J］. *Journal of Personality and Social Psychology*, 1991, 61（2）: 226.

［14］BERGER C R, BRADAC J J. *Language and social knowledge: Uncertainty in interpersonal relations*［M］. London: E. Arnold, 1982.

［15］BERGER C R, CALABRESE R J. Some explorations in initial interaction and beyond: Toward a developmental theory of interpersonal communication［J］. *Human Communication Research*, 1974, 1（2）: 99-112.

［16］BIOCCA F, HARMS C, BURGOON J K. Toward a more robust theory and measure of social presence: Review and suggested criteria［J］. *Presence: Teleoperators & Virtual Environments*, 2003, 12（5）: 456-480.

［17］BLAU P M. Justice in social exchange［J］. *Sociological Inquiry*, 1964, 34（2）:193.

［18］BLUMER H. *Society as symbolic interaction*［M］//ROSE A M. *Human behavior and social processes*. London: Routledge, 2013: 179-192.

［19］BOELLSTORFF T. *Coming of age in Second Life: An anthropologist explores the virtually human*［M］.Princeton: Princeton University Press, 2015.

［20］BRAND R J, BONATSOS A, D'Orazio R, et al. What is beautiful is good, even online: Correlations between photo attractiveness and text attractiveness in men's online dating profiles［J］. *Computers in Human Behavior*, 2012, 28（1）: 166-170.

［21］BRANDEN N. *The psychology of romantic love: Romantic love in an anti-romantic age*［M］.New York: Penguin, 2008.

［22］BRYM R J, LENTON R L. Love online: A report on digital dating in Canada [J]. *MSN*, 2001（6）:1.

[23] BUCX F, SEIFFGE-KRENKE I. Romantic relationships in intra-ethnic and inter-ethnic adolescent couples in Germany: The role of attachment to parents, self-esteem, and conflict resolution skills [J]. *International Journal of Behavioral Development*, 2010, 34（2）: 128-135.

[24] BURGOON J K. Nonverbal violations of expectations [J]. *Nonverbal Interaction*, 1983（6）: 11-77.

[25] BURNS G L, FARINA A. Physical attractiveness and self-perception of mental disorder [J]. *Journal of Abnormal Psychology*, 1987, 96（2）: 161.

[26] BUSS D M, SCHMITT D P. Sexual strategies theory: An evolutionary perspective on human mating [J]. *Psychological Review*, 1993, 100（2）: 204-232.

[27] BYRNE D E. *The attraction paradigm* [M]. Pennsylvania: Academic press, 1971.

[28] CARNEVALE P J, PROBST T M. *Conflict on the Internet* [M]. New York: Psychology Press, 2014.

[29] CARTER D. Living in virtual communities: An ethnography of human relationships in cyberspace [J]. *Information, Community & Society*, 2005, 8（2）: 148-167.

[30] CASSIDY J, SHAVER P R. *Handbook of attachment theory, research, and clinical application* [M]. New York: Guilford Press, 2008.

[31] CHELUNE G. J. *Self-disclosure: Origins, patterns, and implications of openness in interpersonal relationships* [M]. San Francisco: Jossey-Bass, 1979.

[32] CHIN K, EDELSTEIN R S, VERNON P A. Attached to dating apps: Attachment orientations and preferences for dating apps [J]. *Mobile*

Media & Communication, 2019, 7（1）: 41-59.

［33］COHEN S, WILLS T A. Stress, social support, and the buffering hypothesis［J］. *Psychological Bulletin*, 1985, 98（2）: 310.

［34］COOPER A, SPORTOLARI L. Romance in cyberspace: Understanding online attraction［J］. *Journal of Sex Education and Therapy*, 1997, 22（1）: 7-14.

［35］CRICHTON S, KINASH S. Virtual ethnography: Interactive interviewing online as method［J］. *Canadian Journal of Learning and Technology*, 2003, 29（2）: 24.

［36］DAFT R L, LENGEL R H, TREVINO L K. Message equivocality, media selection, and manager performance: Implications for information systems［J］. *MIS Quarterly*, 1987, 11（3）: 355-366.

［37］DAFT R L, LENGEL R H. Organizational information requirements, media richness and structural design［J］. *Management Science*, 1986, 32（5）: 554-571.

［38］DARICS E. Politeness in computer-mediated discourse of a virtual team［J］. *Journal of Politeness Research—Language Behaviour Culture*, 2010, 6（1）: 129-150.

［39］DAVID G, CAMBRE C. Screened intimacies: Tinder and the swipe logic［J］. *Social Media+ Society*, 2016, 2（2）: 18.

［40］DERLEGA V J, BERG J H. *Self-disclosure: Theory, research, and therapy*［M］. New York: Plenum Press, 1987.

［41］DERLEGA V J, CHAIKIN A L. Norms affecting self-disclosure in men and women［J］. *Journal of Consulting and Clinical Psychology*, 1977, 44（3）: 376.

［42］DERLEGA V J, CHAIKIN A L. Privacy and self-disclosure in social relationships［J］. *Journal of Social Issues*, 1977, 33（3）: 102-115.

[43] DERLEGA V J, WINSTEAD B A, GREENE K, et al. Reasons for HIV disclosure/nondisclosure in close relationships: Testing a model of HIV-disclosure decision making [J]. *Journal of Social and Clinical Psychology*, 2004, 23（6）: 747-767.

[44] DEUTSCH M, SOLOMON L. Reactions to evaluations by others as influenced by self-evaluations [J]. *Sociometry*, 1959, 22（2）: 93-112.

[45] DEVITO J A, DEVITO J. The interpersonal communication book [J]. *Instructor*, 2019, 1（18）: 521-532.

[46] DEVITO J A. *Messages: Building interpersonal communication skills* [M]. New York: Harper Collins, 1993.

[47] DION K L, DION K K. *Romantic love: Individual and cultural perspectives* [M]. New Haven: Yale University Press, 1988.

[48] DION K, BERSCHEID E, WALSTER E. What is beautiful is good [J]. *Journal of Personality and Social Psychology*, 1972, 24（3）: 285.

[49] DONATH J S. *Identity and deception in the virtual community* [M] // KOLLOCK P, SMITH M. *Communities in cyberspace*. London: Routledge, 2002.

[50] DONATH J, BOYD D. Public displays of connection [J]. *BT Technology Journal*, 2004, 22（4）: 71-82.

[51] DONATH J. Signals in social supernets [J]. *Journal of Computer-mediated Communication*, 2007, 13（1）: 231-251.

[52] DUCK S, BARNES M K. Disagreeing about agreement: Reconciling differences about similarity [J]. *Communications Monographs*, 1992, 59（2）: 199-208.

[53] D'URSO S C, RAINS S A. Examining the scope of channel expansion: A test of channel expansion theory with new and traditional communication media [J]. *Management Communication Quarterly*, 2008, 21

(4) : 486-507.

[54] EAGLY A H, ASHMORE R D, MAKHIJANI M G, et al. What is beautiful is good, but...: A meta-analytic review of research on the physical attractiveness stereotype [J]. *Psychological Bulletin*, 1991, 110 (1) : 109.

[55] ELLISON N B, HANCOCK J T, TOMA C L. Profile as promise: A framework for conceptualizing veracity in online dating self-presentations [J]. *New Media & Society*, 2012, 14 (1) : 45-62.

[56] ELLISON N, HEINO R, GIBBS J. Managing impressions online: Self-presentation processes in the online dating environment [J]. *Journal of Computer-mediated Communication*, 2006, 11 (2) : 415-441.

[57] EPLEY N, KRUGER J. When what you type isn't what they read: The perseverance of stereotypes and expectancies over e-mail [J]. *Journal of Experimental Social Psychology*, 2005, 41 (4) : 414-422.

[58] ERBER R, ERBER M. *Intimate relationships: Issues, theories, and research* [M]. New York: Psychology Press, 2017.

[59] EVANS L. *Authenticity online: Using webnography to address phenomenological concerns* [M] //MOUSOUTZANIS A, RIHA D. *New media and the politics of online communities*. Leiden: Brill, 2010.

[60] FEENEY J, NOLLER P. *Adult attachment* [M]. Thousand Oaks: Sage, 1996.

[61] FESTINGER L. A theory of social comparison processes [J]. *Human Relations*, 1954, 7 (2) : 117-140.

[62] FINKEL E J, EASTWICK P W, KARNEY B R, et al. Online dating: A critical analysis from the perspective of psychological science [J]. *Psychological Science in the Public Interest*, 2012, 13 (1) : 3-66.

[63] FORCEVILLE C. *Pictorial metaphor in advertising* [M]. New York: Routledge, 1996.

[64] FOX J, WARBER K M, MAKSTALLER D C. The role of Facebook in romantic relationship development: An exploration of Knapp's relational stage model [J]. *Journal of Social and Personal Relationships*, 2013, 30 (6): 771-794.

[65] FOX J, WARBER K M. Romantic relationship development in the age of Facebook: An exploratory study of emerging adults' perceptions, motives, and behaviors [J]. *Cyberpsychology, Behavior, and Social Networking*, 2013, 16 (1): 3-7.

[66] FRANZOI S L, DAVIS M H. Adolescent self-disclosure and loneliness: Private self-consciousness and parental influences [J]. *Journal of Personality and Social Psychology*, 1985, 48 (3): 768.

[67] FULK J, COLLINS-JARVIS L. Wired meetings: Technological mediation of organizational gatherings [J]. *The New Handbook of Organizational Communication: Advances in Theory, Research, and Methods*, 2001 (4): 624-663.

[68] FURMAN W, SHOMAKER L B. Patterns of interaction in adolescent romantic relationships: Distinct features and links to other close relationships [J]. *Journal of Adolescence*, 2008, 31 (6): 771-788.

[69] GANGESTAD S W, SCHEYD G J. The evolution of human physical attractiveness [J]. *Annu. Rev. Anthropol.*, 2005, 34 (1): 523-548.

[70] GARCIA A C, STANDLEE A I, BECHKOFF J, et al. Ethnographic approaches to the Internet and computer-mediated communication [J]. *Journal of Contemporary Ethnography*, 2009, 38 (1): 52-84.

[71] GARDNER H, DAVIS K. *The App generation: How today's youth navigate identity, intimacy, and imagination in a digital world* [M]. New York: Yale University Press, 2013.

[72] GENTILE B, TWENGE J M, FREEMAN E C, et al. The effect of

social networking websites on positive self-views: An experimental investigation [J]. *Computers in Human Behavior*, 2012, 28 (5): 1929-1933.

[73] GIBBS J L, ELLISON N B, HEINO R D. Self-presentation in online personals: The role of anticipated future interaction, self-disclosure, and perceived success in Internet dating [J]. *Communication Research*, 2006, 33 (2): 152-177.

[74] GIBSON J J. The theory of affordances [J]. *Hilldale, USA*, 1977, 1 (2): 67-82.

[75] GOFFMAN E. *The presentation of self in everyday life* [M]. Edinburgh: University of Edinburgh Social Sciences Research Centre, 1956.

[76] GUNAWARDENA C N, ZITTLE F J. Social presence as a predictor of satisfaction within a computer-mediated conferencing environment [J]. *American Journal of Distance Education*, 1997, 11 (3): 8-26.

[77] HALL J A, PARK N, SONG H, et al. Strategic misrepresentation in online dating: The effects of gender, self-monitoring, and personality traits [J]. *Journal of Social and Personal Relationships*, 2010, 27 (1): 117-135.

[78] HANCOCK J T, TOMA C L. Putting your best face forward: The accuracy of online dating photographs [J]. *Journal of Communication*, 2009, 59 (2): 367-386.

[79] HAYTHORNTHWAITE C. Strong, weak, and latent ties and the impact of new media [J]. *The Information Society*, 2002, 18 (5): 385-401.

[80] HAZAN C, SHAVER P. Romantic love conceptualized as an attachment process [J]. *Journal of Personality and Social Psychology*, 1987, 52 (3): 511-524.

[81] HEFNER V, KAHN J. An experiment investigating the links among online dating profile attractiveness, ideal endorsement, and romantic media [J]. *Computers in Human Behavior*, 2014, 37: 9-17.

[82] HENDERSON S, GILDING M. "I've never clicked this much with anyone in my life": Trust and hyperpersonal communication in online friendships [J]. *New Media & Society*, 2004, 6 (4): 487-506.

[83] HENDRICK S S. Self-disclosure and marital satisfaction [J]. *Journal of Personality and Social Psychology*, 1981, 40 (6): 1150.

[84] HERRING S C. Computer-mediated discourse [J]. *The Handbook of Discourse Analysis*, 2005 (2): 612-634.

[85] HILTZ S R, JOHNSON K, AGLE G. *Replicating Bales problem solving experiments on a computerized conference: A pilot study* [M]. New Jersey: Computer and Information Science Department, 1978.

[86] HINE C. *The virtual objects of ethnography* [M]. London: Sage, 2000.

[87] HOBBS M, OWEN S, GERBER L. Liquid love? Dating Apps, sex, relationships and the digital transformation of intimacy [J]. *Journal of Sociology*, 2017, 53 (2): 271-284.

[88] HOGE E, BICKHAM D, CANTOR J. Digital media, anxiety, and depression in children [J]. *Pediatrics*, 2017, 140 (Supplement 2): 76-80.

[89] HOMANS G C. *Social behavior: Its elementary forms* [M]. New York: Harcourt, 1974.

[90] HOWE N, AQUAN-ASSEE J, BUKOWSKI W M. *Self-disclosure and the sibling relationship: What did Romulus tell Remus?* [M]. New York: Cambridge University Press, 1994.

[91] HU Y, WOOD J F, SMITH V, et al. Friendships through IM: Examining the relationship between instant messaging and intimacy [J]. *Journal of Computer-mediated Communication*, 2004, 10 (1): JCMC10111.

[92] HUM N J, CHAMBERLIN P E, HAMBRIGHT B L, et al. A picture is worth a thousand words: A content analysis of Facebook profile photographs

[J]. *Computers in Human Behavior*, 2011, 27（5）: 1828-1833.

［93］HUMPHREYS L. Cellphones in public: Social interactions in a wireless era [J]. *New Media & Society*, 2005, 7（6）: 810-833.

［94］JOINSON A N. Self-disclosure in computer-mediated communication: The role of self-awareness and visual anonymity [J]. *European Journal of Social Psychology*, 2001, 31（2）: 177-192.

［95］JONES E E, GOETHALS G R, KENNINGTON G E, et al. Primacy and assimilation in the attribution process: The stable entity proposition [J]. *Journal of Personality*, 1972, 40（2）: 250-274.

［96］JONES S. *Doing Internet research: Critical issues and methods for examining the Net* [M]. London: Sage Publications, 1998.

［97］JOURARD S M, LASAKOW P. Some factors in self-disclosure [J]. *The Journal of Abnormal and Social Psychology*, 1958, 56（1）: 91.

［98］JOURARD S M. *The transparent self van nostrand reinhold* [M]. New York: Van Nostrand Reinhold Company, 1971.

［99］KATZ J E, ASPDEN P. A nation of strangers? [J]. *Communications of the ACM*, 1997, 40（12）: 81-86.

［100］KELLY A E, MCKILLOP K J. Consequences of revealing personal secrets [J]. *Psychological Bulletin*, 1996, 120（3）: 450.

［101］KIESLER S, SIEGEL J, MCGUIRE T W. Social psychological aspects of computer-mediated communication [J]. *American Psychologist*, 1984, 39（10）: 1123.

［102］KNOBLOCH L K, SOLOMON D H. Information seeking beyond initial interaction: Negotiating relational uncertainty within close relationships [J]. *Human Communication Research*, 2002, 28（2）: 243-257.

［103］KNOBLOCH L K, SOLOMON D H. Measuring the sources and content of relational uncertainty [J]. *Communication Studies*, 1999, 50

(4): 261-278.

[104] KORZENNY F. A theory of electronic propinquity: Mediated communication in organizations [J]. *Communication Research*, 1978, 5 (1): 3-24.

[105] KOZINETS R V. The field behind the screen: Using netnography for marketing research in online communities [J]. *Journal of Marketing Research*, 2002, 39 (1): 61-72.

[106] KRESS G, VAN LEEUWEN T. *Reading images: The grammar of visual design* [M]. London: Routledge, 2020.

[107] KUMAR N, BENBASAT I. Para-social presence and communication capabilities of a web site: A theoretical perspective [J]. *E-Service*, 2002, 1 (3): 5-24.

[108] LANGLOIS J H, KALAKANIS L, RUBENSTEIN A J, et al. Maxims or myths of beauty? A meta-analytic and theoretical review [J]. *Psychological Bulletin*, 2000, 126 (3): 390.

[109] LAURENCEAU J P, BARRETT L F, PIETROMONACO P R. Intimacy as an interpersonal process: The importance of self-disclosure, partner disclosure, and perceived partner responsiveness in interpersonal exchanges [J]. *Journal of Personality and Social Psychology*, 1998, 74 (5): 1238.

[110] LAWSON H M, LECK K. Dynamics of Internet dating [J]. *Social Science Computer Review*, 2006, 24 (2): 189-208.

[111] LEA M. Love at first byte?: Building personal relationships over computer networks [J]. *Under-Studied Relationships: Off the Beaten Track*, 1995 (4): 197-233.

[112] LEANDER K M, MCKIM K K. Tracing the everyday sitings of adolescents on the Internet: A strategic adaptation of ethnography across online

and offline spaces [J]. *Education, Communication & Information*, 2003, 3 (2): 211-240.

[113] LEAPER C, CARSON M, BAKER C, et al. Self-disclosure and listener verbal support in same-gender and cross-gender friends' conversations [J]. *Sex Roles*, 1995 (33): 387-404.

[114] LEE L, LOEWENSTEIN G, ARIELY D, et al. If I'm not hot, are you hot or not? Physical-attractiveness evaluations and dating preferences as a function of one's own attractiveness [J]. *Psychological Science*, 2008, 19 (7): 669-677.

[115] LEVINGER G. Development and change [J]. *Close Relationships*, 1983 (10): 315-359.

[116] LI N P, VALENTINE K A, PATEL L. Mate preferences in the US and Singapore: A cross-cultural test of the mate preference priority model [J]. *Personality and Individual Differences*, 2011, 50 (2): 291-294.

[117] LITT E. Knock, knock. Who's there? The imagined audience [J]. *Journal of Broadcasting & Electronic Media*, 2012, 56 (3): 330-345.

[118] LIU H, MAES P, DAVENPORT G. Unraveling the taste fabric of social networks [J]. *International Journal on Semantic Web and Information Systems (IJSWIS)*, 2006, 2 (1): 42-71.

[119] LORENZO G L, BIESANZ J C, HUMAN L J. What is beautiful is good and more accurately understood: Physical attractiveness and accuracy in first impressions of personality [J]. *Psychological Science*, 2010, 21 (12): 1777-1782.

[120] LYSLOFF R T A. Musical community on the Internet: An on-line ethnography [J]. *Cultural Anthropology*, 2003 (8): 233-263.

[121] MCGLOIN R, DENES A. Too hot to trust: Examining the relationship between attractiveness, trustworthiness, and desire to date in online

dating [J]. *New Media & Society*, 2018, 20（3）: 919-936.

［122］MCKENNA K Y A, BARGH J A. Causes and consequences of social interaction on the Internet: A conceptual framework [J]. *Media Psychology*, 1999, 1（3）: 249-269.

［123］MCKENNA K Y A, BARGH J A. Coming out in the age of the Internet: Identity "demarginalization" through virtual group participation [J]. *Journal of Personality and Social Psychology*, 1998, 75（3）: 681.

［124］MCKENNA K Y A, GREEN A S, GLEASON M E J. Relationship formation on the Internet: What's the big attraction? [J]. *Journal of Social Issues*, 2002, 58（1）: 9-31.

［125］MEHRABIAN A. *Silent messages* [M]. Belmont, CA: Wadsworth, 1971.

［126］MILLER D, SLATER D. *The Internet: An ethnographic approach* [M]. London: Routledge, 2020.

［127］NARDI B A, WHITTAKER S, BRADNER E. Interaction and outeraction: Instant messaging in action [C] //Proceedings of the 2000 ACM conference on computer supported cooperative work. 2000: 79-88.

［128］NEWCOMB T. *The acquaintance process* [M]. New York: Holt Reinhard and Winston, 1961.

［129］NORMAN D A. *The psychology of everyday things* [M]. New York: Basic books, 1988.

［130］O'SULLIVAN P B, HUNT S K, LIPPERT L R. Mediated immediacy: A language of affiliation in a technological age [J]. *Journal of Language and Social Psychology*, 2004, 23（4）: 464-490.

［131］O'SULLIVAN B. What you don't know won't hurt me: Impression management functions of communication channels in relationships [J]. *Human Communication Research*, 2000, 26（3）: 403-431.

[132] OVERBEEK G, HA T, SCHOLTE R, et al. Brief report: Intimacy, passion, and commitment in romantic relationships—Validation of a "triangular love scale" for adolescents [J]. *Journal of Adolescence*, 2007, 30(3): 523-528.

[133] PAINTER C, MARTIN J R, UNSWORTH L. *Reading visual narratives: Image analysis of children's picture books* [M]. London: Equinox Publishing Ltd, 2013.

[134] PARKS M R, ADELMAN M B. Communication networks and the development of romantic relationships: An expansion of uncertainty reduction theory [J]. *Human Communication Research*, 1983, 10(1): 55-79.

[135] PARKS M R, EGGERT L L. The role of social context in the dynamics of personal relationships [J]. *Advances in Personal Relationships*, 1991(2): 1-34.

[136] PARKS M R, ROBERTS L D. Making MOOsic': The development of personal relationships on line and a comparison to their off-line counterparts [J]. *Journal of Social and Personal Relationships*, 1998, 15(4): 517-537.

[137] PARKS M R. Ideology in interpersonal communication: Off the couch and into the world [J]. *Annals of the International Communication Association*, 1981, 5(1): 79-107.

[138] PERLMAN D. The best of times, the worst of times: The place of close relationships in psychology and our daily lives [J]. *Canadian Psychology*, 2007, 48(1): 7.

[139] PETTY R E, CACIOPPO J T. *The elaboration likelihood model of persuasion* [M]. New York: Springer, 1986.

[140] RAINIE L, LENHART A, FOX S, et al. Tracking online life [R]. Pew Internet and American Life Project, 2000.

[141] RANZINI G, LUTZ C. Love at first swipe? Explaining Tinder self-presentation and motives [J]. *Mobile Media & Communication*, 2017, 5 (1): 80-101.

[142] REIS H T, RUSBULT C E. *Close relationships: Key readings* [M]. New York: Psychology Press, 2004.

[143] REISS I L. Toward a sociology of the heterosexual love relationship [J]. *Marriage and Family Living*, 1960, 22 (2): 139-145.

[144] RICE R E, LOVE G. Electronic emotion: Socioemotional content in a computer-mediated communication network [J]. *Communication Research*, 1987, 14 (1): 85-108.

[145] RICE R E. *The new media: Communication, research, and technology* [M]. Beverly Hills: Sage Publications, 1984.

[146] ROURKE L, ANDERSON T, GARRISON D R, et al. Methodological issues in the content analysis of computer conference transcripts [J]. *International Journal of Artificial Intelligence in Education*, 2001, 12: 8-22.

[147] RUBIN Z, HILL C T, PEPLAU L A, et al. Self-disclosure in dating couples: Sex roles and the ethic of openness [J]. *Journal of Marriage and the Family*, 1980 (12): 305-317.

[148] RUSBULT C E. A longitudinal test of the investment model: The development (and deterioration) of satisfaction and commitment in heterosexual involvements [J]. *Journal of Personality and Social Psychology*, 1983, 45 (1): 101.

[149] SADE-BECK L. Internet ethnography: Online and offline [J]. *International Journal of Qualitative Methods*, 2004, 3 (2): 45-51.

[150] SANDERS R E. Find your partner and do-si-do: The formation of personal relationships between social beings [J]. *Journal of Social and*

Personal Relationships, 1997, 14（3）: 387-415.

　　[151] SEDGEWICK J R, FLATH M E, ELIAS L J. Presenting your best self (ie) : The influence of gender on vertical orientation of selfies on Tinder [J]. *Frontiers in Psychology*, 2017（8）: 604.

　　[152] SEGAL M W. Alphabet and attraction: An unobtrusive measure of the effect of propinquity in a field setting [J]. *Journal of Personality and Social Psychology*, 1974, 30（5）: 654.

　　[153] SHACKELFORD ED T K. *Encyclopedia of evolutionary psychological science* [M]. Cham: Springer International Publishing, 2021.

　　[154] SHAVER P R, MIKULINCER M. Adult attachment strategies and the regulation of emotion [J]. *Handbook of Emotion Regulation*, 2007 (446): 465.

　　[155] SHORT J, WILLIAMS E, CHRISTIE B. *The social psychology of telecommunications* [M]. New York: Wiley, 1976.

　　[156] SIEGEL J, DUBROVSKY V, KIESLER S, et al. Group processes in computer-mediated communication [J]. *Organizational Behavior and Human Decision Processes*, 1986, 37（2）: 157-187.

　　[157] SNYDER M, TANKE E D, BERSCHEID E. Social perception and interpersonal behavior: On the self-fulfilling nature of social stereotypes [J]. *Journal of Personality and Social Psychology*, 1977, 35（9）: 656.

　　[158] SOBIERAJ S, HUMPHREYS L. Forced empowerment and the paradox of mobile dating Apps [J]. *Social Media+ Society*, 2021, 7（4）: 245.

　　[159] SPRECHER S, FELMLEE D, ORBUCH T L, et al. Social networks and change in personal relationships [J]. *Stability and Change in Relationships*, 2002（18）: 257-284.

　　[160] SPRECHER S, METTS S. Romantic beliefs: Their influence on relationships and patterns of change over time [J]. *Journal of Social and*

Personal relationships, 1999, 16（6）: 834-851.

［161］SPROULL L, KIESLER S, KIESLER S B. *Connections: New ways of working in the networked organization*［M］. Cambridge: MIT press, 1991.

［162］SPROULL L, KIESLER S. Reducing social context cues: Electronic mail in organizational communication［J］. *Management Science*, 1986, 32（11）: 1492-1512.

［163］STERNBERG R J. A triangular theory of love［J］. *Psychological Review*, 1986, 93（2）: 119.

［164］STONE A R. *The war of desire and technology at the close of the mechanical age*［M］. Cambridge: MIT press, 1996.

［165］STRAUSS A L. *Qualitative analysis for social scientists*［M］. Cambridge: Cambridge University Press, 1987.

［166］STRAUSS A, CORBIN J. *Basics of qualitative research*［M］. Newbury Park: Sage, 1990.

［167］SU X, HU H. Gender-specific preference in online dating［J］. *EPJ Data Science*, 2019, 8（1）: 12.

［168］SUMTER S R, VANDENBOSCH L. Dating gone mobile: Demographic and personality-based correlates of using smartphone-based dating applications among emerging adults［J］. *New Media & Society*, 2019, 21（3）: 655-673.

［169］SURRA C A, HUSTON T L. Mate selection as a social transition［J］. *Intimate Relationships: Development, Dynamics, and Deterioration*, 1987（12）: 88-120.

［170］TAGIURI R. Person perception［J］. *The Handbook of Social Psychology*, 1969, 3（4）: 395-449.

［171］TANNER M, HUGGINS M. Why swipe right? Women's motivation for using mobile dating applications such as Tinder［C］//

Proceedings of the International Conference on Gender Research: ICGR. Reading: Academic Conferences International Limited. 2018: 440-447.

[172] TAUBERT J, VAN DER BURG E, ALAIS D. Love at second sight: Sequential dependence of facial attractiveness in an on-line dating paradigm [J]. *Scientific Reports*, 2016, 6 (1): 22740.

[173] THELWALL M, WILKINSON D, UPPAL S. Data mining emotion in social network communication: Gender differences in MySpace [J]. *Journal of the American Society for Information Science and Technology*, 2010, 61 (1): 190-199.

[174] THIBAUT J W. *The social psychology of groups* [M]. London: Routledge, 2017.

[175] THORNHILL R, GRAMMER K. The body and face of a woman: One ornament that signals quality? [J]. *Evolution and Human Behavior*, 1999, 20 (2): 105-120.

[176] TIDWELL L C, WALTHER J B. Computer-mediated communication effects on disclosure, impressions, and interpersonal evaluations: Getting to know one another a bit at a time [J]. *Human Communication Research*, 2002, 28 (3): 317-348.

[177] TOMA C L, HANCOCK J T, ELLISON N B. Separating fact from fiction: An examination of deceptive self-presentation in online dating profiles [J]. *Personality and Social Psychology Bulletin*, 2008, 34 (8): 1023-1036.

[178] TONG S T, CORRIERO E F, WIBOWO K A, et al. Self-presentation and impressions of personality through text-based online dating profiles: A lens model analysis [J]. *New Media & Society*, 2020, 22 (5): 875-895.

[179] TOSUN L P. Motives for Facebook use and expressing "true self" on the Internet [J]. *Computers in Human Behavior*, 2012, 28 (4): 1510-1517.

[180] VALENTINE K A, LI N P, PENKE L, et al. Judging a man by the width of his face: The role of facial ratios and dominance in mate choice at speed-dating events [J]. *Psychological Science*, 2014, 25 (3): 806-811.

[181] VAN O J, VAN G E, WALRAVE M, et al. Exploring the role of social networking sites within adolescent romantic relationships and dating experiences [J]. *Computers in Human Behavior*, 2016 (55): 76-86.

[182] WALSTER E, ARONSON V, ABRAHAMS D, et al. Importance of physical attractiveness in dating behavior [J]. *Journal of Personality and Social Psychology*, 1966, 4 (5): 508.

[183] WALTHER J B, ANDERSON J F, PARK D W. Interpersonal effects in computer-mediated interaction: A meta-analysis of social and antisocial communication [J]. *Communication Research*, 1994, 21 (4): 460-487.

[184] WALTHER J B, BAZAROVA N N. Validation and application of electronic propinquity theory to computer-mediated communication in groups [J]. *Communication Research*, 2008, 35 (5): 622-645.

[185] WALTHER J B, BURGOON J K. Relational communication in computer-mediated interaction [J]. *Human Communication Research*, 1992, 19 (1): 50-88.

[186] WALTHER J B. Computer-mediated communication: Impersonal, interpersonal, and hyperpersonal interaction [J]. *Communication Research*, 1996, 23 (1): 3-43.

[187] WALTHER J B. Cues filtered out, cues filtered in: Computer-mediated communication and relationships [J]. *Handbook of Interpersonal Communication*, 2002 (3): 529-563.

[188] WALTHER J B. Group and interpersonal effects in international computer-mediated collaboration [J]. *Human Communication Research*,

1997, 23（3）: 342-369.

［189］WALTHER J B. Impression development in computer-mediated interaction［J］. *Western Journal of Communication*, 1993, 57（4）: 381-398.

［190］WALTHER J B. Interpersonal effects in computer-mediated interaction: A relational perspective［J］. *Communication Research*, 1992, 19（1）: 52-90.

［191］WANG S. Chinese affective platform economies: Dating, live streaming, and performative labor on Blued［J］. *Media, Culture & Society*, 2020, 42（4）: 502-520.

［192］WATZLAWICK P, BAVELAS J B, JACKSON D D. *Pragmatics of human communication: A study of interactional patterns, pathologies and paradoxes*［M］. New York: WW Norton & Company, 2011.

［193］WHITTY M T. Revealing the "real" me, searching for the "actual" you: Presentations of self on an Internet dating site［J］. *Computers in Human Behavior*, 2008, 24（4）: 1707-1723.

［194］WHYTE W. *The organization man*［M］. New York: Simon & Schuster, 1956.

［195］WIEMANN J M. Explication and test of a model of communicative competence［J］. *Human Communication Research*, 1977, 3（3）: 195-213.

［196］WILLIAMSON O E. Transaction cost economics［J］. *Handbook of Industrial Organization*, 1989（1）: 135-182.

［197］WOLL S. So many to choose from: Decision strategies in videodating［J］. *Journal of Social and Personal Relationships*, 1986, 3（1）: 43-52.

［198］YANCEY G, EMERSON M O. Does height matter? An examination of height preferences in romantic coupling［J］. *Journal of*

Family Issues, 2016, 37（1）: 53-73.

［199］YEO T E D, FUNG T H. Relationships form so quickly that you won't cherish them: Mobile dating Apps and the culture of instantaneous relationships［C］//Proceedings of the 7th 2016 international conference on social media & society. 2016: 1-6.

附录1

研究参与者知情同意书

欢迎您参与本研究！此份文件名为"研究参与者知情同意书"，它将详述本研究的相关信息及您的权利。在研究开始进行及您签署本同意书之前，请您仔细阅读被试知情同意书后再参加。

一、研究题目 当爱已成网事：移动陌生人社交时代的亲密关系
二、研究人员 刘丹（华侨大学新闻与传播学院）
三、研究目的 　　您现在自愿参加的是关于移动陌生人交友软件亲密关系建立的调查研究。如今越来越多的用户开始使用交友软件寻找伴侣，在线交友逐渐演变为一种全球化现象。在网络化生存时代，想要了解人类的未来，需要了解人与技术的关系，尤其是当科技介入人类生活后，将会给人类的情感关系带来怎样的转变。本研究将以亲密关系作为关注焦点，研究通过移动陌生人交友软件展开的亲密关系，以及亲密关系建立的影响因素。 　　具体来说，本研究目的为： 　　1. 人们使用交友软件的动机为何？其初识的过程及影响关系开展的因素为何？ 　　2. 通过交友软件发展的亲密关系与传统面对面、网络聊天室互动有何不同？ 　　3. 了解交友软件使用者在使用前后爱情观念有何改变？
四、参与研究的条件与限制（需同时满足4个条件） 　　1. 异性恋者。 　　2. 年龄在22～40周岁。 　　3. 使用目的需是通过移动陌生人交友软件寻找亲密关系。 　　4. 愿意通过在线深度访谈的方式分享个人经验。
五、研究方法与程序 　　本研究采用质性研究方法中的深度访谈法进行数据的收集，招募曾使用或正在使用陌生人交友软件的男女为研究对象，每位参与者需接受1次的深度访谈（特殊情况需2次），每次访谈时间为0.5—1小时。
六、研究潜在风险、发生率及救济措施 　　为保证研究的信度与效度，本研究必须揭露有关个人亲密关系的相关信息，且需要受访者诚实回答。访谈题目中可能包含一些关系中的敏感问题，如果您觉得不自在或不便回答，可以跳过不回答。受访时若感不适，可要求立刻暂停、终止访谈或退出。
七、研究者参与的益处 　　1. 从学术角度来讲，目前学界针对传播科技的使用对亲密关系影响的研究尚不多见，参与本研究的受访者，将对移动陌生人社交时代的亲密关系做出重要贡献。 　　2. 研究参与者在参与本研究的过程中，可厘清对亲密关系的看法。 　　3. 本研究完成后，待图书出版后赠送图书。

续表

八、研究材料的使用与保密措施

1. 本研究成果发表时,将一律以匿名、化名的方式处理研究参与者资料,去掉可辨识身份的信息,降低对研究参与者可能造成的不适或风险。

2. 研究人员将依法把任何可辨识您身份的记录,以及您个人隐私的数据视同机密处理,绝对不会公开姓名、单位等真实信息。如未来发表研究结果,您的身份将被严格保密。凡签署知情同意书者,即表示您同意各项原始纪录可直接授权给相关学术机构审查检阅,以确保研究过程与数据符合相关法律与学术规范。

九、损害补偿或保险

参与本研究将不涉及任何不良事件或损害,因此也无相关补偿方式。

十、研究之退出方式及相关处理

您可自由决定是否参加本研究,研究过程中亦可随时撤回同意或退出研究。若您决定撤回同意或退出研究,计划主持人将会删除您的访谈及录音数据。

十一、研究参与者权利

研究计划主持人或研究人员已经妥善地向您说明了研究内容与相关信息,并告知可能影响您参与研究意愿的所有信息。若您有任何疑问,可向研究人员询问,研究人员将据实回答。研究计划主持人已将您签署的一式两份同意书,其中一份交给您留存。

十二、研究人员签名

研究计划主持人或研究人员已详细解释有关本研究计划中上述研究方法的性质与目的,以及可能产生的危险与利益。

签名(Signature): 　　　　　　　　　　　　日期(Date):

十三、研究参与者签名

本人已详细了解上述研究方法及其可能的益处与风险,有关本研究计划的疑问,已获得详细说明与解释。本人同意成为本研究计划的自愿研究参与者。

签名(Signature): 　　　　　　　　　　　　日期(Date):

附录2

深度访谈大纲

1. 您在交友过程中使用过哪些媒介？这些媒介各有何特点和优势？

2. 您使用交友 App 的年资有多长？在使用过程中，您的使用习惯或偏好是否有所变化？

3. 您使用交友 App 的动机是什么？您认为这些动机如何影响了您的交友体验？

4. 您是否通过交友软件建立过亲密关系？如果有，请分享一下您的相关经验和感受。

5. 在决定与某人开始在线聊天之前，您通常会考虑哪些因素？例如年龄、照片、地理位置或其他？这些因素在您做出选择时的重要性如何？

6. 在您看来，什么样的自我呈现方式最能吸引您的注意？这种呈现方式为何能够引起您的兴趣？

7. 您更偏好使用哪种方式进行自我呈现——图像还是文字？您选择这种方式的原因是什么？它对您建立在线亲密关系有何影响？

8. （针对偏好视觉图片交友的受访者）在选择沟通对象时，您的主要标准是什么？什么样的照片风格最吸引您？此外，您是否会关注对方的文字介绍？这对您做出选择有何影响？

9. （针对偏好视觉匿名交友的受访者）对方是否有照片，是否会影响您与其进行在线聊天的决定？为什么？在没有照片的情况下，您是如何评估对方的？

10. 在与陌生人交流时，您通常持怎样的信任态度？您更倾向于无条件相信对方，还是保持一定的怀疑？您判断对方可信度的标准是什么？

11. 您喜欢怎样的互动方式？在您看来，怎样的互动能够判断双方聊得来？

12. 文字、图片、声音和视频，这些不同的沟通媒介中，您偏好使用哪一种？为什么？您认为这些媒介如何影响您与他人建立关系的深度和真实性？

13. 是什么因素促使您决定与对方见面？在决定见面之前，您通常会做哪些准备？您认为见面对于关系发展的重要性如何？

14. 使用交友 App 后，您觉得它对您的爱情观带来了哪些变化？它是否改变了您对爱情的期待、认知或行为方式？

15. 您如何评价交友 App 在帮助人们建立和发展亲密关系方面的作用？请从多个角度（如便利性、效率、真实性等）进行评价，并分享您的具体体验和观察。